在职场，IN THE WORKPLACE 你得学点劳动法

入职、在职篇

周航 — 著

法律出版社
LAW PRESS·CHINA
—— 北京 ——

图书在版编目（CIP）数据

在职场，你得学点劳动法. 入职、在职篇 / 周航著. 北京：法律出版社，2025. -- ISBN 978 -7 -5197 -9910 -6

Ⅰ. D922.504

中国国家版本馆 CIP 数据核字第 2025TK4655 号

在职场，你得学点劳动法

——入职、在职篇

ZAIZHICHANG，NI DEI XUEDIAN LAODONGFA

— RUZHI、ZAIZHIPIAN

周　航　著

责任编辑　孙　慧

装帧设计　李　瞻

出版发行	法律出版社	**开本**	A5
编辑统筹	司法实务出版分社	**印张**	13.25　　**字数** 295 千
责任校对	王　丰　郭艳萍	**版本**	2025 年 1 月第 1 版
责任印制	胡晓雅	**印次**	2025 年 1 月第 1 次印刷
经　　销	新华书店	**印刷**	天津嘉恒印务有限公司

地址：北京市丰台区莲花池西里 7 号（100073）

网址：www.lawpress.com.cn　　销售电话：010 - 83938349

投稿邮箱：info@lawpress.com.cn　　客服电话：010 - 83938350

举报盗版邮箱：jbwq@lawpress.com.cn　　咨询电话：010 - 63939796

书号：ISBN 978 - 7 - 5197 - 9910 - 6　　**定价**：49.80 元

凡购买本社图书，如有印装错误，我社负责退换。电话：010 - 83938349

自序

PREFACE

劳动争议纠纷“高增长”的背后是怎样一番景象？是冲突、纠葛，更是舆论场、利益场；是劳动者权利尊严意识的觉醒，亦是企业经营的价值考量，更是社会化大生产长久以来追求生产效率的固有矛盾。

近年来，全国的劳动争议案件数量逐年上涨。笔者作为长期从事民商事审判的法官，近十年来办理劳动争议案件一万余件，也由此发现，不少劳动争议纠纷实际上是源于劳动者或者用人单位对劳动法律的“智识”不足。“智”的不足，表现在部分劳动者在职场现实中遭遇的各种创伤、无奈，或因“不懂法”而隐忍退让、低效维权，或因“不甚懂法”而片面激进、过度维权。“识”的不足，表现在部分用人单位由于对劳动法规的理解错误，导致其在劳动用工管理中不合规的问题时有发生，引发一系列劳动争议。特别是小微企业，因缺乏专业的人力资源管理部门以及法务部门，在劳动用工管理方面普遍存在规章制度缺失、违法情形较多、劳动争议频发、用工成本增加等问题。一来一往之间，加深了劳资双方的矛盾，影响了劳动关系的和谐，劳动争议纠纷矛盾自然居高不下。

如何促进劳动者和用人企业真正在劳动法的框架指引下实现“价值统合、理念统合、行动统合”？这是笔者办理劳动争议案件时最关注的核心命题。秉持帮助劳动者维护合法权益和助力小微企业健康发展的初心，以及从源头上减少劳动纠纷的目的，笔者想以最便捷的形式普及劳动法规，用最通俗的语言讲解劳动法规。从2024年伊始，笔者决心利用办案之余的时间写作一套“大家都看得懂”的普法书籍。原计划是写两本：一本是写给广大劳动者的劳动维权实务用书——《在职场，你得学点劳动法》；另一本是写给小微企业经营者和HR的用工管理实务用书——《开公司、当老板，你得懂点劳动法》。

“两难”纠结之下，笔者最终还是决定先完成写给劳动者的《在职场，你得学点劳动法》。

原因有两点：一方面是市面上关于劳动法的实务用书大多是面向用人单位经营者、劳动管理从业者的书，很少有专门面向劳动者普及劳动法规或帮助职场“打工人”维护合法权益的书。另一方面，大多数劳动争议仲裁的提起者系劳动者一方。尽快让更多劳动者了解劳动法规，清楚自身的合法权益，促使劳动者能更理性、更高效地维护自身合法权益，有助于减少无谓的争议事项，也有助于劳资双方能通过协商和解的方式解决争议，提升劳动争议的处理效率和化解效果。

学点劳动法，学的是什么？在笔者眼中，学“点”劳动法，这个“点”可不是“少许”抑或“浅浅”之义，而是倡导大家学“基本点”，学“关键点”，学“核心点”。从而以“点”带“面”，和谐劳资大环境。笔者期望所写作的劳动实务用书，能让任何一个识字的劳动者都看得懂、学得会。本着用最通俗的语言把劳动用工实务中常见的劳动争议问题“说明白、讲清楚”的目的，笔者在写作时尽量不使用“法言法语”，尽量使用直白的表述。对于难以理解之处坚持以“张三”为例进行举例说明。对于在实务中经常出现的问题，笔者在书中的讲解甚至显得有些啰嗦，因为笔者在办案中发现，对法律知识欠缺的劳动者坚持“重要的事情说三遍”确实是很有用的。

本书包含两部姊妹篇。**一部为“入职、在职篇”**，内容包括劳动者应聘入职阶段面临的试用期、签订劳动合同等事项的应对，以及在职期间的关于劳动报酬、加班、年休假、年终奖、调岗调薪、停工停产、竞业限制、培训服务期等问题的处理。如果您处于正在找工作入职或在职期间，适合阅读该部分内容，可以掌握自己的各项劳动权益以及面对相应问题时的正确应对之法。

另一部为“离职、维权篇”，主要内容包括劳动者面临解除或终止劳动合同时的正确应对，如何申请劳动仲裁、如何进行劳动争议诉讼以及如何申请强制执行等内容。如果您面临可能与用人单位解除或终止劳动关系，或可能被用人单位辞退、裁员，再或者准备进行劳动仲裁、诉讼，适合阅读该部分内容，以帮助您正确理解解除或终止劳动合同的相关规定，了解用人单位辞退、裁员方面可能出现的相关“套路”，掌握相应的应对之法。

劳动法规体系中除全国通行的《中华人民共和国劳动法》《中华人民共和国劳动合同法》《中华人民共和国劳动合同法实施条例》等法律、行政法规，以及最高人民法院的一系列关于劳动争议方面的司法解释外，还涉及部门规章以及各地的地方性法规，故劳动法规有一定的地域性。加之一些劳动争议问题在实务中本身就存在一定的争议，也导致部分劳动争议事项存在各地裁判尺度不统一的问题。对于此类问题，笔者一般在介绍主流裁判观点及理由的基础上，也将其他裁判观点及理由进行介绍。书籍所附的《劳动者维权宝典》可供读者参考使用。

之后若有劳动法规的修改或发布了新的劳动法规，笔者将适时进行版本更新，力求使本书成为与最新的劳动法规和裁判观点保持一致的劳动实务用书。由于笔者主业是办案，写作并非专长，用词造句不足之处，还请广大读者谅解。

2024 年 12 月于成都

目录 CONTENTS

第一章 应聘与办理入职

应聘入职是劳动者与用人单位建立劳动关系的第一步。在这个阶段，劳动者往往处于相对较弱势的地位。而对于用人单位来讲，则是一个“窗口期”，一个决定之后双方劳动关系存续期间合规管理的重要时期。擅于用工管理的用人单位，在员工入职时，会把未来几年、甚至十几年劳动用工管理的基础打牢。用人单位所采取的大多数方式都是合法合规的，作为新入职员工，需要在法律的框架内正确应对。当然，还有一些用人单位会采取自认为高明的方式给你挖“坑”，这时劳动者要做的就是心中有数，合法避“坑”。

第一节 劳动者入职时的注意事项

首先说说劳动者入职用人单位时常见的事宜，以及作为劳动者需注意的事项。

一、签订书面劳动合同应注意的条款

笔者曾听一名公司的 HR 说：有的员工办理入职时，让他签什么都签，看都不看就签！员工提出离职后，让他签什么都不签，看都不看就是不签！这其实也说明了员工与公司之间在入职、离职时的各自状态。

急于求职的员工被公司录用时，双方的信任与期待均处于相对较好的“蜜月”期，劳动者对用人单位办理入职时要求填写、签署、提交的文件也是很积极配合，甚至是仓促应对。

在入职的签订劳动合同环节，劳动者要切记，对用人单位提交的劳动合同文本一定要认真阅读。虽然在实践中，除了谈好的薪资待遇，劳动者对劳动合同的内容基本上没有太多的决定权。但作为劳动者，至少应该知晓劳动合同中的一些特别值得注意的条款，以免在入职后不知不觉就出现违反劳动合同约定的情形，导致解聘或承担相关责任的情况出现。

那么哪些劳动合同条款是需要劳动者特别注意的？笔者认为，以下条款值得新入职劳动者注意。

（一）劳动报酬条款

劳动报酬条款是劳动合同的核心条款，也是劳动者最为关心的内容。如果劳动报酬条款与双方协商的不一致，要及时提出来，尽量做到双方在面谈时确定的薪酬与劳动合同写明的薪酬一致。

有的用人单位会以“避税”等各种理由，在双方的劳动合同上填写一个虚假的、较低的工资标准。其实，在现在个税汇缴的模式下，即使在劳动合同中约定一个较低的虚假工资，也并不能达到“避税”的目的。笔者甚至见过一个公司从经理到行政前台、保洁人员，所有员工的劳动合同上约定的工资标准都是2500元/月的情形，这明显是虚假的。其实，这是因为部分企业老板有一种“约定薪酬恐惧症”，劳动合同中写明的月薪越低，越能给老板带来一种虚假的“安全感”，以为凭此可以在之后面临计付加班费、经济补偿金等费用时少付一点，或以为可以在之后单方面将员工的工资降到劳动合同约定的虚假工资金额。其实，这是一种错误的认识。约定虚假的低薪金额，除增加双方的争议爆发点之外，并不能为用人单位节省用工成本，之后会专章讲劳动者面对虚假低薪约定的应对办法。

（二）加班审批条款

所谓“加班审批条款”，是指用人单位与劳动者约定，如需要加班的，应提出书面申请并履行一定的审批程序。比如，员工需提交书面的加班申请或在“钉钉”等职场管理App上提交加班申请，由上级主管审批后加班，才计付加班费。当前，越来越多的用人单位喜欢在劳动合同中约定“加班审批条款”。其实该条款也有一定的合理性，《劳动法》第四十四条规定的应由用人单位支付加班费的前提是“用人单位安排劳动者加班”。但用人单位如何掌握员工的加班是从事其安排的加班工作呢？加班审批条款就能发挥很大的作用。所以，劳动者要关注该类合同条款。如有需要因完成工作而加班时，按劳动合同约定提交加班申请并保留好申请记录。

（三）送达地址确认条款

部分劳动合同中会约定双方的地址确认条款，即由双方确认自己的通讯方式、电子邮件地址或邮寄地址，便于一方向另一方送达通知或文件材料。该条款主要是防止双方发生矛盾后，另一方无正当理由拒收文件或通知，也防止员工不辞而别后，用人单位无法联系员工。劳动者一定要认真填写个人的通讯方式、电子邮件地址或邮寄地址等，确认能接收到用人单位发送的文件或信息。其实，即使劳动者与用人单位发生矛盾，躲藏也不是办法，拒收文件也不是正确应对之道。及时收取文件或信息，也便于及时作出回应。

（四）规章制度确认条款

这是劳动合同的常见条款。比如，用人单位在劳动合同中载明：**本公司的《员工手册》《考勤管理办法》《绩效管理规定》等文件作为本合同的附件，与本合同条款有同等效力，乙方在签订本合同时已确认阅读并承诺严格遵守。**用人单位写明该条款的目的就是将企业规章制度作为劳动合同的附件在签订劳动合同时一并予以告知并确认，甚至将规章制度的规定提升到双方劳动合同约定内容的高度。劳动者要注意的是，如有该条款，你一定要让 HR 将条款中列明的《员工手册》《考勤管理办法》《绩效管理规定》等文件交给你一份，并认真阅读。有些劳动者就是仓促地签署了劳动合同，合同里约定的各类规章制度文件见都没见过，最后稀里糊涂地违反了规章制度，被用人单位以“严重违反用人单位规章制度”为由予以辞退，这种情况下用人单位不用支付任何补偿或赔偿。

（五）竞业限制条款

竞业限制条款本来仅限适用于用人单位的高级管理人员、高级技术人员和其他负有保密义务的人员，但近年来被用人单位大量适用。笔者见过一个小微企业，与保洁阿姨签订的劳动合同中都约定了竞业限制条款，难道保洁阿姨离职后还不能去有竞业关系的其他单位扫地了？这也在一定程度上反映了竞业限制义务在实践中扩大化的问题。如果你属于用人单位的高级管理人员、高级技术人员和负有保密义务的人员，因为此条款涉及你离职后的再就业限制的问题，所以对该条款也要予以注意。注意其中的竞业限制期限、竞业补偿金标准、违约金标准等，权衡自己是否可以接受这样的竞业限制。

（六）调岗调薪条款

调岗调薪，对于劳资双方都是敏感的话题。调岗调薪，一方面确实涉及用人单位自主经营权限的范围，另一方面也是用人单位给员工“穿小鞋”，甚至是逼迫员工离职的“利器”。用人单位一方作为劳动关系中的管理者，天生就有一种想尽量掌握调岗、调薪权限的冲动。所以，大多数劳动合同中都会约定用人单位可以单方面调岗、调薪的条款。有些比较合理，有些则相对“霸道”，所以劳动者在签订劳动合同时要阅知该条款。笔者于本书会有专章讲解这个调岗调薪的问题。

（七）用人单位可单方解除劳动合同的条款

如果说劳动报酬条款是对于劳动者最重要的条款，那么涉及用人单位可以单方面解除劳动合同的条款则是对于用人单位最重要的条款。因为涉及用人单位管理的底线，涉及用人单位对员工严重违纪行为的终极惩罚，所以劳动者在签订劳动合同时也要特别注意此类条款。牢记劳动合同中明确约定一旦违反就可能被辞退（解除劳动合同）的行为“红线”，才能于在职期间避免出现严重的违规行为。

（八）员工过失赔偿条款

在劳动用工过程中，劳动者故意造成用人单位损失的，肯定要承担损失赔偿责任，但一般不会有劳动者以故意破坏等方式造成用人单位损失，因为这还有可能涉及犯罪行为。更多可能出现的情形是，劳动者因为自身过错或过失（非故意）行为造成用人单位的损失，这种情况下劳动者是否应当承担赔偿责任，一直存在较大的争议。

大部分观点认为，用人单位既是企业财产的所有人、管理人，也是企业内部生产经营的管理者、监督者。根据报偿责任理论，劳动者的劳动行为是为了实现用人单位的生产经营利益。因此，劳动者的职务行为造成的损失风险也应当归于利益的享有者，即用人单位来承担。用人单位支付给劳动者的对价，即劳动报酬与劳动者创造的劳动成果具有不对等性，用人单位作为劳动者所提供劳动成果的享有者，理应承担生产经营风险。但在实践过程中，个别劳动者的违规失职行为又特别严重，比如，装修公司的负责现场装修质量的项目经理在工作期间长时间离开项目现场，导致外聘的装修工人使用大量不合格材料，最后被业主发现后重新返工而造成装修公司的损失，长时间脱岗导致的前述损失项目经理是否应承担赔偿责任？再如，财务人员在用人单位明确对外转账支付需要履行审批程序的情况下，轻信网络诈骗人员，用电话或QQ联系，将用人单位对公账户的款项转出造成损失，财务人员是否应承担一定比例的赔偿责任？如果“一刀切”否定劳动者的重大过失赔偿责任，势必放纵个别劳动者不负责任的工作心态，对企业正常的经营发展不利。但如果对劳动者施加较重的赔偿义务，也会引发一系列问题。比如，笔者见过的劳动争议中，有企业要求行政前台承担赔偿责任，理由是行政前台不懂“茶满送客”的道理，为客户倒茶时过满，导致客户不满，最终未签单，要求行政人员赔偿未签约的损失。所以，当前对于此类劳动争议的主流裁判观点是，在双方有约定的情况下，劳动者基于重大过失导致用人单位损失的，酌情判令劳动者承担一定比例的赔偿责任。

为什么要参照双方的约定？原因在于，《工资支付暂行规定》第十六条规定，因劳动者本人原因给用人单位造成经济损失的，用人单位可按照劳动合同的约定要求其赔偿经济损失。经济损失的赔偿，可从劳动者本人的工资中扣除。但每月扣除的部分不得超过劳动者当月工资的 20% 。若扣除后的剩余工资部分低于当地月最低工资标准，则按最低工资标准支付。该条款是整个劳动法规体系中直接规定用人单位可以参照劳动合同约定要求劳动者承担经济损失的条款。劳动者对于劳动合同中的该类条款，要予以认真阅读并注意。

重要提示

以上条款都是劳动者要注意的条款，虽然都不违法，但这些条款似乎都有利于用人单位一方，那有没有真正有利于劳动者一方的劳动合同条款？

有，该有，肯定有。但这样的条款很难写进劳动合同。一方面是因为劳动者不清楚怎样拟订对自己权益有利的条款；另一方面是因为劳动者在求职时处于劣势地位，难以要求用人单位必须在书面劳动合同中加入对自己有利的条款。

如果你在应聘入职或签订劳动合同时，用人单位同意加入你要求的劳动合同条款，笔者向各位劳动者建议增加以下两个有利于劳动者权益保障的劳动合同条款：

1. 欠薪加付赔偿条款。如甲方未及时足额支付乙方劳动报酬（包括但不限于工资、加班费、绩效奖金、津补贴、提成、年终奖等所有货币性收入），乙方可以向甲方发出支付欠薪的催告，甲方经乙方催告后15日内仍未付清欠付薪酬的，甲方应向乙方加付相当于欠付薪酬金额50%的赔偿金。

以上条款实际上是通过劳动合同中的约定来弥补《劳动合同法》第八十五条规定用人单位经劳动行政部门责令支付欠薪而仍不支付时应加付50%—100%赔偿金的程序问题。因为劳动行政部门出于种种原因难以作出责令行为，所以约定为劳动者自行催告，经催告不支付则按欠薪金额加付赔偿金。此约定并不违反法律的强制性规定，且“约定大于法定”。通过此条款的约定，有利于保护劳动者最基本的薪酬权益，规制用人单位欠薪的问题。试想，如果用人单位连这条保障薪酬的约定条款都不愿意写入劳动合同，难道预计以后会欠薪？

2. 维权成本负担条款。甲乙双方因劳动争议而发生劳动仲裁案件或诉讼案件，若乙方胜诉的，乙方支出的律师代理费、保全费以及保全保险费应由甲方承担。前述费用有政府指导定价的，以政府指导定价金额为准；无政府指导定价的，以实际产生的费用金额为准。胜诉的标准为劳动仲裁或法院出具的裁判文书裁判甲方向乙方履行任何争议事项的给付义务。

以上条款实际上是为了规制用人单位的违法用工行为。如果用人单位存在违法用工或欠付款项的行为，劳动者通过劳动仲裁或诉讼维权胜诉的，由用人单位承担律师代理费、保全费以及保全保险费，相当于让用人单位承担其过错行为导致的劳动者聘请律师进行仲裁或诉讼而产生的律师费等经济成本。该条款为什么写入律师代理费而不写案件受理费？因为劳动仲裁不收取案件受理费，法院受理劳动争议案件收取的案件受理费也就5—10元，这笔费用不写也罢。

该条款主要是为了保障劳动者聘请律师的费用由败诉的用人单位支付，劳动者申请财产保全的保全费以及保全保险费由用人单位支付。有了这个条款，劳动者通过仲裁或诉讼维权的，可以聘请律师，并申请财产保全，然后将律师费以及在申请财产保全时产生的保全费、保全保险费都列入仲裁请求或诉讼请求，要求裁判为用人单位承担。

二、签阅公司规章制度应注意的事项

除前述提到的通过劳动合同中的“规章制度条款”将用人单位的规章制度约定成劳动合同的附件外，不少用人单位还习惯于在办理入职手续时或入职培训时单独让新入职员工签阅规章制度，主流方式有以下几种：

1. 让你“一对一”地填写诸如《文件签收单》/《文件阅知单》等文件。文件单上载明了已向你送达或告知了某项规章制度文件（比如《员工手册》），你已认真阅读知晓并承诺遵守，然后在文件签收或阅知一栏让你签名确认。此时你一定要坚持实际阅读该规章制度文本。如果《员工手册》等规章制度较厚（有的用人单位的员工手册如同一本书），无法当场阅读完毕，你应该向HR要一本《员工手册》，以便之后能完整阅读并知晓。

2. 在你入职后，与部门同事或新入职同事一起开会学习某规章制度，然后形成书面的《培训学习记录》/《会议记录》。这些书面记录会载明某年某月某日对某规章制度进行了培训学习，培训记录上有参会员工的签到或签名确认。

3. 通过电子邮件或办公系统向你发送规章制度文本供你阅读知晓。这种方式往往通过劳动者点击阅看或要求员工回复“收到、知悉”来认定已完成规章制度的送达或告知。

总之，劳动者要做的就是，收到规章制度文本后一定要及时、完整地阅读，对其中重要的内容要熟知，对规章制度中规定员工违反规定后，用人单位可单方面解除劳动合同的条款要特别注意。千万不要没有看到规章制度文本，就一股脑地签字确认。你要知道，你不认真阅看就签下自己的名字进行确认，这些签名很可能成为以后用人单位在不知不觉间“辞退”你的利器。

三、填写入职登记资料应注意的事项

入职时让员工填写诸如“员工登记表”“入职登记表”“员工简历表”等书面材料是很常规的做法。此时劳动者要注意的是：**一定要如实填写！一定要如实填写！**虚假填写个人学历、个人履历的行为，是严重违反诚信的行为，用人单位如果发现后，可以直接予以解除劳动合同。

《人力资源社会保障部、最高人民法院关于劳动人事争议仲裁与诉讼衔接有关问题的意见（一）》第十九条规定，用人单位因劳动者违反诚信原则，提供虚假学历证书、个人履历等与订立劳动合同直接相关的基本情况构成欺诈解除劳动合同，劳动者主张解除劳动合同经济补偿或者赔偿金的，劳动人事争议仲裁委员会、人民法院不予支持。

由此可见，如实填写与工作相关的信息十分重要。如果劳动者在与建立劳动关系相关的信息上弄虚作假，相当于将“把柄”交到用人单位手中，赋予用人单位单方面的随时解雇权，对劳动者而言是得不偿失的。当然，值得注意的是，个别用人单位设计的“员工登记表”上可能会添加一些与工作无关的信息，甚至是涉及个人隐私的信息，此类信息可以与用人单位协商是否填写。如果相关的信息与工作无关或侵犯个人隐私，劳动者也可以拒绝填写。而且此类涉及隐私且与建立劳动关系无关的信息，即使虚假填写也不能作为用人单位单方面辞退的依据。

四、提交证件、证书复印件应注意的事项

法律禁止用人单位收取劳动者身份证件和其他证件的原件。但用人单位出于建立员工档案的需要，可以向劳动者收取诸如身份证复印件、学历证书复印件、资格证书复印件等材料。用人单位这种以建立员工档案为目的而收取证书复印件的行为也属正常，据实提交即可。需注意的一点是，出于对证件、证书复印件不被滥用的考虑，可以在前述证件证书复印件的中间注明“仅供××公司办理入职手续使用，再次复印无效”等字样。

第二节　劳动者入职阶段常见的“坑”

以上均是用人单位在办理入职时的常规且合法的操作，作为劳动者的你，依法配合即可。但除此之外，有的用人单位还会要

一些“小聪明”，在为员工办理入职时会拿出一些“土政策”或“神操作”，搞出一些打“擦边球”的行为，甚至是明显不合规的行为。有的因为自始无效你可以一笑了之，有的则需要你正确应对。

一、不与劳动者签订书面劳动合同

［**相关法条**］

《中华人民共和国劳动合同法》

第十条：建立劳动关系，应当订立书面劳动合同。

已建立劳动关系，未同时订立书面劳动合同的，应当自用工之日起一个月内订立书面劳动合同。

用人单位与劳动者在用工前订立劳动合同的，劳动关系自用工之日起建立。

第八十二条第一款：用人单位自用工之日起超过一个月不满一年未与劳动者订立书面劳动合同的，应当向劳动者每月支付二倍的工资。

［**通俗解读**］

部分用人单位存在一种误区，似乎觉得与员工签订劳动合同就约束了自己，不签订劳动合同就能躲避劳动关系。诚然，签订劳动合同的主要目的之一就是明确双方的劳动关系。但在当前的信息化社会环境下，证明双方存在劳动关系的证据太丰富了。以至于只要员工上班一段时间，就可以形成很多能证明双方存在劳动关系的证据。比如，发放工资的记录（如银行转账记录、微信转账记录、支付宝转账记录，包括用公司股东、财务的个人名义转账发工资的记录等）、缴纳社会保险的记录、钉钉打卡的记录、门禁卡、工作服、微信聊天记录（如微信工作群聊天记录、与老板的微信聊天记录）、与公司管理人员的录音、同事的证人证言等。所以，想以不签订书面劳动合同来逃避劳动关系越来越难以实现，几乎无法实现。尽管如此，有些用人单位还是不愿意与劳动者签订书面劳动合同。

［**应对方法**］

严格来讲，用人单位招用你后，又不与你签订书面劳动合同，这不是一个“坑”，而是一块“蛋糕”。除非你急需一份劳动合同的文本用于办理户籍落户、入托入学等事务，否则用人单位不与你签订书面劳动合同的行为，“大概率”相当于为你预存“奖金”。当然，出于诚信，如果用人单位忘记办理签订劳动合同的事宜，你作为劳动者还是应该提醒用人单位与你签订，但经提醒仍不与你签订的，你享有向用人单位主张未签订书面劳动合同二倍工资的权利。至于为什么说是“大概率”？二倍工资如何计算？笔者会在后面的签订劳动合同专章中介绍。

二、不将签署的劳动合同文本交给劳动者一份

［**相关法条**］

《中华人民共和国劳动合同法》

第八十一条：用人单位提供的劳动合同文本未载明本法规定的劳动合同必备条款或者用人单位未将劳动合同文本交付劳动者的，由劳动行政部门责令改正；给劳动者造成损害的，应当承担赔偿责任。

［**通俗解读**］

有些用人单位怕承担未签订书面劳动合同二倍工资的责任，

但又不想让劳动者手里有劳动合同，就想出了这种做法，即在入职之日起一个月内与你签订书面劳动合同，但等你签字后收回劳动合同文本，不把劳动合同文本给你，仅用人单位自己保留。在你发生了工伤又找不到证据证明劳动关系时，用人单位会假装不认识你，不认可与你存在劳动关系。当你提起仲裁要求用人单位支付未签订书面劳动合同的二倍工资时，它又会把你签字的劳动合同文本拿出来，主张双方签订过书面劳动合同。

［**应对方法**］

遇到以上这种情况，你又需要劳动合同文本时，可以参考以下三招。

最温和的方法：将你需要使用劳动合同办事的需求告知用人单位，要求用人单位及时给你一份劳动合同文本。99% 的用人单位在此情况下也不会强行扣留应当由劳动者持有的一份劳动合同文本。如果还有个别用人单位不给劳动合同文本，则用下一招。

最直接的方法：向当地劳动行政部门投诉，要求劳动行政部门责令用人单位将劳动合同文本给你一份。一般到这一步都能解决这个问题。

最麻烦的方法：申请劳动仲裁，要求用人单位支付你未签订书面劳动合同的二倍工资。此时用人单位应诉时，必然会将劳动合同文本提交出来。即使此时用人单位仍不给你交付原件，你也可以在劳动仲裁结束后，从劳动仲裁机构复印该劳动合同文本并由仲裁机构加盖印章，此时你手中的劳动合同文本具有证明效力。

三、不与劳动者签订劳动合同，而是签订劳务合同、合作协议、承揽协议等名称不是劳动合同的协议

［**相关法条**］

《中华人民共和国劳动合同法》

第十条第一款：建立劳动关系，应当订立书面劳动合同。

《劳动和社会保障部关于确立劳动关系有关事项的通知》

第一条：用人单位招用劳动者未订立书面劳动合同，但同时具备下列情形的，劳动关系成立。

（一）用人单位和劳动者符合法律、法规规定的主体资格（简单来说，就是你作为员工，如果是女性，年龄在16至50/55岁之间；如果是男性，年龄在16至60岁之间；你入职的用人单位属于“中华人民共和国境内的企业、个体经济组织、民办非企业单位等组织”）；

（二）用人单位依法制定的各项劳动规章制度适用于劳动者，劳动者受用人单位的劳动管理，从事用人单位安排的有报酬的劳动（简单来说，就是用人单位对你进行考勤、安排工作、绩效考核、请休假批准等用工管理，还给你发工资）；

（三）劳动者提供的劳动是用人单位业务的组成部分（简单来说，就是你干的工作是你单位经营业务的组成部分）。

［**权威案例**］

人民法院案例库案例：某服务外包有限公司诉徐某确认劳动关系纠纷案——平台骑手与所服务企业之间是否存在劳动关系应根据双方的实际权利义务内容审查认定

入库编号：2023－07－2－186－010

裁判要旨：外卖骑手与所服务企业之间的法律关系应根据双方之间的实际权利义务内容予以认定。骑手与所服务企业签订了合作、承揽协议，但主张双方存在劳动关系的，应以劳动关系从属性作为内在核心评判基准。可结合平台新经济形态特点，根据个案中所涉企业对骑手的工作管理要求、骑手劳动报酬组成、绩效评估奖惩机制、平台经营模式等具体情况进行综合评判。骑手与所服务企业均具备劳动关系主体资格，且实际履行的权利义务内容符合劳动关系从属性本质特征的，可认定双方存在劳动关系。

裁判理由：本案的争议焦点为，在骑手与平台外包企业已签订合作、承揽协议的情况下，能否认定双方存在劳动关系。

对于新就业形态中企业与劳动者间的法律关系，应根据双方之间的实际权利义务内容予以认定，以依法保护企业与劳动者的合法权益。本案中，徐某经由某服务外包公司安排至某网络科技公司经营的“某某买菜”九亭站从事配送工作，徐某虽与某服务外包公司签订了《自由职业者合作协议》及《新业态自由职业者任务承揽协议》，然对于双方间真实的法律关系，应根据双方间的实际权利义务内容依法予以审查并作出认定。根据双方当事人陈述及本案查明的事实，徐某从事的配送工作属于某服务外包公司自某网络科技公司处承揽的配送等业务的组成部分。徐某在“某某买菜”九亭站从事配送工作，需接受该站站长的管理，按照站长的排班准时到站，并需根据派单按时完成配送任务，徐某并无选择接单的自由。且从徐某的报酬组成来看，虽双方提供的明细中对于报酬的组成项目在表述上有差异，但均包含基本报酬、按单计酬以及奖励等项目，表明某服务外包公司对徐某的工作情况进行相应的考核和管理。综上，某服务外包公司与徐某签订的合作协议、承揽协议，与双方实际权利义务履行情况不相匹配，徐某与某服务外包公司存在事实上的人格、经济、组织从属性，双方间的法律关系符合劳动关系基本特征。徐某主张与某服务外包公司之间存在劳动关系，具有事实依据，应予以支持。

［**通俗解读**］

笔者在审理劳动争议案件中发现，大量小微企业在劳动合同、规章制度文本方面成为“百度派”。在百度上找找或者在网上下载一个劳动合同模板、规章制度模板，改改公司名称，将就着用。其实也能理解，小微企业没有那么多经费能聘请专业的法律顾问，甚至公司里连专业的 HR 都没有，让一个行政人员兼着人事专员的事务，通过百度找一些劳动合同模板、规章制度模板凑合用。虽然使用一些千篇一律、不太符合公司实际的文本模板对劳动用工管理的作用不明显，但至少不会造成产生未签订劳动合同二倍工资的风险，也不失为小微企业在劳动用工方面的“节省之道”。

相对于在劳动合同文本上成为“百度派”，在劳动用工管理方法上成为“短视频派”就面临更大的用工风险了。一段时间以来，笔者不止一次在各种短视频 App 上发现这样的“普法”视频：当老板你还不知道这个诀窍，你就亏大了，各位老板别划走，请耐心听完。现在还在与员工签订劳动合同，还在缴纳社保？告诉你，最新的方法可以为你省很多钱，只需与员工签订劳务合同，就不用缴社保，不用支付经济补偿和赔偿啦……作为一名处理劳动争议的法官，笔者看到这种短视频都惊了，要是小微企业的老板们都听信了，这得整出多少劳动纠纷。这种方式明显是不可取的，只要你与所入职的用人单位符合建立劳动关系的特征，双方无论签订了何种名称的合同或协议，均不能改变你们双方存在劳动关系的事实。

［**应对方法**］

如果你明明入职用人单位是从事全日制工作，双方也存在管理与被管理等劳动关系的特征，结果用人单位的老板或HR忽悠你签“劳务合同”，你会质疑你与公司之间明明是劳动关系，为什么要签劳务合同？老板们又藏着什么坏心思？其实，你大可不必惊慌。

我国的雇佣关系包括劳动关系与劳务关系。

劳动关系是用人单位与劳动者之间建立的法律关系，主要特征是管理与被管理。比如，公司聘用一个员工、某奶茶店招用一个员工、某工厂招用一个工人等，都是典型的劳动关系。劳动关系受劳动法规的调整，劳动者受到的保护力度更大，享受的法定权益更多。比如，劳动者在劳动报酬、加班工资、带薪休假、工伤赔偿、社会保险、解雇保护等方面明显优于劳务关系下的雇员。有权利的享有者，必然有责任的承担者。劳动关系中的用人单位则承担更多的责任。比如，在劳动关系下，用人单位必须为劳动者缴纳社会保险、必须签订书面劳动合同、必须安排带薪年休假等，否则就要面临支付补偿或赔偿。特别是劳动关系下的解雇保护，在劳动合同期限内，用人单位无合法事由不得解除劳动合同，否则面临被认定为违法解除而承担继续履行劳动合同或支付赔偿金的责任。

反观劳务关系，就没有那么多约束。没有要求必须签订书面劳动合同，口头约定也行。劳务关系下的雇主也不会面临支付经济补偿金、赔偿金的问题。更不用安排雇员带薪年休假，也不用为雇员缴纳社会保险。这种比较之下，不少企业老板从节约用工成本的角度，多么期望自己公司与员工建立的是劳务关系，光是一个不用缴纳社会保险，就可以为公司减少很多成本。

可是，梦想可以有，法律也得守。劳动关系不可能靠一纸“劳务合同”就可以规避，劳动关系变成劳务关系也不是改一个字就可以做到。其实，老板们可以想想，有人告诉你，你把劳动合同改一个字就可以不缴纳社会保险了，那中国还有企业去缴纳社会保险吗？你从随手划出的一个短视频中就能学到如此牛的“绝招”，其他老板会看不到？这么简单就规避了劳动关系，那这社会上还有劳动关系吗？劳动法规就这样给废了？

其实，劳务关系一般是存在于“个人雇用个人”的情形下。比如，你老家修房，你雇用村里的泥工帮你砌墙。你生儿育女，雇用一个保姆帮你带娃或做饭。再比如，你个人雇用一个保洁阿姨为你打扫卫生等。这些都是典型的劳务关系。这里注意一个区别，比如你个人雇用一个保洁阿姨长期为你打扫卫生是劳务关系，而你公司聘用一个保洁阿姨负责公司的卫生则是劳动关系。都是被雇用，都是从事有报酬的工作，为什么公司聘用则为劳动关系。注意看前述《劳动和社会保障部关于确立劳动关系有关事项的通知》第一条所明确的成立劳动关系的条件之一是“用人单位和劳动者符合法律、法规规定的主体资格”。由于你是一个自然人，不具备用人单位的主体资格，你雇用的人只能与你建立劳务关系，不能建立劳动关系。而公司则不同，公司是具备建立劳动关系的用人单位主体资格的，所以公司聘用的保洁人员是可以建立劳动关系的。

看到这里，有的老板会想，既然个人雇用个人是劳务关系，那能不能我作为公司老板，以个人名义雇用员工，先让员工与自己形成劳务关系，再安排员工到自己的公司工作，岂不规避了劳动关系？还是用那句话提醒用人单位，这种想法相当于一个初中生突发奇想认为自己发明了“永动机”。即使你以个人名义雇用了员工，又安排员工到公司工作，那么老板个人与员工之间的劳务关系并未实际履行，员工实际上还是为公司提供劳动，也只能认定员工与公司之间自实际用工之日起建立了劳动关系。

近年来，通过这种方式规避劳动关系被一些大型企业玩出了花样。比如，前述案例中的让外卖员签订承揽协议；有的企业让员工去注册个体工商户，然后再让员工注册的个体工商户与企业签订合作协议，想通过这种方式来规避劳动关系，但在实践中依然被劳动仲裁或人民法院裁判确认为劳动关系。

综上所述，如果你公司聘用了你，你也为公司提供了有报酬的劳动，那么公司即使坚持你与签订劳务合同、合作协议，也不会改变你们之间存在劳动关系的事实。双方之间存在何种法律关系，要看双方法律关系的特征，而不是看双方所签合同的名称。作为劳动者，在这个问题上要“以不变应万变”，不管用人单位以何种自以为高明的手段来规避劳动关系，你只要默默收集能证明你与用人单位之间存在管理与被管理、你为用人单位提供有报酬的劳动等符合劳动关系特征的证据即可。

四、让新入职劳动者签署放弃缴纳社会保险的声明或不缴纳社会保险的协议

［**相关法条**］

《中华人民共和国社会保险法》

第五十七条第一款：用人单位应当自成立之日起三十日内凭营业执照、登记证书或者单位印章，向当地社会保险经办机构申请办理社会保险登记。社会保险经办机构应当自收到申请之日起十五日内予以审核，发给社会保险登记证件。

第八十四条：用人单位不办理社会保险登记的，由社会保险行政部门责令限期改正；逾期不改正的，对用人单位处应缴社会保险费数额一倍以上三倍以下的罚款，对其直接负责的主管人员和其他直接责任人员处五百元以上三千元以下的罚款。

第八十六条：用人单位未按时足额缴纳社会保险费的，由社会保险费征收机构责令限期缴纳或者补足，并自欠缴之日起，按日加收万分之五的滞纳金；逾期仍不缴纳的，由有关行政部门处欠缴数额一倍以上三倍以下的罚款。

《中华人民共和国劳动合同法》

第二十六条：下列劳动合同无效或者部分无效：

（一）以欺诈、胁迫的手段或者乘人之危，使对方在违背真实意思的情况下订立或者变更劳动合同的；

（二）用人单位免除自己的法定责任、排除劳动者权利的；

（三）违反法律、行政法规强制性规定的。

对劳动合同的无效或者部分无效有争议的，由劳动争议仲裁机构或者人民法院确认。

［**通俗解读**］

就用人单位的用工成本而言，足额为劳动者缴纳社会保险确实是较大的成本之一。部分用人单位出于减少用工成本的目的，会在缴纳社会保险的问题上“动脑筋”，让劳动者入职时签署“自愿”不缴纳社会保险的声明或者承诺书，甚至双方专门签署一份不缴纳社会保险的协议，以达到不缴纳社会保险的目的。社会保险的缴纳具有强制性。其实，按现行法律规定及司法裁判观点，此类协议签了也不能免除用人单位缴纳社会保险的义务，如果员工到社会保险行政部门投诉，用人单位仍会被社保部门责令补缴。

［**应对方法**］

遇到此种情形，劳动者应对方法很简单：无论签没签上述承诺或协议，用人单位未缴纳社会保险的，劳动者都可以向社会保险行政部门投诉要求补缴。

须提醒劳动者注意的是：通常情况下，劳动者要求用人单位“补缴社会保险”的主张，只能通过向社保行政部门投诉解决，而不能通过劳动仲裁或向人民法院提起诉讼来解决。其理由在于：依据《社会保险法》第八十四条、第八十六条之规定，社会保险费用的征收与缴纳以及社会保险费征收金额的核定均系社会保险行政部门的职权范畴，该部分争议并不单纯表现为平等主体之间的民事纠纷，并非劳动争议案件的审理范围，法院在一般情况下不会受理。受理了也会驳回关于要求“补缴社会保险”的诉讼请求。

对于劳动者已经签署了“自愿”不缴纳社会保险声明或承诺的情况下，会引申出以下问题：

劳动者签署了“自愿”不缴纳社会保险的声明或承诺后，是否还可依据《劳动合同法》第三十八条规定的“（三）未依法为劳动者缴纳社会保险费”之情形提出解除劳动合同并主张经济补偿金？在此问题上，司法实务从此类问题出现之初至今，经历了两个阶段。

第一阶段的主流观点是：根据诚信原则，如果劳动者书面放弃缴纳社会保险，则不能在提出解除劳动合同时以此为由主张经济补偿金，或者劳动者须先通知用人单位补缴社会保险，用人单位经通知后仍不缴纳社会保险的，才能以此为由解除劳动合同并主张经济补偿金。

如《浙江省高级人民法院民事审判第一庭、浙江省劳动人事争议仲裁院关于审理劳动争议案件若干问题的解答（一）》第十一条规定：劳动者不愿意缴纳社会保险费，并书面承诺放弃参加社会保险的，该书面承诺无效。劳动者可以此为由解除劳动合同，但要求用人单位支付经济补偿金的，不予支持。

如《安徽省高级人民法院关于审理劳动争议案件若干问题的指导意见》第二十六条第一款规定：用人单位与劳动者约定无需办理社会保险手续或将社会保险费以补贴形式直接支付给劳动者，劳动者事后反悔并主张用人单位为其补办社会保险手续或缴纳社会保险费，如用人单位未在社保机构指定期限内办理，劳动者以此为由解除劳动合同并请求用人单位支付经济补偿金的，人民法院应予支持。

此种观点，主要考虑到双方毕竟有不缴纳社会保险的协议或有劳动者一方放弃缴纳社会保险的承诺。如果劳动者主动放弃缴纳社会保险，又以此主张经济补偿金，有失诚信。笔者认为劳动者在放弃缴纳社会保险的情形下，至少应先通知用人单位其反悔了且要求用人单位在一定期限内缴纳社会保险，用人单位仍然不缴纳社会保险才能以此为由提出解除劳动合同并主张经济补偿金。其实，此种考量忽略了一个关键点，劳动者“自愿”不缴纳社会保险是“真自愿”还是“被自愿”？近年来，前述观点开始出现变化。

第二阶段的主流观点是：关于不缴纳社会保险的约定无效，即使约定了不缴纳社会保险，劳动者也有权以用人单位“未依法缴纳社会保险费”为由提出解除劳动合同并要求用人单位支付经济补偿。

如2023年12月12日发布的《最高人民法院关于审理劳动争议案件适用法律问题的解释（二）（征求意见稿）》第二十三条【未依法缴纳社会保险费的责任】规定：用人单位与劳动者有关不缴纳社会保险费的约定无效。

劳动者与用人单位约定不缴纳社会保险费，劳动者以用人单位未依法缴纳社会保险费为由请求支付经济补偿的，人民法院应予支持。

用人单位补缴社会保险费后，请求劳动者返还已给付的社会保险补偿的，人民法院应予支持。

虽然上述司法解释在笔者成书之日还是征求意见稿，但明显可以看出最高人民法院对于劳资双方约定不缴纳社会保险费的态度，即明确规定此类约定无效，且即使双方约定不缴纳社会保险费，劳动者也可以用人单位“未依法缴纳社会保险费”为由要求用人单位支付经济补偿。

笔者赞同此种观点。一方面，从日常工作经验可见，所谓劳动者“自愿”不缴纳社会保险，绝大部分是“被自愿”，并非其真实表示。另一方面，如果允许劳动者与用人单位通过协议或作出承诺的方式不依法缴纳社会保险，会对我国的社会保险制度形成冲击，导致劳动者年老、患病需要社会保障时缺乏保障，引发新的社会问题和矛盾。所以，对于此种以“承诺、协议”架空国家社会保险制度的行为，以简单明了的态度进行否定性处理，最为妥当。只有让用人单位发现，费心费力让员工签署了不缴纳社会保险的协议或承诺，到最后不仅要全额补缴社会保险并缴纳滞纳金，还给员工留下一个随时可以以此为由提出解除劳动合同并主张经济补偿金的用工管理漏洞，简直是“赔了夫人又折兵”。由此，这种违法情形才能慢慢消失。毕竟，提高违法成本是制止违法行为的不二法门。

五、让新入职劳动者签署放弃权利的承诺书

［**相关法条**］

《中华人民共和国劳动合同法》

第二十六条：下列劳动合同无效或者部分无效：

（一）以欺诈、胁迫的手段或者乘人之危，使对方在违背真实意思的情况下订立或者变更劳动合同的；

（二）用人单位免除自己的法定责任、排除劳动者权利的；

（三）违反法律、行政法规强制性规定的。

对劳动合同的无效或者部分无效有争议的，由劳动争议仲裁机构或者人民法院确认。

［**通俗解读**］

有一段时间网络上热议的“奋斗者协议”就是此类。具体

内容有让员工放弃休年休假、放弃加班费、放弃解除劳动合同经济补偿。笔者见过最恐怖的一个情形是，某初创公司让员工承诺入职一年内放弃劳动报酬，待公司发展壮大后授予股权，而员工竟然也签了。发生劳动争议后，这种“协议”或“承诺”大概率会被认定为无效。

［**应对方法**］

其实，用人单位让劳动者签署书面放弃权利的协议，大多数属于“免除自己的法定责任、排除劳动者权利”的范围，应属无效。换句话说，属于“签了也白签”。为什么说“大多数”，因为提前书面放弃年休假在实践中存在一些争议。有观点认为，年休假属于法定的劳动者休息休假权，不得通过协议予以排除。也有观点认为，年休假属于福利的范围，且《企业职工带薪年休假实施办法》第十条第二款规定：用人单位安排职工休年休假，但是职工因本人原因且书面提出不休年休假的，用人单位可以只支付其正常工作期间的工资收入。也即，用人单位安排职工休年休假而职工本人书面提出不休年休假的，用人单位无须向其支付未休年休假工资。那么，此种观点认为，既然员工可以书面提出不休年休假，那么员工提前以书面形式放弃自己的年休假，也应予以认可。所以，劳动者在面对用人单位要求签署放弃权利的协议时，若自已不是自愿放弃权利，在自己可以拒绝的情况下，应予拒绝。若自己无法拒绝，注意重点考虑是否签署关于放弃年休假的协议条款。对于其他明显存在“用人单位免除自己的法定责任、排除劳动者权利”的放弃权利条款，无法拒绝签了也无妨。发生争议后，以《劳动合同法》第二十六条所规定的“用人单位免除自己的法定责任、排除劳动者权利”或“违反法律、行政法规强制性规定”等理由要求劳动仲裁或人民法院确认为无效即可。

六、以保证金、风险金、押金等名义让劳动者交纳财物

［**相关法条**］

《中华人民共和国劳动合同法》

第八十四条第二款：用人单位违反本法规定，以担保或者其他名义向劳动者收取财物的，由劳动行政部门责令限期退还劳动者本人，并以每人五百元以上二千元以下的标准处以罚款；给劳动者造成损害的，应当承担赔偿责任。

［**通俗解读**］

在实践中，个别用人单位在入职时会以各种名义向劳动者收取财物。比较常见的情况主要集中在这几类行业中。比如，保险公司收取保险从业人员的“押金”，建设工程类公司收取项目管理人员的“项目保证金”，房屋中介公司收取经纪人员的“保证金”，物业公司向员工收取“服装费”等。这些收取财物的行为，其实是违法的，劳动者可以随时要求退还。

［**应对方法**］

作为劳动者要清楚，法律明确规定用人单位不得向你收取诸如担保金、押金等财物或款项。但在实践中，劳动者出于求职的渴望，不得不对用人单位的一些过分要求采取忍让。所以，笔者觉得，如果告诫劳动者一味地拒绝，实属“坐而论道”。其实，也可以折中处理。

如果用人单位要求你提供担保或收取诸如保证金、押金等款项，你又出于求职的原因而屈从了，建议一定要通过转账方式

（包括银行转账或支付宝、微信转账）支付，在转账时备注为“交纳某某押金、保证金”，且要求用人单位出具收条或收据。在离职时，你可以要求用人单位将收取款项全部退回，如果用人单位拒绝退回，你可以通过劳动仲裁或诉讼的方式要求用人单位退回收取的款项。

七、在劳动合同中约定一个较低的、虚假的工资金额

［**相关法条**］

《中华人民共和国劳动合同法》

第八条：用人单位招用劳动者时，**应当如实告知**劳动者工作内容、工作条件、工作地点、职业危害、安全生产状况、**劳动报酬**，以及劳动者要求了解的其他情况；**用人单位有权了解劳动者与劳动合同直接相关的基本情况，劳动者应当如实说明。**

第十七条：劳动合同应当具备以下条款：（一）用人单位的名称、住所和法定代表人或者主要负责人；（二）劳动者的姓名、住址和居民身份证或者其他有效身份证件号码；（三）劳动合同期限；（四）工作内容和工作地点；（五）工作时间和休息休假；（六）劳动报酬；……

《工资支付暂行规定》

第六条：用人单位应将工资支付给劳动者本人。劳动者本人因故不能领取工资时，可由其亲属或委托他人代领。用人单位可委托银行代发工资。**用人单位必须书面记录支付劳动者工资的数额、时间、领取者的姓名以及签字、并保存两年以上备查。**用人单位在支付工资时应向劳动者提供一份其个人的工资清单。

[**通俗解读**]

"高薪低约"已成为当下企业劳动用工方面的普遍现象。在签订劳动合同时，部分用人单位倾向于在劳动合同中约定一个比双方谈好的薪酬更低的薪资金额。用人单位说服劳动者的常用理由是：避税。笔者见过一个公司从总经理到财务、前台，全公司的劳动合同约定的月工资标准都是二千多元，但实际发放的工资从每月几千到几万不等。也即，全公司劳动者的劳动合同，没有一份约定的是真实劳动报酬。

究其原因，无非是部分企业老板陷入认识误区，认为劳动合同中将劳动报酬金额写少，可以带来安全感。一方面认为在劳动合同中将工资写少，便于以后单方面对劳动者降薪。比如，劳动合同约定月工资为3500元，虽然平时都是按10000元/月发放工资，但用人单位觉得我随时可以将工资降回劳动合同约定的工资。另一方面认为在劳动合同中将工资写少，之后解除劳动关系需要支付经济补偿金时，可以按劳动合同约定的月薪标准支付经济补偿金，又可以节约一大笔成本。其实，这些都是错误的认识。

[**应对方法**]

《劳动合同法》第八条的规定很明确，用人单位应当如实告诉劳动者劳动报酬。用人单位在劳动合同中写上一个虚假的、较低的工资，并不能达到以后可以对劳动者单方面降薪或少付经济补偿的目的。因为，仲裁机构与法院还是会按用人单位实际向劳动者发放的月应发平均工资作为计算标准。

作为劳动者，如果在签订劳动合同时发现劳动合同写明的工资金额与双方协商面谈的工资金额不一致，可以提出来要求按双方实际谈好的工资标准签约。如果用人单位以“避税”等理由要求少写工资，你可以明确告知用人单位，现在个人所得税 App 上要对劳动报酬进行个人所得税综合所得年度汇算清缴，凭一个劳动合同中虚假的薪酬标准是不可能避税的，且本人愿意依法足额缴税。当然，如果用人单位坚持要按虚假的工资金额签订劳动合同，你又不愿意因此引发双方的不愉快而签订了这样的劳动合同。那么在之后发放工资时，注意保存好发放工资的转账记录、工资条等能够证明你真实工资标准的证据。

虽然对劳动报酬进行虚假约定不影响劳动者的实体权利，但毕竟在劳动合同中约定真实的工资标准，在之后发生工资争议时也省去你对真实工资标准进行收集证据和举证证明的麻烦。

八、扣押劳动者的证件、证书

［**相关法条**］

《中华人民共和国劳动合同法》

第九条：用人单位招用劳动者，不得扣押劳动者的**居民身份证**和**其他证件**，不得要求劳动者**提供担保**或者**以其他名义向劳动者收取财物**。

第八十四条：用人单位违反本法规定，扣押**劳动者居民身份证等证件**的，由劳动行政部门**责令限期退还**劳动者本人，并依照有关法律规定给予处罚。……劳动者依法解除或者终止劳动合同，用人单位扣押劳动者档案或者其他物品的，依照前款规定处罚。

［**通俗解读**］

在实践中，扣押劳动者身份证的情形很少见。但在一些行业内，将劳动者的资格证书进行扣押的情形屡见不鲜。比如医院扣押护士的护士执业证，建设工程类公司扣押工程师的建造师资格证等。

［**应对方法**］

作为劳动者要清楚，用人单位不得扣押你的身份证件（包括身份证、居住证、户口本等），也不得扣押你的执业证件或资格证件。

如果用人单位在入职时非要你提供前述证书，你可以先向用人单位讲明前述法律规定，并表示同意提交相关证书的复印件。如果用人单位坚持要你提交证件或证书原件，你又不想因此产生冲突而妥协同意，那么你一定要用人单位出具盖章签字的“收件证明”，表示确实收到了你提交的相关证书原件。在离职时或发生劳动争议时，可以要求用人单位予以返还，如果因用人单位扣押你的证书给你造成了损失，也可以一并要求赔偿。

第三节　试用期的注意事项

劳动者入职后，用人单位一般会安排经过一定期限的试用期。作为新入职员工，你应该掌握关于试用期的相关要求以及与转正员工的区别之处。

一、试用期的基本要求

［**相关法条**］

《中华人民共和国劳动法》

第二十一条：劳动合同可以约定试用期。试用期最长不得超过六个月。

《中华人民共和国劳动合同法》

第十九条：劳动合同期限三个月以上不满一年的，试用期不得超过一个月；劳动合同期限一年以上不满三年的，试用期不得超过二个月；三年以上固定期限和无固定期限的劳动合同，试用期不得超过六个月。

同一用人单位与同一劳动者只能约定一次试用期。

以完成一定工作任务为期限的劳动合同或者劳动合同期限不满三个月的，不得约定试用期。

试用期包含在劳动合同期限内。劳动合同仅约定试用期的，试用期不成立，该期限为劳动合同期限。

［**权威案例**］

人民法院案例库案例：某教育公司诉王某劳动争议案

入库编号：2024－07－2－490－002

裁判要旨：用人单位与劳动者**协商顺延试用期**因违反同一用人单位与同一劳动者**只能约定一次试用期**的法律规定，**属于二次约定试用期**，用人单位应当按照《劳动合同法》第八十三条的规定向劳动者支付**违法约定试用期赔偿金**。

裁判理由：关于违法约定试用期赔偿金问题，同一用人单位与同一劳动者只能约定一次试用期。本案中，某教育公司与王某订立期限自2018年3月26日起至2021年3月25日止的劳动合同，其中试用期为2018年3月26日至2018年6月25日。后某教育公司以王某在3个月试用期间没有签单为由将试用期延长至2018年9月25日，这一行为属于二次约定试用期。某教育公司虽主张王某对延长试用期表示认可，但二次约定试用期行为已违反法律强制性规定，延长的期间不再属于法定试用期。此外，某教育公司出具的《试用期转正通知书》显示，王某自2018年10月1日成为正式员工，结合2018年9月26日至2018年10月25日期间的工资发放情况，可以认定某教育公司将王某的试用期延长至了2018年9月30日，某教育公司这一行为违反法律规定，故某教育公司应支付王某2018年6月26日至2018年9月30日期间违法约定试用期的赔偿金42027.59元。

［**通俗解读**］

（一）试用期约定不得超过法定上限

关于劳动合同中约定试用期，《劳动法》较为宽泛地规定“不得超过六个月”，那意味着只签订一年的劳动合同也可约定六个月试用期，试用期占到整个劳动合同期限的一半或以上，显然不太合理。《劳动合同法》则更为细化，将用人单位与劳动者签订的劳动合同期限长短与试用期长短挂钩。

简单记忆口诀为：三月以下，不得试用；不足一年，不超一月；一至三年，不超二月；三年以上，六月封顶。

再精简，就是记住“1·2·6”三个期限标准。

（二）试用期不得二次约定或延长

法律明确规定“同一用人单位与同一劳动者只能约定一次试用期”。但有的用人单位觉得，既然只能约定一次，不能第二次约定试用期，那我用人单位可以延长试用期。前述人民法院案例库中的案例明确了，用人单位与劳动者约定试用期后，即使双方在试用期法定上限内协商延长试用期，也是属于“二次约定试用期”的违反法律强制性规定的行为，用人单位应依法支付违法约定试用期的赔偿金。换言之，前述案例中，用人单位与劳动者签订了3年期劳动合同，双方的试用期上限为6个月，但只约定了3个月试用期。之后用人单位与劳动者协商再延长3个月试用期，虽然延长之后的试用期也刚好是6个月的试用期上限，在试用期限上并未超过法定上限，但这种延长试用期的行为仍应认定为违反了“同一用人单位与同一劳动者只能约定一次试用期”的规定。所以，试用期一旦约定，就不能再延长，更不能再约定一次试用期。否则，劳动者可以要求用人单位支付违法约定试用期的赔偿金。

二、试用期的薪酬规定

［**相关法条**］

《中华人民共和国劳动合同法》

第二十条：劳动者在试用期的工资不得低于本单位相同岗位最低档工资或者劳动合同约定工资的百分之八十，并不得低于用人单位所在地的最低工资标准。

《中华人民共和国劳动合同法实施条例》

第十五条：劳动者在试用期的工资不得低于本单位相同岗位最低档工资的80%或者不得低于劳动合同约定工资的80%，并不得低于用人单位所在地的最低工资标准。

［**通俗解读**］

试用期工资可以少于转正后的工资，这是试用期区别于转正后的显著特征之一。但可以少多少是有强制性规定的，即不得少于劳动合同约定工资的80%，且不得低于当地的最低工资标准。这里需提醒注意的是，此处所称“劳动合同约定工资的80%”不一定是指书面劳动合同上载明的月薪标准。如前文所述，部分用人单位在劳动合同中约定一个虚假的月薪金额，但实际双方谈妥并实际发放的工资标准又是更高的月薪金额。比如，双方面试谈妥的月薪为 10000 元/月，但用人单位出于种种考虑，在双方的劳动合同文本上写的月薪为 3500 元/月，由于劳动合同文件上所载之工资并非真实的月薪标准，故劳动者试用期工资的参照标准还是应按真实的月薪 10000 元/月计算，即劳动者的试用期工资不得少于 8000 元/月。

三、违法约定试用期的赔偿标准

［**相关法条**］

《中华人民共和国劳动合同法》

第八十三条：用人单位违反本法规定与劳动者约定试用期的，由劳动行政部门责令改正；违法约定的试用期已经履行的，由用人单位以劳动者试用期满月工资为标准，按已经履行的超过法定试用期的期间向劳动者支付赔偿金。

［**通俗解读**］

前述法条是规定违法约定试用期的法律后果，即用人单位如果出现违法约定试用期，分两种情况来承担后果。

一是如果违法约定了试用期，但尚未实际履行，则由劳动行政部门责令改正。

举例说明：张三与 A 公司签订了固定期限自 2023 年 1 月 1 日至 2024 年 12 月 31 日的劳动合同，其中约定试用期为 4 个月（自 2023 年 1 月 1 日至 4 月 30 日），还约定转正后月工资标准为 10000 元/月，试用期工资为 8000 元/月。合同签订后，张三于 2023 年 2 月 1 日发现劳动合同中约定的试用期违反了《劳动合同法》第十九条关于“劳动合同期限一年以上不满三年的，试用期不得超过二个月”的规定，便向A公司提出异议，A公司不予理会，张三向当地劳动监察部门投诉，劳动监察部门责令A公司予以改正。

二是如果违法约定了试用期，劳动者已经履行了违法约定的试用期期间，则用人单位应按劳动者转正后的工资标准，按已履行的期间向劳动者支付赔偿金。

举例说明：张三与A公司签订了固定期限自2023年1月1日至2024年12月31日的劳动合同，约定其中试用期为4个月（自2023年1月1日至4月30日），还约定转正后月工资标准为10000元/月，试用期工资为8000元/月。合同签订后，张三于2023年10月的国庆节期间学习了劳动合同法，发现A公司与其签订的劳动合同约定的期限为2年。依据法律规定，劳动合同期限不足3年，试用期不得超过2个月。但A公司与其约定了4个月的试用期，超出2个月法定试用期上限的违法约定试用期间有2个月。同时，张三查看自己的工资发放记录，发现A公司于2023年1月至4月向自己发放的工资确实是按试用期工资标准8000元/月发放的。张三觉得自己的权益受到侵害，所以申请了劳动争议仲裁，要求A公司按试用期满转正后的工资标准10000元/月向其支付已经履行的超过法定试用期的2个月期间对应的赔偿金20000元（试用期满转正后的工资标准10000元/月×已履行且超过法定试用期的2个月）。

四、试用期内解除劳动合同情形

［**相关法条**］

《中华人民共和国劳动合同法》

第二十一条：在试用期中，除劳动者有本法第三十九条和第四十条第一项、第二项规定的情形外，用人单位不得解除劳动合同。用人单位在试用期解除劳动合同的，应当向劳动者说明理由。

第三十七条：劳动者提前三十日以书面形式通知用人单位，可以解除劳动合同。劳动者在试用期内提前三日通知用人单位，可以解除劳动合同。

第三十九条：劳动者有下列情形之一的，用人单位可以解除劳动合同：

（一）在试用期间被证明不符合录用条件的；

（二）严重违反用人单位的规章制度的；

（三）严重失职，营私舞弊，给用人单位造成重大损害的；

（四）劳动者同时与其他用人单位建立劳动关系，对完成本单位的工作任务造成严重影响，或者经用人单位提出，拒不改正的；

（五）因本法第二十六条第一款第一项规定的情形致使劳动合同无效的；

（六）被依法追究刑事责任的。

第四十条：有下列情形之一的，用人单位提前三十日以书面形式通知劳动者本人或者额外支付劳动者一个月工资后，可以解除劳动合同：

（一）劳动者患病或者非因工负伤，在规定的医疗期满后不能从事原工作，也不能从事由用人单位另行安排的工作的；

（二）劳动者不能胜任工作，经过培训或者调整工作岗位，仍不能胜任工作的；

（三）劳动合同订立时所依据的客观情况发生重大变化，致使劳动合同无法履行，经用人单位与劳动者协商，未能就变更劳动合同内容达成协议的。

［**通俗解读**］

前述法条明确了用人单位与试用期员工解除劳动合同的情形，即用人单位可以单方面解除与试用期员工劳动合同的情形以及试用期员工单方面要求解除劳动合同的情形。相较于已转正的员工，用人单位在可解雇的情形上有“一多、一少”。一多是指多了“在试用期间被证明不符合录用条件的”的情形。一少是指少了《劳动合同法》第四十条第三项“劳动合同订立时所依据的客观情况发生重大变化，致使劳动合同无法履行，经用人单位与劳动者协商，未能就变更劳动合同内容达成协议”的情形，以及《劳动合同法》第四十一条规定的裁员的情形。

试用期，本质上是用人单位与员工之间为了相互增进了解，形成长期选择而在劳动合同期间内约定了一个考察期。但在实务中，基于用人单位的强势地位，更多体现在用人单位对员工的考察试用上。用人单位可以解雇“在试用期间被证明不符合录用条件”的员工，是试用期员工与转正员工的显著特征之一，也是用人单位在员工试用期内的“尚方宝剑”。

但在笔者办理过的上万件劳动争议案件中，大多数用人单位并不会使用“在试用期间被证明不符合录用条件”这把“尚方宝剑”。不少用人单位在试用期内对试用的员工不满意而作出解雇决定后，被劳动仲裁或人民法院认定为违法解除并支付违法解除劳动合同的赔偿金。究其原因，还是用人单位无法证明试用期员工属于“不符合录用条件”的情形。甚至有用人单位的管理人员在法庭内感叹，这试用期本就是试用，为什么用人单位解雇试用不满意员工与解雇正式员工的标准一样？

其实，问题在于用人单位没有将“在试用期间被证明不符合录用条件”这一法条作出正确的解读和运用。前述法律条文中有两个关键词：一是“被证明”，二是“不符合录用条件”。

先说“不符合录用条件”，什么叫不符合录用条件？有用人单位的 HR 曾问笔者：如果我公司在试用期内以该试用期员工“不符合录用条件”解雇一个员工，被法庭以现有证据不能证明该员工不符合录用条件而认定为违法解除。那么我想问，什么情形才算是“不符合录用条件”？笔者的回答是：不是法庭告诉你什么情形属于不符合录用条件，而是你要**用证据告诉法庭什么情形是不符合你公司的录用条件**。

法条之所以没有统一规定何种情形是不符合录用条件，就是考虑到不同行业、不同规模、不同岗位的录用条件是不一样的。法律无法规定一个全国通行的录用条件。所以，不强行统一规定录用条件实际上是尊重用人单位的用工自主权，让用人单位自行结合自己的行业特点、公司规模与所招用员工的岗位性质来规定或约定录用条件。用人单位通过劳动合同中的“试用期条款”约定好录用条件或在员工入职时让员工签署“岗位录用条件确认书”，便可以自行规定清楚符合本公司特点和管理要求的录用条件，并按此录用条件进行试用。如果发现并保存证据证明员工不符合事前确认的录用条件，即可以“试用期间被证明不符合录用条件”为由解雇试用期员工。而用人单位往往“有权不用、过期作废”，即经常忽略通过书面证据固定好自己公司认为的“不符合录用条件”的情形。

比如，对于一个服务业的客服岗位，需要按时到岗，对考勤的要求严格。需要在接听电话中保证使用礼貌用语等。对于该客服岗位的“不符合录用条件”情形可以约定为：（1）试用期内累计出现迟到或早退达5次以上的；（2）试用期内累计旷工达2日以上的；（3）在未使用礼貌用语被客户投诉3次以上且经查证属实的；（4）学历、技能证书存在弄虚作假的；……

再比如，对于一个软件业的技术岗位，上班时间自由灵活，但对技术产出及保密事项要求高。对于该岗位的“不符合录用条件”情形可以约定为：（1）违反公司保密规定的；（2）在职期间存在为其他用人单位提供劳动或存在兼职行为的；（3）将涉密文件、项目代码、工作电脑带离工作场所的；……

因此，“在试用期间被证明不符合录用条件”中的“证明”首先是要求用人单位证明其在员工入职时向员工确认的“录用条件”是什么？或者说“不符合录用条件”的情形有哪些？其次再证明试用期员工确实在试用期出现了不符合录用条件的情形，才能在试用期内解雇不符合录用条件的员工。

劳动者在试用期内解除劳动合同的问题要注意两点：一是要注意用人单位向你明确告知的岗位职责、录用条件，对照自己的工作是否存在不符合录用条件的情形；二是你在试用期内也有权对用人单位进行考察，如果觉得自己不愿意在该用人单位工作，也可以在提前3天通知用人单位后离职。而且相较于转正之后需要提前30天书面通知的要求。试用期内通知用人单位并不要求必须以书面形式通知，通过电话、短信、微信、电子邮件等方式通知均可。

五、试用期的常见实务问题

在对涉及试用期的法律条文进行解读之后，笔者就试用期内经常出现的争议及建议劳动者的正确应对方式进行说明。

（一）用人单位与员工于劳动合同中约定的试用期间超出法定的试用期上限

［**应对方法**］

如前述的举例，你作为员工，已履行了超出法定标准的试用期的，可以先让用人单位纠正。用人单位不纠正的，可以申请劳动仲裁，维持自己的权益。

笔者办理过一个案件，员工发现自己实际履行的试用期超过法定标准3个多月，其与公司签订的2年期劳动合同，但其自入职之日到办理转正手续之日有5个多月，这期间公司一直按约定工资标准的80%向其发放工资。员工通过微信向公司的人事经理提出异议，且只是请公司把超出法定试用期限的3个多月工资按转正后工资标准补足差额，其实也就补发几千元工资的事。但公司人事管理人员在微信对话中抱怨员工是个“事儿精”，并表示大家都无异议，就这员工事多，最终不予理会员工的异议。然后员工气愤之下，申请劳动争议仲裁，要求公司支付违法约定试用期的赔偿金。

因为这本书是写给广大劳动者的，结合这个案例，笔者也想在此告诉劳动者，劳动法规是维护你合法权益的利剑，但稳定的工作岗位与和谐的职场关系也十分重要。作为劳动者一方，学好劳动法规，你就持有维权的利剑，但笔者并不希望劳动者们动不动就“亮剑”，而是希望大家在处理职场问题时，先做到仁至义尽。何为仁至义尽？如前述的例子，当你发现用人单位与你约定或履行的试用期存在超出法定上限的情况，你首先能明白，此举对你权益最大的伤害是你在超出法定试用期限的期间仍按试用期工资标准（一般是正式工资的 80%）领取工资，导致你在超过试用期期间内少领取了 20% 的工资，此时先向公司管理人员提出纠正是正确的，毕竟大部分用人单位在这些方面的错误主要是因为对劳动法规不熟悉或没有专业的人事管理人员，我相信 99% 的用人单位会及时纠正劳动用工管理中的问题。对于你已经依法提出诉求，但个别用人单位不纠正错误甚至对你冷嘲热讽的，那你已经做到提醒义务，算是先礼后兵、仁至义尽，那就该决定是否通过法律途径维护自己的合法权益了。

在司法实务中，确有部分企业的管理人员存在蛮横管理的行为。对明显的违法行为，竟理直气壮地告诉员工，你去仲裁吧，去告我吧。笔者多次从证据（如微信聊天记录、通话录音等证据）中看到这样的对话情形。对于用人单位这样的蛮横，笔者只能通过一份份判决让违法的用人单位“求锤得锤”。

作为长期办理劳动争议的法官，肯定最希望劳动用工领域能和谐运转。劳动者与用人单位能在劳动法规的框架下依法共处、相互体谅、有错自纠。但对于不敬畏法律、有错不改的用人单位，只能通过一份份裁决、判决让其承担违法的后果，让其得到劳动用工合规管理方面的经验教训。

（二）用人单位与劳动者约定的试用期间合法，但用人单位在试用期满后迟迟不为劳动者办理转正手续，试用期满后依然按试用期的工资标准向劳动者发放工资，导致劳动者实际履行的试用期超出的法定标准

［**应对方法**］

这种情形主要表现为用人单位的人事管理人员工作马虎或办事拖延。主流裁判观点认为，即使约定的试用期在法定期限内，但劳动者实际履行的试用期超出法定期限的，应以实际履行的试用期为准。其理由在于：如果认定是否违法约定试用期仅看合同文本上约定的试用期，就有可能导致用人单位出现故意约定合规的试用期，但实际上却出于少发工资的目的，久久不按转正后的工资待遇执行，实质上损害劳动者的权益。

但要注意的是，劳动者实际履行的试用期如何判断？一般而言，用人单位与员工之间的试用期结束有两个标志：一是办理转正手续，如让员工填写《转正审批表》，然后完成审批，审批完成之日，即为转正之日；二是工资标准按转正后的标准发放。

在司法实务中，笔者认为，以按转正后工资标准发放工资的日期判断试用期结束之日更为稳妥。其理由在于：一方面，看用人单位是按试用期工资还是转正后工资标准发放工资，对判断试用期具有最直观且最易取证的特点。而且对于劳动者而言，法定试用期结束后，仍按试用期工资标准发放工资是对其最直接的权益损害，故以此作为判断标准，清楚明了。另一方面，法律法规并未强制规定员工转正时必须办理何种转正手续，或是必须以什么方式办理转正手续。对于用人单位而言，口头通知员工从明天起你转正了，并按转正后的工资标准发放工资，也是结束试用期的方式。甚至不用通知，自双方约定的试用期到期后自动结束试用期，自次日起，按转正后工资发放工资，也可视为双方的试用期结束。因此，一般而言，实际履行的试用期主要以劳动报酬的发放标准为主要判断指标，再结合双方对试用期转正的沟通或审批情况，予以综合判断。

如果用人单位于劳动合同中约定的试用期内工资标准与转正后工资标准一致，从实际发放工资标准上看不出试用期结束时间，双方也没有办理书面的转正审批手续，如何认定实际履行的试用期？笔者认为，这种情况下，除非用人单位承认其超过法定试用期限或有证据证明用人单位作出过延长试用期决定或通知过劳动者延长试用期导致员工履行的试用期超过期限。否则，应认定双方约定的试用期届满之日为试用期结束之日。当然，即使试用期工资标准与转正后工资标准一致，如果有证据证明劳动者履行的试用期超出法定期限，劳动者仍然可以要求用人单位支付违法约定试用期的赔偿金。同时，对于用人单位而言，在试用期结束后，也不能再以“不符合录用条件”为由解除劳动合同。

（三）用人单位与劳动者约定的试用期间超出法定期间上限，但用人单位为劳动者提前办理转正手续，导致劳动者实际履行的试用期并未超出法定期限

［**应对方法**］

这种情况下，笔者认为应当以员工实际履行的试用期为准。

举例说明：张三与A公司签订了固定期限自2023年1月1日至2024年12月31日的劳动合同，约定其中试用期为4个月（自2023年1月1日至4月30日），还约定转正后月工资标准为10000元/月，试用期工资为8000元/月。合同签订后不久，A公司的人事经理发现关于试用期的约定超出了法定期限，决定于2023 年 2 月 28 日为张三办理转正手续，并自 2023 年 3 月 1 日起按转正后的工资标准 10000 元/月向张三发放工资。在此情况下，张三以双方劳动合同中约定的试用期超过法定期限为由要求用人单位支付赔偿金的，不应予以支持。

其理由在于：从法条规定来看，《劳动合同法》第八十三条规定的向劳动者支付赔偿金的情形是“违法约定的试用期已经履行的，由用人单位以劳动者试用期满月工资为标准，按已经履行的超过法定试用期的期间向劳动者支付赔偿金”。由此可知，不仅要违法约定了试用期，还要违法约定的试用期已经实际履行，而前述案例中的 A 公司已经及时改正了试用期超期的问题，确保了张三并未实际履行违法超期的试用期，故张三无权向 A 公司要求违法约定试用期的赔偿金。

（四）用人单位在试用期满后，对劳动者的试用期表现既不是很满意也不是很不满意，决定再延长一定期间的试用期

［**应对方法**］

《劳动合同法》第十九条第二款明确规定，“同一用人单位与同一劳动者只能约定一次试用期”。在此规定下，用人单位在约定的试用期基础上再延长试用期，按前述人民法院案例库的入库案例，应认定为用人单位二次约定试用期。延长的试用期已实际履行的，劳动者有权要求用人单位支付违法约定试用期的赔偿金。

（五）用人单位与劳动者签订“试用期劳动合同”，只约定试用期。经过试用期后再决定是否与员工签订正式的劳动合同

［**应对方法**］

以上情形是部分用人单位自己定的“土政策”，要求新入职员工先签《试用期劳动合同》，通过了试用期后再签正式的劳动合同。殊不知此举对用人单位是百害而无一利。

《劳动合同法》第十九条第四款明确规定，“试用期包含在劳动合同期限内。劳动合同仅约定试用期的，试用期不成立，该期限为劳动合同期限”。因此，如果用人单位只与你签订一份 3 个月的试用期合同，那么该试用期不成立，视为你与用人单位签订了一份固定期限为 3 个月的劳动合同。此种情形下，对用人单位是不利的，既不能按试用期“不符合录用条件”为由解雇员工，还浪费了一次签订固定期限劳动合同的机会，因为一旦用人单位在前述《试用期劳动合同》到期后再与你签订正式的劳动合同将视为签订第二次固定期限劳动合同，而第二次固定期限劳动合同到期终止是很有风险的（后面专门章节解读）。

同时，如果 3 个月期满后，用人单位不与你续签劳动合同而导致劳动合同终止，则触发《劳动合同法》第四十四条第一项关于“有下列情形之一的，劳动合同终止：（一）劳动合同期满的；……”以及《劳动合同法》第四十六条关于“有下列情形之一的，用人单位应当向劳动者支付经济补偿：……；（五）除用人单位维持或者提高劳动合同约定条件续订劳动合同，劳动者不同意续订的情形外，依照本法第四十四条第一项规定终止固定期限劳动合同的；……”的规定，用人单位应当向你支付终止劳动合同的经济补偿金。所以，用人单位此种“土政策”，妥妥地“赔了夫人又折兵”。

在此提醒劳动者注意的是，主张违法约定试用期赔偿金要注意仲裁时效。违法约定试用期赔偿金本质上与未签订劳动合同的二倍工资一样，是对用人单位违法行为的惩罚，并非劳动报酬。

《劳动争议调解仲裁法》第二十七条规定："劳动争议申请仲裁的时效期间为一年。仲裁时效期间从当事人知道或者应当知道其权利被侵害之日起计算。……劳动关系存续期间因拖欠劳动报酬发生争议的，劳动者申请仲裁不受本条第一款规定的仲裁时效期间的限制；但是，劳动关系终止的，应当自劳动关系终止之日起一年内提出。"从该法条可见，只有拖欠劳动报酬才能从离职之日起算一年的仲裁时效，而作为非劳动报酬的违法约定试用期赔偿金，应从"知道或者应当知道其权利被侵害之日"起算。而违法约定试用期的情形下，对已经履行的超过法定试用期的期间主张支付赔偿金，应从法定试用期满之次日作为"知道或者应当知道其权利被侵害之日"。当然，对于超过法定试用期仍按试用期工资标准发放工资而导致减少的工资金额，则属于劳动报酬，可以自离职之日起一年内提出主张或申请仲裁，均视为没有超过一年的仲裁时效。

（六）试用期满才为员工缴纳社保

［**应对方法**］

这也是部分用人单位常用的"土政策"。《社会保险法》第五十八条第一款第一句规定："用人单位应当自用工之日起三十日内为其职工向社会保险经办机构申请办理社会保险登记。"员工入职后，用人单位应在三十日内为新入职员工办理社保登记。如果用人单位在试用期满后缴纳社保时为你补缴了试用期期间的社保，并未造成你损失的，不必较真。如果未补缴之前试用期期间的社会保险，而是自试用期满后才开始缴纳社保，你可以通过向社保行政部门投诉解决。

（七）用人单位以试用期为由，无正当理由解雇员工

［**应对方法**］

如前所述，试用期并不意味着用人单位可以无理由解雇员工。用人单位在试用期内解雇员工，也需要有法律规定的情形。如证明员工不符合录用条件，或证明员工存在《劳动合同法》第三十九条和第四十条第一项、第二项规定的情形。

对于用人单位在试用期内单方面的解雇，你作为员工有权要求用人单位明确其解除的理由。有些用人单位为规避责任，坚持不向员工出具解除劳动合同通知或辞退通知等证明用人单位单方面解除劳动关系的文书。员工在此情况下，要灵活通过微信聊天记录、录音、拍照等多种方式固定用人单位解雇你的证据。如果用人单位的理由不成立，或你确实不存在“严重违反规章制度、不符合录用条件”等可以解雇的情形，你可以通过仲裁、诉讼的方式要求用人单位继续履行劳动合同或支付违法解除（终止）劳动合同的赔偿金。

第四节　劳动合同的签订

劳动者入职用人单位后，双方最重要的事就是签订劳动合同。《劳动合同法》已经实施十几年了，但劳资双方对劳动合同的重要性仍重视不足。劳动争议案件，涉及未签订劳动合同二倍工资的案件仍然不少，劳动合同条款也是千篇一律，没有发挥出劳动合同应有的明确双方权利义务的作用。

一、签订劳动合同的法规解读

［**相关法条**］

《中华人民共和国劳动合同法》

第七条：用人单位自用工之日起即与劳动者建立劳动关系。用人单位应当建立职工名册备查。

第十条：建立劳动关系，应当订立书面劳动合同。

已建立劳动关系，未同时订立书面劳动合同的，应当自用工之日起一个月内订立书面劳动合同。

用人单位与劳动者在用工前订立劳动合同的，劳动关系自用工之日起建立。

第十六条：劳动合同由用人单位与劳动者协商一致，并经用人单位与劳动者在劳动合同文本上签字或者盖章生效。

劳动合同文本由用人单位和劳动者各执一份。

［**通俗解读**］

《劳动合同法》第七条明确了自用工之日起用人单位与劳动者建立劳动关系，且用人单位应当建立职工名册。也就是说，无论何时签订的劳动合同，双方的劳动关系建立之日系用人单位用工之日，通俗地说，劳动者第一天上班之日就是劳动关系确立之日。在实践中，用人单位招聘员工一般先发出《录用通知书》，员工按《录用通知书》上写明的时间去办入职，入职后一段时间再签订劳动合同。之所以明确自用工之日建立劳动关系，是因为有些用人单位还存在一些误区。比如，有用人单位认为签订劳动合同的前期只是试用，双方签订劳动合同后才是正式建立劳动关系。再比如，用人单位发出的录用通知是某月某日入职，但劳动者实际到岗上班的时间可能提前几天，也可能推迟几天。为避免上述争议，法律明确为“自用工之日起”建立劳动关系。

《劳动合同法》第十条用了两个“应当”，“应当”是具有强制含义的词汇。法条明确规定用人单位与劳动者建立劳动关系，应当订立书面劳动合同，且应当自用工之日起一个月内订立书面劳动合同。前述法条将自用工之日起一个月内签订书面劳动合同明确为用人单位的法定义务，与《劳动合同法》第八十二条规定未依法签订书面劳动合同应当向劳动者支付二倍工资的法律责任相呼应。

《劳动合同法》第十六条则明确了劳动合同的生效条件以及双方应“各执一份”的要求。

［**相关法条**］

《中华人民共和国劳动合同法》

第十二条：劳动合同分为**固定期限**劳动合同、**无固定期限**劳动合同和以**完成一定工作任务为期限**的劳动合同。

第十三条：固定期限劳动合同，是指用人单位与劳动者约定合同终止时间的劳动合同。

用人单位与劳动者协商一致，可以订立固定期限劳动合同。

第十四条：无固定期限劳动合同，是指用人单位与劳动者约定**无确定终止时间**的劳动合同。

用人单位与劳动者协商一致，可以订立无固定期限劳动合同。有下列情形之一，劳动者提出或者同意续订、订立劳动合同的，除劳动者提出订立固定期限劳动合同外，应当订立无固定期限劳动合同：

（一）劳动者在该用人单位连续工作满十年的；

（二）用人单位初次实行劳动合同制度或者国有企业改制重新订立劳动合同时，劳动者在该用人单位连续工作满十年且距法定退休年龄不足十年的；

（三）**连续订立二次固定期限劳动合同，且劳动者没有本法第三十九条和第四十条第一项、第二项规定的情形，续订劳动合同的。**

用人单位自用工之日起满一年不与劳动者订立书面劳动合同的，视为用人单位与劳动者已订立无固定期限劳动合同。

［**通俗解读**］

《劳动合同法》第十二条、第十三条、第十四条定义了劳动合同的分类及各类型劳动合同的特点，其中需要重点注意且容易形成理解误区的是第十四条。

上述第十四条中关于连续订立二次固定期限劳动合同后，第二份固定期限劳动合同到期后是否可以因期满而终止在实践中存在一定的争议。

劳动者要注意上述第十四条中关于“用人单位自用工之日起满一年不与劳动者订立书面劳动合同的，视为用人单位与劳动者已订立无固定期限劳动合同”的规定，此规定直接影响了劳动者要求用人单位支付未签订劳动合同二倍工资的期限。

［**相关法条**］

《中华人民共和国劳动合同法》

第十七条：劳动合同应当具备以下条款：

（一）用人单位的名称、住所和法定代表人或者主要负责人；

（二）劳动者的姓名、住址和居民身份证或者其他有效身份证件号码；

（三）劳动合同期限；

（四）工作内容和工作地点；

（五）工作时间和休息休假；

（六）劳动报酬；

（七）社会保险；

（八）劳动保护、劳动条件和职业危害防护；

（九）法律、法规规定应当纳入劳动合同的其他事项。

劳动合同除前款规定的必备条款外，用人单位与劳动者可以约定试用期、培训、保守秘密、补充保险和福利待遇等其他事项。

［**通俗解读**］

该条明确了劳动合同的必备条款，虽然该法条中使用了“应当”二字，但在实务中，强制属性较弱。劳动者要注意的是，在实践中，即使双方签订劳动合同不具备前述必备条款，也不能因劳动合同不具备必备条款而要求用人单位支付未签订劳动合同的二倍工资。毕竟，签订了一份必备条款不完整的书面劳动合同也是签订了一份书面劳动合同。

［**相关法条**］

《中华人民共和国劳动合同法》

第二十六条：下列劳动合同无效或者部分无效：

（一）以欺诈、胁迫的手段或者乘人之危，使对方在违背真实意思的情况下订立或者变更劳动合同的；

（二）用人单位免除自己的法定责任、排除劳动者权利的；

（三）违反法律、行政法规强制性规定的。

对劳动合同的无效或者部分无效有争议的，由劳动争议仲裁机构或者人民法院确认。

第二十七条：劳动合同部分无效，不影响其他部分效力的，其他部分仍然有效。

第二十八条：劳动合同被确认无效，劳动者已付出劳动的，用人单位应当向劳动者支付劳动报酬。劳动报酬的数额，参照本单位相同或者相近岗位劳动者的劳动报酬确定。

[**法条比对**]

《中华人民共和国劳动法》

第十八条：下列劳动合同无效：

（一）违反法律、行政法规的劳动合同；

（二）采取欺诈、威胁等手段订立的劳动合同。

无效的劳动合同，从订立的时候起，就没有法律约束力。确认劳动合同部分无效的，如果不影响其余部分的效力，其余部分仍然有效。

劳动合同的无效，由劳动争议仲裁委员会或者人民法院确认。

《最高人民法院关于审理劳动争议案件适用法律问题的解释（一）》

第四十一条：劳动合同被确认为无效，劳动者已付出劳动的，用人单位应当按照劳动合同法第二十八条、第四十六条、第四十七条的规定向劳动者支付劳动报酬和经济补偿。

由于用人单位原因订立无效劳动合同，给劳动者造成损害的，用人单位应当赔偿劳动者因合同无效所造成的经济损失。

[**通俗解读**]

1995 年施行的《劳动法》第十八条与 2008 年施行的《劳动

合同法》第二十六条都规定了劳动合同无效的情形。但两相比较，还是可以看出《劳动合同法》作为后颁布的法律，在劳动合同无效情形的问题上，对《劳动法》规定的劳动合同无效情形进行了“继承”与优化。“继承”体现在都规定了以欺诈、胁迫手段订立的劳动合同无效，也都规定了劳动合同的无效须由劳动争议仲裁机构或人民法院确认，且部分无效不影响其他部分效力。

优化则主要体现为“一减二增”。“一减”，是减少劳动合同无效情形中违反法律、行政法规的范围。《劳动法》显然更为刚性，规定劳动合同条款只要“违反法律、行政法规”就无效，范围较为宽泛。而《劳动合同法》在这一问题上，相对于《劳动法》则更为柔性，将劳动合同条款“违反法律、行政法规”而无效的范围限定为“违反法律、行政法规的**强制性规定**”。“二增”，一是在欺诈、胁迫的基础上增加了乘人之危的情形。二是增加了“用人单位免除自己的法定责任、排除劳动者权利的”情形。

特别说明的一点是，在实践中，“用人单位免除自己的法定责任、排除劳动者权利的”是最容易导致劳动合同条款被劳动仲裁机构或人民法院认定为无效的情形。也可以说，此项规定是悬在用人单位头上的利剑。在笔者看来，《劳动合同法》增加该情形是一种优化，也是对实践调研中发现的问题的立法回应。劳动者在应聘求职之时以及入职试用期间，是劳动者与用人单位相互间地位不平等情况最明显的时刻。在实践中，当劳动者应聘成功后，劳动合同文本基本上是由用人单位制作并提供的，普通劳动者很难按自己的意愿改动其中的条款。不排除劳动者为了获得工作机会，即使面对用人单位提供的明显存在“用人单位免除自己的法定责任、排除劳动者权利”条款的劳动合同，也只能签署的情形。如果在劳动合同的签订事宜中，仅以不违反国家法律或行政法律的强制性规定来约束，显然还不能达到确保劳动合同条款所约定的权利义务保持公平的目的。

比如，笔者经常见到，用人单位作为甲方，约定其可以在之后的劳动关系存续期间，单方面变更员工的工资标准，员工必须服从。此举实际上是免除了用人单位变更（主要是降薪）劳动报酬须与劳动者协商一致的责任，排除了劳动者在变更劳动报酬时应取得其协商同意的权利。

再如，近年来网络上热议的各种“奋斗者协议”，让员工“自愿”于入职时就放弃年休假的、“自愿”加班不要加班费的，“同意”用人单位不为其缴纳社会保险的，“同意”任何情况下解除劳动关系都不向用人单位主张经济补偿的，等等情形，不胜枚举。

当然，有企业管理者在交流中也提出，只要双方是自愿签订的协议，国家不应过多干涉。对此，笔者还是要指出，一方面，企业老板与人事管理人员也清楚，这种“自愿”的水分有多大。另一方面，封建社会的卖身为奴也是“自愿”的，地主招月长工也是“自愿”的，但这种情况能被现代社会所容吗？所以，对于劳动关系中显失公平的合同条款，劳动仲裁机构与司法部门还是应当合理介入。

［**相关法条**］

《中华人民共和国劳动合同法》

第八十一条：用人单位提供的劳动合同文本未载明本法规定

的劳动合同必备条款或者用人单位未将劳动合同文本交付劳动者的，由劳动行政部门责令改正；给劳动者造成损害的，应当承担赔偿责任。

第八十二条：用人单位自用工之日起超过一个月不满一年未与劳动者订立书面劳动合同的，应当向劳动者每月支付二倍的工资。

用人单位违反本法规定不与劳动者订立无固定期限劳动合同的，自应当订立无固定期限劳动合同之日起向劳动者每月支付二倍的工资。

《中华人民共和国劳动合同法实施条例》

第五条：自用工之日起一个月内，经用人单位书面通知后，劳动者不与用人单位订立书面劳动合同的，用人单位应当书面通知劳动者终止劳动关系，无需向劳动者支付经济补偿，但是应当依法向劳动者支付其实际工作时间的劳动报酬。

第六条：用人单位自用工之日起超过一个月不满一年未与劳动者订立书面劳动合同的，应当依照劳动合同法第八十二条的规定向劳动者每月支付两倍的工资，并与劳动者补订书面劳动合同；劳动者不与用人单位订立书面劳动合同的，用人单位应当书面通知劳动者终止劳动关系，并依照劳动合同法第四十七条的规定支付经济补偿。

前款规定的用人单位向劳动者每月支付两倍工资的起算时间为用工之日起满一个月的次日，截止时间为补订书面劳动合同的前一日。

第七条：用人单位自用工之日起满一年未与劳动者订立书面劳动合同的，自用工之日起满一个月的次日至满一年的前一日应当依照劳动合同法第八十二条的规定向劳动者每月支付两倍的工资，并视为自用工之日起满一年的当日已经与劳动者订立无固定期限劳动合同，应当立即与劳动者补订书面劳动合同。

［**通俗解读**］

该部分法条相当重要，是对用人单位不依法签订书面劳动合同相关法律责任的规定。其中劳动合同不具备必备条款、劳动合同文本没有交付劳动者的法律责任较轻，但不签订书面劳动合同的责任较重。《劳动合同法》第八十一条规定了劳动合同不具备必备条款、劳动合同文本没有交付劳动者的，由劳动行政部门责令改正；给劳动者造成损害的，应当承担赔偿责任。但实际上，即使出现前述情况，劳动者也很难举证证明其损失，导致劳动者很难要求用人单位承担赔偿损失的责任。而实务中最常见的是用人单位未与劳动者签订书面劳动合同，应依据《劳动合同法》第八十二条承担法律责任，本节重点解读此项法律责任。

二、签订劳动合同的问题应对

在对涉及劳动合同的法律条文进行解读之后，笔者就签订劳动合同方面经常出现的争议点及劳动者的正确应对方式进行说明。

（一）用人单位不把劳动合同文本交付给员工怎么办？

用人单位正规的做法是完成双方劳动合同的签订后，向劳动者交付一份劳动合同文本，并让劳动者签署“劳动合同文本签收确认单”，确认收到一份劳动合同文本。笔者长期办理劳动争议案件，见过部分用人单位在劳动合同文本上的错误做法。比如，将双方签订好的劳动合同文本原件均保管在用人单位，不交付劳动者一份。此举的目的无非是让劳动者手里没有劳动合同文本，无法证明劳动关系。其实笔者常向用人单位的管理人员解释，证明劳动关系的证据很多，但凡劳动者工作了一段时间，都能收集到证明劳动关系的证据，想通过扣留劳动合同文本的方法否认劳动关系是达不到目的的，是一种自欺欺人的做法。

再比如，将空白劳动合同交由劳动者签字，用人单位也不签字盖章，也不给劳动者劳动合同文本，将只有劳动者一方签字的空白劳动合同文本保管起来。此举的目的无非是既让劳动者手中没有劳动合同文本，又能够让用人单位在需要的时候随意填上劳动合同期限、劳动报酬标准等内容。

对于前述情况，劳动者要注意的是：

1. 如前面章节所讲，填写时要关注到劳动合同中的核心条款内容。如果是空白劳动合同，首先应该拒绝签署。且拒绝签署时，建议将人事部门交由你签的空白劳动合同拍照留存，然后通过微信将空白劳动合同发给对方，请对方明确劳动合同内容并讲明不签署该劳动合同系因劳动合同内容空白。此举可证明不签订劳动合同的原因或过错不在劳动者一方。

2. 如果用人单位不给付你劳动合同文本，你可以办事需要为由，向用人单位的人事管理部门口头或通过可留痕的方式（如电子邮件、微信、短信、钉钉等方式）要求用人单位交付你一份已签署的劳动合同文本。99%的用人单位在此情况下会给你一份劳动合同文本。

3. 如果你因办事（如户口迁移、居住证办理等事宜）需要劳动合同文本时，用人单位仍不给你劳动合同文本，其用心与目的已经属于“司马昭之心路人皆知”了，你可以选择向当地劳动监察大队投诉，要求责令用人单位交付劳动合同文本。

（二）用人单位不与你签订书面劳动合同怎么办？

其实，在当前信息化社会，发放工资基本都是银行转账或微信支付宝转账，工作安排与管理大多依托钉钉、微信或企业 OA 系统，双方形成事实劳动关系后，会形成诸多证据印证双方的劳动关系。劳动合同只是让劳动者更直接、更方便地证明劳动关系，但没有劳动合同也不能让用人单位达到否定劳动关系的目的。所以，用人单位不与劳动者签订书面劳动合同，对用人单位来讲，是“百害而无一利”。对劳动者来讲，是“一害而百利”。

劳动者入职后，用人单位超过一个月仍未与你签订劳动合同，你可以提醒用人单位与你签订劳动合同。当然，基于签订劳动合同系用人单位的法定义务，劳动者不提醒用人单位也无过错。自入职之日起超过一个月，用人单位不与劳动者签订书面劳动合同的行为实际上是在为劳动者准备额外的“奖金”，即未签订书面劳动合同的二倍工资自入职之日满一个月之次日开始起算。

（三）用人单位倒签劳动合同后可以要求其支付二倍工资吗？

如前所述，部分用人单位的“土政策”是先经过试用期，试用期满后再与劳动者签订书面劳动合同，且签订的劳动合同中约定的劳动合同期限为入职之日，即劳动合同签订时间系入职之日的几个月后，但劳动合同中约定的期限系自入职之日开始，其中入职之日到签订之日的几个月时间系“倒签覆盖”的期间。此期间是否属于未签订劳动合同的期间？当前主流裁判观点认为，劳动者同意“倒签”的书面劳动合同载明的期限所覆盖的期间，属于已签订书面劳动合同的期间，劳动者不能再主张该期间的二倍工资差额。为方便劳动者直观的理解，再举例如下：

张三于2023年1月1日入职A公司，入职时A公司告知张三，公司的政策是先经过3个月的试用期，试用期月工资8000元，转正后月工资10000元，试用期满后，再与张三签订书面劳动合同。2023年4月1日，张三经过了3个月试用期后予以转正，A公司于当日拿出劳动合同文本让张三签署，该劳动合同中载明的期限为2023年1月1日至2026年12月31日。此时，张三的选择有：

1. **张三同意补签了该劳动合同**。虽然A公司于2023年4月1日才与张三签订固定期限自2023年1月1日起至2026年12月31日止的劳动合同，但张三在前述劳动合同上签字的行为系对劳动合同期限的确认，即确认双方自入职之日起签订了劳动合同，故张三不能再向A公司要求支付未签订书面劳动合同的二倍工资差额部分。

2. **张三坚持将劳动合同期限更改为自签订之日起且用人单位同意**，即双方最终签订自2023年4月1日至2026年12月31日的劳动合同。此种情况下，张三在一年的仲裁时效内可以向用人单位主张2023年2月1日（入职之日起满一个月之次日）至2023年3月31日期间未签订书面劳动合同的二倍工资。

3. **张三拒绝签订该劳动合同**。如果张三拒绝签订劳动合同，《劳动合同法实施条例》第六条规定，用人单位自用工之日起超过一个月不满一年未与劳动者订立书面劳动合同的，应当依照《劳动合同法》第八十二条的规定向劳动者每月支付两倍的工资，并与劳动者补订书面劳动合同；劳动者不与用人单位订立书面劳动合同的，用人单位应当书面通知劳动者终止劳动关系，并依照《劳动合同法》第四十七条的规定支付经济补偿。依据前述规定，张三于2023年1月1日入职，A公司于2023年4月1日才安排双方签订劳动合同，其中的2023年2月1日至2023年3月31日属于“用人单位自用工之日起超过一个月不满一年未与劳动者订立书面劳动合同”的期间，A公司依法应向张三支付该期间的二倍工资差额部分16000元（试用期工资8000元/月×2个月）。如果张三作为劳动者拒绝与A公司补订书面劳动合同的，A公司应当书面通知张三终止劳动关系，并向张三支付经济补偿4000元（试用期平均工资8000元/月×0.5个月）。

从上述情形可见，用人单位应当在劳动者入职之日起一个月内与劳动者签订书面劳动合同，否则将面临较大的用工风险。一旦超过一个月未与劳动者签订书面劳动合同，劳动者一方将有一定的选择权，即主张二倍工资差额还是签订劳动合同后继续工作。当然，笔者认为，规定二倍工资惩罚还是为了督促用人单位与劳动者及时签订劳动合同，以明确双方的法律关系和权利义务。作为劳动者，首要追求的是工作岗位的稳定而非基于用人单位不当用工行为而得到惩罚性赔偿。所以笔者个人认为，对于前述用人单位并未实质损害劳动者的轻微不当行为，劳动者及时与用人单位补签劳动合同，并继续稳定工作才是上上之选。

三、签订劳动合同的认识误区

以上系劳动者在签订劳动合同事宜中经常出现的争议情形及应对。当然，笔者在办案中发现，无论是劳动者还是用人单位，在签订劳动合同的事宜上还存在一些认识误区，有必要予以明确。

误区一：如果用人单位很长时间不与劳动者签订书面劳动合同，劳动者可以一直主张二倍工资差额。

主流裁判观点认为，一般而言，劳动者以未签订书面劳动合同向用人单位主张二倍工资的期间最长为11个月。其理由在于：《劳动合同法》第十四条规定，无固定期限劳动合同，是指用人单位与劳动者约定无确定终止时间的劳动合同。……用人单位自用工之日起满一年不与劳动者订立书面劳动合同的，视为用人单位与劳动者已订立无固定期限劳动合同（注意前述法条中加粗的文字）。《劳动合同法》第十条规定了用人单位“应当自用工之日起一个月内订立书面劳动合同”，实际上是规定了用人单位与劳动者办理劳动合同签订事宜的“一个月宽限期”，即用人单位在劳动者入职之日起一个月内的哪一天签订书面劳动合同都是允许的，实质上也给予双方较长的完善劳动合同条款细节的时间。加之前述《劳动合同法》第十四条又规定“自用工之日起满一年”不与劳动者签订书面劳动合同的，视为双方已订立无固定期限劳动合同。故主流观点认为，既然已视为订立了无固定期限劳动合同，那么劳动者自然不能就“已视为订立了无固定期限劳动合同”的期间向用人单位要求支付二倍工资差额。因此，劳动者主张二倍工资的最长期限一般为11个月。

例如，张三于2023年1月1日入职A公司，其实际发放的月薪标准为10000元/月。A公司一直未与张三签订书面劳动合同。2024年4月30日，张三从A公司离职并向公司要求支付未签订劳动合同的二倍工资。

那么，从前述时间节点分析：张三于2023年1月1日入职，2023年1月1日至1月31日是A公司依法应与张三签订书面劳动合同的法定一个月宽限期，由于 A 公司一直未与张三签订书面劳动合同，应自 2023 年 2 月 1 日起向张三支付未签订书面劳动合同的二倍工资。直至 2023 年 12 月 31 日，张三入职已满一年，即 A 公司对张三已达到“自用工之日满一年”的情形，故自 2024 年 1 月 1 日起，已视为双方订立了无固定期限劳动合同，对于前述视为订立了无固定期限劳动合同的期间，张三不能再以未订立劳动合同要求支付二倍工资。因此，张三于本案中可以要求 A 公司支付自 2023 年 2 月 1 日至 2023 年 12 月 31 日共计 11 个月未签订书面劳动合同的二倍工资差额部分 110000 元（10000 元/月 ×11 个月）。

误区二：未签订书面劳动合同的二倍工资名为“工资”，可以适用劳动报酬的特殊仲裁时效吗？

《劳动争议调解仲裁法》第二十七条规定，劳动争议申请仲裁的时效期间为一年。仲裁时效期间从当事人知道或者应当知道其权利被侵害之日起计算。……劳动关系存续期间因拖欠劳动报酬发生争议的，劳动者申请仲裁不受本条第一款规定的仲裁时效期间的限制；但是，劳动关系终止的，应当自劳动关系终止之日起一年内提出。

上述法条规定了劳动争议的仲裁时效为一年，且从知道或应当知道权利被侵害之日起算。而劳动报酬则进行特殊保护，适用特殊仲裁时效，即从双方劳动关系终止时起算。从职场的常理上讲，劳动者在职期间，确实难以做到一边在用人单位上班，一边又与用人单位进行劳动仲裁或诉讼。边“打官司”边工作的情形在实践中确实鲜见，虽然从理论上是可以的，但这种情况下双方都很尴尬，甚至是怨恨。所以，绝大多数劳动争议纠纷的仲裁或诉讼都是发生在双方解除或终止劳动关系之后，即劳动者离职之后。换言之，劳动争议事项被认定为属于劳动报酬的范围，是有利于劳动者的，即可以从离职之日起算仲裁时效，相当于允许劳动者离职后进行“秋后算账”。而不认定为劳动报酬的争议事项，则不利于劳动者，因为劳动者离职之时，很可能该争议事项的仲裁时效已过或部分已过，用人单位一旦提出仲裁时效的抗辩，则劳动者一方的主张不能得到支持或全部支持。

在劳动争议事项中，很多争议事项都有“工资”二字：如加班工资、未休年休假工资、工伤的停工留薪期工资、未签订书面劳动合同的二倍工资等。但是，不是带有“工资”二字的事项就认定为劳动报酬。如未签订书面劳动合同的二倍工资，其本质是对用人单位的一种惩罚性罚金，只不过以劳动者的月工资作为计算基数来计算该罚金的金额，故称之为“二倍工资”。所以在司法实践中，主流观点认为未签订书面劳动合同的二倍工资不属于劳动报酬的范围，也不适用特殊仲裁时效，即不能从劳动者离职之日才起算仲裁时效，而是从劳动者“知道或应当知道之日”起算二倍工资差额的仲裁时效。

2023 年 12 月 12 日发布的《最高人民法院关于审理劳动争议案件适用法律问题的解释（二）》（征求意见稿）第四条第一款【未订立书面劳动合同第二倍工资的仲裁时效】规定，用人单位未依法与劳动者订立书面固定期限劳动合同、以完成一定工作任务为期限劳动合同，劳动者请求用人单位支付未订立劳动合同第二倍工资的，仲裁时效期间适用《劳动争议调解仲裁法》第二十七条第一款规定，从用人单位应当订立劳动合同之日起满一个月的次日起计算。笔者写本书之时，前述司法解释虽然还只是征求意见稿，但也代表最高人民法院对处理未签订书面劳动合同的二倍工资仲裁时效的态度，即不适用劳动报酬的特殊仲裁，而是适用一般仲裁时效。也就是说，从法定的签订书面劳动合同的一个月宽限期满之次日起算。

同样以之前张三的案件来举例说明：张三于2023年1月1日入职A公司，其实际发放的月薪标准为10000元/月。A公司一直未与张三签订书面劳动合同。2024年4月30日，张三从A公司离职并向公司要求支付未签订劳动合同的二倍工资。张三经过1个月的准备，于2024年5月1日向当地劳动人事争议仲裁委员会申请了仲裁，要求裁决A公司向其支付2023年2月1日起至2023年12月31日期间共计11个月的二倍工资差额部分110000元（10000元/月×11个月）。A公司在仲裁答辩意见或仲裁庭审中提出，张三关于二倍工资的主张已部分超过仲裁时效，即使A公司未及时与张三签订书面劳动合同，但张三自2023年2月1日起就知道或应当知道自己的权益受到侵害，其关于二倍工资差额的主张就应自2023年2月1日起算。而张三于2024年5月1日才申请仲裁，按其申请仲裁提出二倍工资主张的日期往前倒推一年，张三于2023年5月1日之前的关于二倍工资差额的主张已超过一年仲裁时效，应予驳回。最终，由于用人单位提出了一年仲裁时效的抗辩，仲裁与法院查明也未有中断或中止的情形，裁决或判决A公司支付张三2023年5月1日至2023年12月31日期间的共计8个月的二倍工资差额部分80000元（10000元/月×8个月）。

从上述举例可见，二倍工资有两个奇特的点。一个利于劳动者，另一个利于用人单位。

“利于劳动者不利于用人单位”之处在于：未签订书面劳动合同的二倍工资差额的计算基数没有上限“封顶”，对用人单位是相当恐怖的“惩罚”。

举例说明：张三于2022年5月1日入职成都市某公司，其年薪为60万元（月薪为50000元/月），双方在劳动关系存续一年期满后，于2023年4月30日因用人单位裁减人员而解除或终止了劳动关系，用人单位应支付经济补偿金。依据《劳动合同法》第四十七条第二、三款之规定：劳动者月工资高于用人单位所在直辖市、设区的市级人民政府公布的本地区上年度职工月平均工资三倍的，向其支付经济补偿的标准按职工月平均工资三倍的数额支付，向其支付经济补偿的年限最高不超过12年。本条所称月工资是指劳动者在劳动合同解除或者终止前12个月的平均工资。由于张三的月工资已超过2022年度（劳动合同解除之上一年度）成都市职工月平均工资8034.4元/月之三倍24103.2元/月，故用人单位按张三的工作年限向张三支付的经济补偿金应为24103.2元（2022年度成都市职工月平均工资的三倍24103.2元/月×1个月）。但如果用人单位没有与张三签订劳动合同，而张三在工作满一年时离职，并于离职当日提出了用人单位向其支付未签订劳动合同的二倍工资的仲裁申请，用人单位将面临向张三支付2022年6月1日至2023年4月30日期间共计11个月的未签订劳动合同的二倍工资差额550000元（50000元/月×11个月）。所以，未签订书面劳动合同的二倍工资对用人单位而言，其恐怖之处在于没有计算基数的上限规定，对于高薪的员工，如职业经理人、高级技术人员等，其在用人单位工作十年被裁员得到的经济补偿金往往不如工作一年因用人单位未与其签订书面劳动合同而得到的二倍工资差额赔偿。

“利于用人单位不利于劳动者”之处在于：未签订劳动合同的二倍工资差额不视为劳动报酬，适用普通仲裁时效，不适用特殊仲裁时效。

继续以前例的张三举例：张三于2023年1月1日入职A公司，其实际发放的月薪标准为10000元/月。A公司一直未与张三签订书面劳动合同。2024年12月31日，张三从A公司离职并向公司要求支付未签订劳动合同的二倍工资。张三连夜写好《仲裁申请书》，于2025年1月1日向当地劳动人事争议仲裁委员会申请了仲裁，要求A公司支付二倍工资，但由于张三于2023年1月1日入职，双方于2024年1月1日已视为订立了无固定期限劳动合同，故张三只能要求A公司支付2023年2月1日至2023年12月31日期间的二倍工资差额部分。又因为A公司提出了仲裁时效的抗辩，按张三申请仲裁之日，即2025年1月1日往前倒推一年，即张三关于2024年1月1日之前的二倍工资差额主张已超过一年仲裁时效，故仲裁不予支持，驳回了张三关于未签订劳动合同二倍工资差额的主张。

综上所述，大家可以发现这样的一个情形。在实践中，一般而言，如果用人单位自劳动者入职时一直未与劳动者签订书面劳动合同，确实面临很“恐怖”的二倍工资的赔偿风险。但这种二倍工资的赔偿风险自双方劳动关系存续满一年之后逐渐减少，直至双方劳动关系存续满二年时，二倍工资的赔偿风险基本归零。换言之，一般而言，在用人单位自劳动者入职就没有签订书面劳动合同的情况下，劳动者可以要求用人单位支付二倍工资赔偿的期间为自入职满1个月往后起算11个月以及申请仲裁之日往前倒推1年时的“中间重合的期间”。为什么说是“赔偿风险基本归零”和“一般而言”，因为不排除用人单位再次出现应对错误（不到庭提出仲裁时效抗辩）或劳动者存在引发仲裁时效中断的行为，导致虽然劳动者在工作满二年后离职依然全额主张二倍工资差额成功。劳动者能获得这样的维权成功，实践中主要有两种情形。

一是用人单位没有提出仲裁时效抗辩。

《最高人民法院关于审理劳动争议案件适用法律问题的解释（二）》（征求意见稿）第二条规定，当事人未提出仲裁时效抗辩，人民法院不应对仲裁时效问题进行释明。第三条规定，当事人在仲裁期间未提出仲裁时效抗辩，在一审期间提出仲裁时效抗辩的，人民法院不予支持，但其基于新的证据能够证明对方当事人的请求权已超过仲裁时效期间的情形除外。当事人未按照前款规定提出仲裁时效抗辩，以仲裁时效期间届满为由申请再审或者提出再审抗辩的，人民法院不予支持。

按前述征求意见的司法解释二的规定，人民法院对仲裁时效是不主动释明、不主动适用的。用人单位享有提出仲裁时效抗辩但不提出时，仲裁机构与法院不主动适用仲裁时效。如前例，虽然张三主张的二倍工资期间已超过一年的仲裁时效，但由于A公司未提出仲裁抗辩，仍然应向张三支付二倍工资差额。

但是，值得注意的是，由于前述司法解释并未正式发布，虽能代表最高人民法院的裁判观点，但正式发布之前尚无法律效力。有的地方法院还是坚持将仲裁时效与诉讼时效一样区别对待，即诉讼时效有法律明文规定需对方当事人提出时效抗辩才能启动认定，而仲裁时效因《劳动争议调解仲裁法》并未规定需要对方当事人提出抗辩，故仲裁机构与法院应主动适用，而从《劳动争议调解仲裁法》的规定来理解，仲裁时效确实无须基于一方提出抗辩即可主动适用。

二是劳动者一方向用人单位主张权利而引发仲裁时效的中断。

依据《劳动争议调解仲裁法》第二十七条第二款的规定，仲裁时效可以因为“当事人一方向对方当事人主张权利”“向有关部门请求权利救济”“对方当事人同意履行义务”而中断，从中断时起，仲裁时效期间重新计算。在实践中，用人单位主动同意履行支付未签订劳动合同二倍工资差额的义务很难出现。但作为劳动者，可以通过“向对方当事人主张权利、向有关部门请求权利救济”等方式将涉及二倍工资差额的仲裁时效中断重新计算。比如，按前例，张三于2023年1月1日入职A公司，张三于2024年1月1日向A公司总经理发送微信称：李总，我自2023年1月1日入职至今没有签劳动合同，公司应该支付给我11个月的二倍工资差额，什么时候给我哦。也许A公司没有当回事，但张三向A公司提出的这个权利主张，极有可能被仲裁机构或法院认定为“向对方当事人主张权利”，引发仲裁时效中断。之后，张三又于2024年12月31日向当地市长信箱投诉A公司未与其签订书面劳动合同，要求责令A公司支付未签订劳动合同的二倍工资，市长信箱转交人社部门处理。该行为又符合“向有关部门请求权利救济”的情形，再次引发仲裁时效的中断。因此，张三在前述仲裁存在二次中断的情形下，直至2025年12月申请仲裁未签订劳动合同的二倍工资差额，也可以主张2023年2月1日至12月31日期间的未签订劳动合同的二倍工资差额。当然，理论上还存在张三还可能因“不可抗力或者有其他正当理由”导致仲裁时效中止，比如张三于仲裁时效将届满时因居住地地震，被困山区半年。再比如张三于仲裁时效将届满时突发疾病等。此种情形实践中极少，故不再展开赘述。

误区三：不续签劳动合同不用承担支付未签订劳动合同二倍工资的责任。

实践中还有一种常见情形，即入职时签订了固定期限劳动合同，但劳动合同到期后用人单位没有再续签，但双方又没有因劳动合同期满而终止，而是继续保持劳动用工关系的存续。此种情况下，用人单位是否应当向劳动者支付未签订劳动合同的二倍工资差额？部分裁判观点认为，劳动者与用人单位签订的固定期限劳动合同到期后，仍给予一个月续签劳动合同的宽限期，一个月宽限期后未续签书面劳动合同的，仍应支付未签订劳动合同的二倍工资。还有部分裁判观点认为，一个月宽限期是适用于新入职的劳动者，双方签订的固定期限劳动合同到期后，不再给予一个月续签劳动合同的宽限期，用人单位没能续签劳动合同的，从固定期限劳动合同到期之次日就应支付未签订劳动合同的二倍工资。以上两种观点，都认为要支付二倍工资，区别在于是否给予一个月宽限期。

举例说明：张三于2023年1月1日入职A公司，双方签订了固定期限自2023年1月1日至2023年12月31日的劳动合同，前述劳动合同到期后，A公司未再与张三续签劳动合同，但双方继续保持劳动用工关系。直至2024年9月30日，张三从A公司离职。张三离职后，于2024年10月1日向A公司主张2024年2月1日至2024年9月30日期间的未签订劳动合同的二倍工资差额。

仲裁裁决认为：张三与A公司的劳动合同于2023年12月31日到期，A公司至迟应于一个月宽限期内，即2024年1月31日前与张三续签书面劳动合同，但A公司未履行该法定义务，应当向张三支付2024年2月1日至2024年9月30日期间的未签订劳动合同的二倍工资差额。

误区四：不签订书面劳动合同一定会支付二倍工资吗？

《劳动合同法》第八十二条第一款明确规定："用人单位自用工之日起超过一个月不满一年未与劳动者订立书面劳动合同的，应当向劳动者每月支付二倍的工资。"从法条来看，在"用人单位自用工之日起超过一个月不满一年未与劳动者订立书面劳动合同"的情况下，均应支付二倍工资，法条并没有规定"除外情形"，即未规定在前述情况下还可以不支付二倍工资的情形。

如前所述，规定未签订书面劳动合同的二倍工资主要是为了督促用人单位及时与劳动者签订书面劳动合同。但在劳动用工实际情况中，确实出现了一些偏离立法目的的情况，有必要通过具体的司法裁判予以纠偏。

比如，二倍工资制度成为个别劳动者进行"劳动碰瓷"的手段。个别劳动者在用人单位没有过错的情况下，坚持不签订书面劳动合同。或者以"将劳动合同带回家签""带回办公室签好再上交"等借口，却实际上请人代签，最后一口咬定用人单位未与其签订书面劳动合同，最终司法鉴定劳动合同上的签字确非劳动者本人所签写，导致用人单位向劳动者支付未签订劳动合同的二倍工资。

再比如，人事经理给全公司员工办理了劳动合同的签订事宜，但故意不办理自己的劳动合同签订事宜，或者借人事部门保管全公司劳动合同的权力，在离职时将自己那份劳动合同文本带走或销毁，导致公司面对人事管理人员以未签订书面劳动合同为由要求用人单位支付二倍工资时无法提交由公司保管的那份劳动合同文本。

个别劳动者通过以上种种方法，其目的就是让用人单位无法证明其与劳动者签订了书面劳动合同，从而通过仲裁、诉讼向用人单位索赔未签订劳动合同的二倍工资差额。而以上这些情形下，用人单位还要承担支付二倍工资的责任，也确实有失公平。从各级人民法院的案例以及各地方出台的关于劳动争议裁判尺度的指导性文件来看，主要明确了以下二种例外情形。

例外情况一：书面入职文件（如录用通知书、录用审批表等）在一定条件下可以视为书面劳动合同。

其理由在于：首先，劳动合同是用人单位与劳动者之间确立劳动关系，明确双方权利义务的协议。法律规定建立劳动关系应当签订书面劳动合同，旨在更好地保护当事人的合法权益，使当事人的权利与义务固定下来，稳定劳动关系。其次，对书面劳动合同的形式认定可以适当放宽，可将具有劳动合同主要条款的非劳动合同书形式的文件认定为书面劳动合同，从而公平保护用人单位与劳动者的合法权益。

从最高人民法院发布的公报案例（《最高人民法院公报》2013 年第 12 期）“北京泛太物流有限公司诉单某晶劳动争议纠纷案”可见，该案的“裁判要旨”指出：《劳动合同法》第八十二条关于用人单位未与劳动者订立书面劳动合同的，应当向劳动者每月支付二倍工资的规定，是对用人单位违反法律规定的惩戒。如用人单位与劳动者未订立书面劳动合同，但双方之间签署的其他有效书面文件的内容已经具备了劳动合同的各项要件，明确了双方的劳动关系和权利义务，具有了书面劳动合同的性质，则该文件应视为双方的书面劳动合同，对于劳动者提出因未订立书面劳动合同而要求二倍工资的诉讼请求不应予以支持。

该案例判决说理部分载明：《劳动合同法》第八十二条针对实践中劳动合同签订率低以及《劳动法》第十六条仅规定“建立劳动关系应当订立劳动合同”而没有规定违法后果的立法缺陷，增设了二倍工资的惩罚，该二倍工资差额的性质并非劳动者的劳动所得而是对用人单位违反法律规定的一种惩戒。二倍工资的立法目的在于提高书面劳动合同签订率、明晰劳动关系中的权利义务而非劳动者可以从中谋取超出劳动报酬的额外利益。结合单某晶持有的《员工录用审批表》分析，该表已基本实现了书面劳动合同的功能。表中明确约定了单某晶工作部门、工作地点、聘用期限、试用期、工资待遇等，并附有泛太物流公司法定代表人苏某平的签字，该审批表内容已经具备劳动合同的要件，能够既明确双方的劳动关系又固定了双方的权利义务，实现了书面劳动合同的功能。从强调“同案同判”以实现裁判尺度统一的目标来看，最高人民法院的公报案例有较高指导作用，在员工录用文件中载明工作部门、工作地点、聘用期限、试用期、工资待遇等劳动合同主要条款的情况下，可视为双方签订了书面劳动合同。

但是，劳动者与用人单位在理解前述最高人民法院的案例时，总是容易忽略前述案例中二个关键点。一是该案例的说理部分载明的“结合单某晶持有的《员工录用审批表》分析，……

并附有泛太物流公司法定代表人苏某平的签字”，即入职时形成的各种文件除具备以上必备的核心要素外，还必须将文本原件交付一份由劳动者持有且有用人单位法定代表人签字确认。二是对案例中的工作部门、工作地点、聘用期限、试用期、工资待遇五项核心要素再行简化。忽略前述案例中的这些关键点是不对的，其理由在于：这种将具有劳动合同主要条款的非劳动合同书形式的文件认定为书面劳动合同的做法，本身就是一种对劳动合同形式的扩大解释，显然不能将“具有劳动合同主要条款”的认定要求不断放宽，必须从严控制，才能确保用人单位与劳动者的合法权益均得到公平的保护。而参照最高人民法院发布的公报案例中对于“具有劳动合同主要条款”应具备的要素范围来看，应有工作部门、工作地点、聘用期限、试用期、工资待遇等条款。也即，从参照权威案例的角度来看，将入职录用文件视为劳动合同至少应具备二个条件：**一是入职录用文件具备前述核心条款；二是该文件必须送达给劳动者持有且有用人单位管理人员的签字或用人单位盖章**。且笔者认为，其中第二点更为重要。其理由在于：劳动合同由双方当事人各执一份，用于证明双方各自的权利义务，且劳动合同在劳动纠纷中还发挥了迅速证明劳动关系的作用。即使用人单位提交的入职录用文件具备了上述条款，但没有送达给劳动者，劳动者无法持有前述书面文件的原件时，一旦发生纠纷，还是无法像拥有劳动合同文本一样迅速证明双方的劳动关系，更无法证明其应享有的劳动权利及薪酬待遇。《劳动合同法》第十六条也规定了劳动合同文本应双方“各执一份”。如果允许将未送达给劳动者或劳动者无法持有的入职录用文件视为劳动合同，或者将无用人单位签字或盖章确认的文件也认定为可以视为劳动合同，将实质上曲解《劳动合同法》中关于签订劳动合同的立法本意。让更多的用人单位学会不签订书面劳动合同，而是通过先让劳动者填写入职文件，而后将劳动者填写的入职文件收归用人单位一方保管而不交付给劳动者，导致当劳动者要举证证明劳动关系或劳动权益时不便举证，当劳动者主张未签订书面劳动合同二倍工资时又将这些入职文件拿出来要求“视为劳动合同”，这种情形岂不荒谬。或者将用人单位发送给劳动者的没有签字或盖章的入职文件视为劳动合同，劳动者要以此举证劳动关系或劳动权益时，用人单位以没有公司签字或盖章，属于单方可制作形成的证据为由否认文件真实性，但劳动者主张未签订书面劳动合同二倍工资时又提交出来认可入职文件真实性，要求“视为劳动合同”。如此操作，势必造成对劳动者合法权益的实质损害。

笔者提醒，劳动者在此问题上要明白的是：符合一定条件的入职文件确实可以视为劳动合同。但前提是符合一定条件，这个“一定条件”参照最高人民法院的案例有三个方面的要件：一是**具备工作部门、工作地点、聘用期限、试用期、工资待遇五大核心内容；二是有用人单位盖章或法定代表人、高级管理人员的签字确认；三是将文件的原件交付给了劳动者一份。**

在司法实践中，劳动者以用人单位未签订书面劳动合同而主张二倍工资差额时，用人单位提出最多的抗辩理由就是拿出一份入职文件，最常见的是《入职登记表》《录用通知书》《转正审批表》等文件。

对于用人单位提交的常见的《入职登记表》。大多是让新入职的员工填写诸如个人信息、学历学位、家庭信息、工作履历等内容，根本不具备前述劳动合同的核心条款。甚至有的用人单位为了逃避二倍工资的责任，在双方发生关于未签订劳动合同的二倍工资纠纷后，私自在《入职登记表》的空白处填上员工的工作部门、工作地点、聘用期限、试用期、工资待遇等内容，以此手段想在仲裁或诉讼中“蒙混过关”，以达到将《入职登记表》视为劳动合同的目的。劳动者要注意审核用人单位有没有事后在《入职登记表》上添加内容，如果有这种情况，劳动者可以向仲裁庭或法庭提出的抗辩理由是：从日常经验可知，《入职登记表》是用人单位为采集新入职员工个人信息而让员工填写的信息采集表，此类表格填好后均作为人事材料由用人单位保管，并不交由劳动者保管。在本案中，用人单位没有任何有效证据证明该表系按“一式二份”的标准填写并将其中一份原件交付给劳动者。对于该表中所载之“工作地点、工资待遇”等信息，因由用人单位单方面保管了该《入职登记表》，故系其在双方发生纠纷后，以其单方面保管的便利而于事后私自添加，故该《入职登记表》不应视为书面劳动合同。

对于用人单位提交的《录用通知书》。因按常理推断可知，《录用通知书》确实是由用人单位发送给员工的入职文件，所以天然就具备了“交付给劳动者一份”的条件。所以对于录用通知类入职文件的审核，主要是审查是否具备了必备的条款、是否有管理者的签字或盖章等证明系用人单位发出的特征。如果已具备前述二点，《录用通知书》是最常见的可以视为劳动合同的入职文件。

对于用人单位提交的转正审批类文件。因在办理员工转正时，一般会在审批表上明确工资待遇、工作部门、工作地点等核心要素，且有各层级管理人员的签字。此类文件的特点是核心要素较为齐全。用人单位一方签字要素也较为齐全，但此类文件最大的问题是一般不会将审批原件交给劳动者，所以按视为劳动合同的入职文件必须交付给劳动者一份的要求，也难以视为劳动合同。

在此，从笔者的司法经验以及阅读过的相似案例来看，需提醒劳动者的是：

第一，将入职文件视为劳动合同的三要件中，将入职文件交付给员工是硬性要件。如前述分析，如果入职文件不交付给员工仅由用人单位单方面保管就可以视为劳动合同，明显损害劳动者的合法权益，实际上架空了法律要求签订书面劳动合同的立法目的，须严格把关。

第二，对于参考公报案例而确定的入职文件的五大核心要素（工作部门、工作地点、聘用期限、试用期、工资待遇），各地司法实践中有进一步放宽的趋势。部分地区的劳动人事争议仲裁委员会、法院在审理此类案件时，对必备要素的要求进行了进一步的简化，有些地区的司法性文件甚至规定入职文件具备聘用期限、劳动报酬的内容即可视为劳动合同。其实，劳动合同主要还是为了印证双方的劳动关系，即使入职文件载明的内容更加简化，只要能确认是用人单位发出并交付了劳动者，依然可以达到证明双方劳动关系的目的，故对入职文件所载明的核心要素进一步简化也并非不可，这方面参照各地区对裁判尺度的统一标准即可。

第三，随着信息技术的运用，用人单位对入职文件的确认并不局限于加盖公章或法定代表人签字。比如，通过公司邮箱向你发送的录用通知，通过公司人力资源部门的邮箱向你发送的录用通知，通过公司高级管理人员微信向你发送的录用通知等，只要从证据上可以认定入职文件系用人单位形成或发出的，均能达到印证双方劳动关系的目的，也就可以认定为经用人单位确认的入职文件。

例外情形二：劳动者的职位是法定代表人或负责办理劳动合同订立事宜的人事管理人员，其以未订立书面劳动合同为由主张二倍工资的，一般不予支持。

这种除外情形的核心要义是：**负有签订劳动合同职责的管理人员，不能因自己的过错而获利。**用人单位的高管，特别是人事管理部门的管理人员，如其职责范围包括管理订立劳动合同，其以未签订劳动合同为由要求用人单位支付二倍工资，一般不予支持。其理由在于：管理人员的职责范围就包括了管理劳动合同签订、保管这方面的工作，你不履行自己的职责，还能让用人单位对你进行赔偿，那公平在何处？你把全公司签订劳动合同的事宜都办了，就是不办理自己的签订劳动合同事宜。或者全公司的劳动合同都保管得好，就你自己那份劳动合同丢失了，然后还找公司索要一笔未签订劳动合同的二倍工资，那岂不是“近水楼台先得赔”。所以，这类负有特定职责的管理人员一般不能主张二倍工资。

为什么说“一般”呢？因为该特殊情况之内还可能有特殊情况。比如，张三是负责办理劳动合同签订事宜的人事经理，但老板就是不让张三签订劳动合同，或者老板非要规定全公司员工包括张三在内，都要过了试用期再签订劳动合同。那张三多次通过电子邮件、微信向老板提出要在一个月内签订劳动合同，但老板仍不同意。这种情况下，张三即使是人事经理还是可以向公司要求支付二倍工资的。

以上认定尺度，在全国各地关于劳动争议的指导性文件中都有相应的规定。

比如，于2024年4月30日发布的《北京市高级人民法院、北京市劳动人事争议仲裁委员会关于审理劳动争议案件解答（一）》44问：用人单位法定代表人、高管人员、人事管理部门负责人或主管人员未与用人单位订立书面劳动合同并依据《劳动合同法》第八十二条规定向用人单位主张二倍工资的，应否支持？

答：用人单位法定代表人依据《劳动合同法》第八十二条规定向用人单位主张二倍工资的，一般不予支持。用人单位高管人员依据《劳动合同法》第八十二条规定向用人单位主张二倍工资的，可予支持，但用人单位能够证明该高管人员职责范围包括管理订立劳动合同内容的除外。对有证据证明高管人员向用人单位提出签订劳动合同而被拒绝的，仍可支持高管人员的二倍工资请求。用人单位的人事管理部门负责人或主管人员依据《劳动合同法》第八十二条规定向用人单位主张二倍工资的，如用人单位能够证明订立劳动合同属于该人事管理部门负责人的工作职责，可不予支持。有证据证明人事管理部门负责人或主管人员向用人单位提出签订劳动合同，而用人单位予以拒绝的除外。

参照上述纪要，如你是属于用人单位聘请的有一定人事管理职能的管理人员，如果用人单位不与你签订书面劳动合同，你一定要先主动向用人单位提出签订劳动合同，如果用人单位仍拒绝，要注意保留好你提出签订劳动合同而被拒绝的证据。在有证据证明你要求用人单位与你签订劳动合同而被拒绝的情况下，你才可以主张未签订书面劳动合同的二倍工资。

误区五：书面劳动合同一定要“白纸黑字”的纸质文本吗？

《劳动合同法》第十条第一款规定：建立劳动关系，应当订立书面劳动合同。第八十二条第一款规定：用人单位自用工之日起超过一个月不满一年未与劳动者订立书面劳动合同的，应当向劳动者每月支付二倍的工资。结合前述法条，有的劳动者提出，用人单位必须与劳动者签订书面的劳动合同，而“书面”是指“白纸黑字”的纸质版劳动合同，什么电子版劳动合同、网签的劳动合同均属于非书面劳动合同，所以即使用人单位与员工通过网签或电子签的方式签订了劳动合同，因并非书面劳动合同，用人单位仍应向员工支付未签订劳动合同的二倍工资。

其实，上述观点系错误的。《民法典》第四百六十九条规定：当事人订立合同，可以采用**书面形式**、口头形式或者其他形式。书面形式是合同书、信件、电报、电传、传真等可以有形地表现所载内容的形式。以**电子数据交换**、**电子邮件**等方式能够有形地表现所载内容，并可以随时调取查用的**数据电文**，**视为书面形式**。《电子签名法》第四条规定：能够有形地表现所载内容，并可以随时调取查用的数据电文，视为符合法律、法规要求的书面形式。从前述法条可见，以电子数据形式签订的合同，也视为书面形式，故《劳动合同法》中的书面劳动合同，并不仅限于纸质版的劳动合同，通过电子签、网络签的方式签订的电子数据形式的劳动合同，也属于书面劳动合同。这一点，劳动者应当知晓。

警示：劳动者在签订劳动合同时伪造签名非法获利的被刑事处罚案——温州市瓯海区人民法院作出的（2017）浙0304刑初481号刑事判决

被告人庞某、诸某结伙在劳动合同上伪造不是其所写的签名，再以被害单位未与其订立劳动合同为由，通过劳动仲裁等途径获取二倍工资。法院经审理认为，被告人庞某、诸某的上述行为是结伙以非法占有被害单位财物为目的，采取欺诈手段，致使劳动仲裁委等机关基于错误认识而运用法律强制措施将被害单位的财物交付给被告人，数额较大，依法应以诈骗罪定罪处罚。依照《刑法》第二百六十六条、第二十五条第一款、第六十四条之规定，判处被告人庞某犯诈骗罪，判处有期徒刑一年九个月，并处罚金3000元。判处被告人诸某犯诈骗罪，判处有期徒刑一年九个月，并处罚金3000元。并责令被告人庞某、诸某共同退赔违法所得17192元返还给被害单位浙江某公司。

以上案例对劳动者是一个很好的警示。劳动者不可以在签订劳动合同时通过找人代签等方式伪造签名，然后又主张未签订劳动合同的二倍工资。这种利用二倍工资规则进行"劳动碰瓷"的行为一旦被查实，是要负刑事责任的。劳动者们一定要引以为戒。

四、未签订劳动合同的维权提示

笔者在实践中，发现有的劳动者提出二倍工资主张时，在仲裁申请及起诉状中表述不规范，事实与理由的陈述也不得要点。由于劳动争议案件普遍标的额不高，劳动者维权时未聘请律师代理的比例较高，故下面的表述范本可供劳动者自己维权提出二倍工资的请求事项时参考。

（一）如何在仲裁申请书、民事起诉状中提出二倍工资主张

仲裁申请书的仲裁请求可表述为：裁决被告□□□□□□□公司支付原告□□自20□□年□月□日至20□□年□月□日未签订劳动合同的二倍工资差额□□□□元。

民事起诉状的诉讼请求可表述为：判令被告□□□□□□□公司支付原告□□自20□□年□月□日至20□□年□月□日未签订劳动合同的二倍工资差额□□□□元。

（二）主张未签订劳动合同的二倍工资如何准备证据

1. 证明入职时间和离职时间的证据。如入职通知书、通知入职的微信聊天记录、离职证明、发放工资的银行转账记录、社保缴纳记录、钉钉等办公软件上的入职信息或考勤记录等。

2. 证明自己的月应发工资标准。如工资表、工资条、银行转账记录、微信转账记录等。

3. 如用人单位提出将入职文件视为劳动合同，你应该及时就该入职文件是否达到视为劳动合同的条件提出意见。

4. 如用人单位提出你是负有管理签订劳动合同的管理人员，你应该举证证明你不负有该项职责或虽负有该职责但向用人单位提出过签订劳动合同却被拒绝。

（三）仲裁申请书或起诉状中关于二倍工资的“事实与理由”部分的撰写参考

本人于20□□年□月□日入职□□公司，月平均工资标准为□□□□元/月，本人于20□□年□月□日从公司离职。本人在职期间，□□公司未在法定一个月的期限内与本人签订书面劳动合同/□□公司一直未与本人签订书面劳动合同。依据《中华人民共和国劳动合同法》第八十二条第一款之规定：用人单位自用工之日起超过一个月不满一年未与劳动者订立书面劳动合同的，应当向劳动者每月支付二倍的工资。故□□公司依法应向本人支付20□□年□月□日—20□□年□月□日期间未签订书面劳动合同的二倍工资差额□□□□元（□□□□元/月 ×□个月）。

第五节 规章制度的阅知

［**相关法条**］

《中华人民共和国劳动合同法》

第四条：用人单位应当依法建立和完善劳动规章制度，保障劳动者享有劳动权利、履行劳动义务。

用人单位在制定、修改或者决定有关劳动报酬、工作时间、休息休假、劳动安全卫生、保险福利、职工培训、劳动纪律以及劳动定额管理等直接涉及劳动者切身利益的规章制度或者重大事项时，应当经职工代表大会或者全体职工讨论，提出方案和意见，与工会或者职工代表平等协商确定。

在规章制度和重大事项决定实施过程中，工会或者职工认为不适当的，有权向用人单位提出，通过协商予以修改完善。

用人单位应当将直接涉及劳动者切身利益的规章制度和重大事项决定公示，或者告知劳动者。

第八十条：用人单位直接涉及劳动者切身利益的规章制度违反法律、法规规定的，由劳动行政部门责令改正，给予警告；给劳动者造成损害的，应当承担赔偿责任。

《最高人民法院关于审理劳动争议案件适用法律问题的解释（一）》

第五十条：用人单位根据劳动合同法第四条规定，通过民主程序制定的规章制度，不违反国家法律、行政法规及政策规定，并已向劳动者公示的，可以作为确定双方权利义务的依据。

用人单位制定的内部规章制度与集体合同或者劳动合同约定的内容不一致，劳动者请求优先适用合同约定的，人民法院应予支持。

［**通俗解读**］

笔者长期审理劳动争议案件，形成了这样一个观点，即《劳动法》《劳动合同法》虽然对劳动者有一定的倾斜保护，实际上也赋予了用人单位很大的用工自主管理权，但很多用人单位不知道如何有效地行使自己的用工自主权。在仲裁或诉讼中败诉后，容易产生劳动法规对用人单位过于严苛的认识。其实，企业实现用工自主管理权的两大抓手之一，就是企业的规章制度。然而，部分企业，特别是小微企业，由于缺乏专业的人事管理人员，且需要节约经营成本等，并没有制订出一套适宜企业自身情况，体现企业管理目标的规章制度，造成在劳动用工管理中的被动。

上述《劳动合同法》第四条的规定，细化了用人单位制订规章制度的合规流程以及生效条件。最高人民法院发布的司法解释则明确了用人单位的规章制度**制订流程合规**以及**生效要件具备**的情况下，该规章制度可以作为**确定用人单位与劳动者之间权利义务的依据**。再说得直白一点，合规生效的规章制度就是用人单位内部的“立法”。用人单位可以依据法律规定的流程及方式将企业主在纪律要求、薪酬分配、日常管理、考勤休假等各方面的经营管理意志予以固定，并切实落实到企业的劳动用工管理中。

法律虽然允许用人单位制订规章制度，但也为规章制度设立了边界，即用人单位的规章制度不得违反法律法规的规定。否则应当由劳动行政部门责令改正，如造成劳动者损害的，应当进行赔偿。比如，法律规定裁员应支付的经济补偿金计算基数为包括计时工资或者计件工资以及奖金、津贴和补贴等货币性收入在内的月平均应得工资。但某公司的规章制度规定公司裁员应支付的经济补偿金计算基数为月基本工资。那么，因该公司的该部分规章制度违反法律规定，应予改正，且该公司按其规章制度的规定发放的经济补偿金少于法定标准的部分，即为员工的损失，该公司应予补足经济补偿金的差额部分。

作为劳动者，在入职时一定要认真阅读用人单位的规章制度，最好能自己保管一份。对于其中涉及劳动报酬、违规处罚的条款，一定要认真熟读知晓。确保自己在劳动合同履行过程中，不出现严重违反规章制度的情形。

第二章 核心的劳动报酬

如果在劳动关系中评出一项最重要、最核心的事项，非劳动报酬莫属。在用工实践中，职场氛围、用工风险、员工关系等一切因素的基础还是劳动报酬问题。在劳动关系中，劳动报酬作为劳动者最关注的事项，也是用人单位最不能违反的事项，劳动关系下的各种争议事项中，保护最严格的就是劳动报酬。

第一节 约定劳动报酬的套路

［**相关法条**］

《中华人民共和国劳动法》

第四十七条：用人单位根据本单位的生产经营特点和经济效益，依法自主确定本单位的工资分配方式和工资水平。

《中华人民共和国劳动合同法》

第八条：用人单位招用劳动者时，应当如实告知劳动者工作内容、工作条件、工作地点、职业危害、安全生产状况、劳动报酬，以及劳动者要求了解的其他情况；用人单位有权了解劳动者与劳动合同直接相关的基本情况，劳动者应当如实说明。

第十八条：劳动合同对劳动报酬和劳动条件等标准约定不明确，引发争议的，用人单位与劳动者可以重新协商；协商不成的，适用集体合同规定；没有集体合同或者集体合同未规定劳动报酬的，实行同工同酬；没有集体合同或者集体合同未规定劳动条件等标准的，适用国家有关规定。

［**通俗解读**］

从上述法条可见，用人单位依法自主决定本单位的工资水平，但应当如实告知劳动者。所谓依法自主决定，是指用人单位在不违反国家规定的最低工资标准和工资发放方式的情况下，自行决定其工作岗位的工资标准，但该工资标准应如实告知劳动者，并在劳动合同中明确约定。

在约定劳动报酬方面，用人单位常见以下二个套路。

常见套路之一：在劳动合同中约定一个虚假的低薪。

不少用人单位在面试或录用面谈时向劳动者许诺一个较高的薪酬标准及福利待遇。但在签订书面劳动合同时，又以避税、薪酬保密等理由，在劳动合同中载明一个虚假的、较低的薪资标准。部分用人单位如此操作的目的，无非是将劳动合同约定的工资标准写低，认为将来需要降薪时，可以直接降到劳动合同约定的那个虚假工资数额上。其实这是用人单位的一种错误的认知。

作为劳动者，在面对此种情况时，可以先向用人单位要求按双方面谈时确定的工资数额进行真实且明确的约定。毕竟对劳动报酬进行明确的约定也省去发生纠纷后再去取证或双方互相提防的情形。如果用人单位坚持不按真实的薪酬标准进行约定，劳动者一方要注意收集能证明你真实薪酬标准的证据。常见的可以证明劳动者真实薪酬标准的证据有：

1. **与公司高级管理人员的微信聊天记录**。比如，公司总经理在招聘入职时向你明确薪酬的微信对话记录等，可以辅助证明用人单位为了招用你而向你明确的真实薪酬标准。

2. **录用通知书**。有些用人单位会在录用通知书中明确你办理入职的时间和拟招用你的岗位以及相应的薪酬标准和福利待遇。所以载明了薪酬标准的录用通知书是一项很重要的证明真实薪酬标准的书证。当然，有些单位很“狡猾”，在录用通知书中明确了你真实的薪酬标准，但又加上一句“具体薪酬标准以劳动合同约定为准”等相似内容，之后与你签订劳动合同时又约定一个虚假且较低的工资数额。一旦发生关于薪酬标准的争议，该用人单位又以“录用通知书写明了以劳动合同为准”等理由，主张劳动合同上载明的虚假工资数额才是你的薪酬标准。此种“套路”，既能在录用通知书中向你给出一个真实且合适的薪酬标准吸引你入职，达到招录员工的目的，又意图通过在录用通知书中加上“以劳动合同约定为准”并在劳动合同中写上一个虚假的较低的工资数额，为以后单方面降薪埋下“伏笔”。此种情形下，劳动者的应对之法是：将用人单位向你发放工资的银行转账记录作为证据，并在劳动争议仲裁或劳动争议诉讼中向仲裁员或法官陈述，录用通知书上所载的薪酬标准与工资发放银行转账记录中所载的薪酬标准一致，故可以印证录用通知书上所载的薪酬标准才是真实的薪酬标准。

3. **关于薪酬的补充协议、薪酬通知单等书面材料**。有些用人单位虽然在劳动合同中不明确真实的薪酬标准，但事后会通过补充协议、薪酬通知单、薪酬确认单等方式明确真实的薪酬标准。这些书证应保管好，作为印证真实薪酬标准的证据。

4. 工资发放的银行转账记录。无论劳动合同中怎么虚假，但发放工资的金额应该是真实的。除非用人单位欠薪，否则其向员工支付的工资应该是双方协商确定的真实薪酬，否则员工会提出欠薪的异议或作出追索欠薪的行为。如果你作为员工，手里无任何书证证明你真实的薪酬标准，那么单位向你实际发放的工资应该可以印证你的真实薪酬标准。当然，如果实际发放的月薪是不足额的，你一定要通过可留存证据的方式及时提出异议，如通过微信、电子邮件等方式向管理人员提出工资金额的异议。

5. 工资条、内部办公系统的截图。实践中有很多这样的情形，劳动合同约定的劳动报酬是虚假的，但用人单位实际向劳动者发放的工资是真实足额的，而且会通过钉钉等职场常用 App 或 OA 办公系统向员工推送工资清单，或通过电子邮件向员工发送工资条等。这些工资条、工资清单都会如实记录你的薪酬金额。如发生争议，可以截图打印出来作为证据提交。

6. 个人所得税 App。这个是较权威的证明薪酬的证据来源。一般情况下，用人单位财务人员都会如实地申报个税。发生工资争议时，该软件截图也可以作为证明真实工资标准的证据。

其实，在当前信息发达的社会，任何经济行为都会留下一定的痕迹。有多个方面的证据可以印证一个员工在用人单位的真实薪资标准。通过在劳动合同中约定一个虚假且较低的薪酬数额，根本达不到为用人单位节省用工成本或单方面决定降薪的目的。除在发生工资争议时增加用人单位、员工、劳动仲裁委员会、法院的工作量之外，并无益处。但部分用人单位的管理者、HR总是乐此不疲地秉持一种“招聘时工资说得越高越好，合同中工资写得越低越好”的思维方式来处理薪酬约定问题，以致裁判人员本能性对劳动合同的薪酬约定部分持怀疑态度，最终通过其他方式去查明真实的薪酬标准。

常见套路之二：把劳动者的工资构成拆分成很多组成模块。

比如，张三面试时说好的月薪标准为9000元/月，最终《劳动合同》上载明张三的月薪构成为：基本工资2200元+岗位工资1800元+绩效工资2000元+工龄工资500元+餐费补贴300元+通讯补贴200元+全勤奖600元+通勤补助400元+证书补助500元+团队目标奖500元。

当然，用人单位有权对员工薪酬的构成进行明确并如实告知，如果用人单位真是按这种薪酬模式进行管理也无可厚非。但实践中更多的是，其实面谈时确认的无责任底薪就是9000元/月，但签订劳动合同时会拆分成一小块一小块的。劳动者与用人单位都正常合作时，用人单位也是直接按9000元/月的标准进行发放，双方均无异议。即使员工有迟到也没有扣发过工资构成中的所谓“全勤奖”部分。工资构成中虽有绩效工资的组成部分，但平时也没有进行过所谓的绩效考核。当用人单位与员工发生矛盾，或者用人单位资金紧张，再或者因用人单位想裁员，想让员工主动离职或面临向员工计算并支付经济补偿金时，就开始拿劳动合同中的薪资构成“说事”了。比如，你岗位调整了，新岗位的岗位工资是900元/月，所以岗位工资应该调减。再比如，说补贴、补助是福利，公司经营困难以后不发了。绩效工资是需要经过绩效考核才发，你现在绩效低，所以也不发了。你这个月迟到过1分钟，全勤奖也没了。……还比如，用人单位提出，以上这些补贴、补助属于公司福利，绩效工资是浮动的项目，均不应计入经济补偿金的计算基数。

此时，作为劳动者，你的正确应对是：

1. **依法要求**。尽量要求用人单位在劳动合同中如实载明双方协商好的薪酬待遇标准，这是你的合法权益，也是法律的要求。

2. **实事求是**。本着实事求是的态度，如果平时的薪酬管理确实是按约定的工资构成执行，那么减薪时先要求用人单位说明减少绩效工资的原因以及作出绩效考核的依据。如果理由成立，那就诚实地认可。如果理由不成立，则不予认可。因为《最高人民法院关于审理劳动争议案件适用法律问题的解释（一）》第四十四条规定：因用人单位作出的开除、除名、辞退、解除劳动合同、减少劳动报酬、计算劳动者工作年限等决定而发生的劳动争议，用人单位负举证责任。对于减发劳动报酬的行为，即使减发的是绩效工资，用人单位应当举证证明绩效考核的标准依据以及劳动者的绩效考核结果。而对于工资构成中的津贴、补贴等项目，也属于工资的组成部分，在双方没有协商一致的情形下，也不应由用人单位单方面变更。

3. **心中有数**。依据《劳动合同法实施条例》第二十七条第一句之规定：《劳动合同法》第四十七条规定的经济补偿的月工资按照劳动者应得工资计算，**包括计时工资或者计件工资以及奖金、津贴和补贴等货币性收入**。也就是说，用于计算经济补偿金的工资是按劳动者未扣减社保、公积金个人缴纳部分以及个税之前的应得工资（也称税前工资）计算，且各种名目的奖金、津贴和补贴等货币性收入都应纳入经济补偿金的计算基数。

第二节　变更劳动报酬的问题

［**相关法条**］

《中华人民共和国劳动合同法》

第三十五条：用人单位与劳动者协商一致，可以变更劳动合同约定的内容。变更劳动合同，应当采用书面形式。

变更后的劳动合同文本由用人单位和劳动者各执一份。

《最高人民法院关于审理劳动争议案件适用法律问题的解释（一）》

第四十三条：用人单位与劳动者协商一致变更劳动合同，虽未采用书面形式，但已经实际履行了口头变更的劳动合同超过一个月，变更后的劳动合同内容不违反法律、行政法规且不违背公序良俗，当事人以未采用书面形式为由主张劳动合同变更无效的，人民法院不予支持。

第四十四条：因用人单位作出的开除、除名、辞退、解除劳动合同、减少劳动报酬、计算劳动者工作年限等决定而发生的劳动争议，用人单位负举证责任。

［**通俗解读**］

劳动者与用人单位在劳动合同的履行期间，肯定会面临劳动合同的变更。比如常见的调整岗位、调整薪酬、调整工作地点以及工作职责等都属于劳动合同的变更。

《劳动合同法》第三十五条明确规定了变更劳动合同的约定要双方协商一致，且应当采用书面形式进行变更。但实践中，不少用人单位变更劳动合同并未采用书面形式。比如，张三本来约定是月薪9000元/月的行政人员。在市场行情好的期间，张三想到销售岗位拿更高的工资，就同意调整到销售岗位工作。干了半年因市场饱和，销售岗位拿的薪酬下滑，于是张三开始提出未以书面形式约定劳动合同的变更，而劳动合同约定其是从事行政岗位，故提出双方变更劳动合同约定的工作岗位未采用书面形式，是无效的，要求用人单位将其调整回行政岗位。但由于张三离开行政岗位已达半年，原行政岗位已有他人工作，实际也无法再变更回原岗位。所以，为解决实践中的此类争议，最高人民法院发布的司法解释规定，针对这种以实际履行行为完成对劳动合同的变更，但未采用书面形式，只要符合“已经实际履行了口头变更的劳动合同超过一个月”且“变更内容不违反法律、行政法规且不违背公序良俗”的条件，应认定为有效变更。

［**争议焦点**］

前述司法解释条文的实践中引发了一项争议焦点，即变更劳动合同中关于劳动报酬的约定是否适用前述规则。再直白点，就是用人单位单方面变更劳动者的工资标准未采取书面形式是否有效？

在司法实务中，有的用人单位提出，依据《最高人民法院关于审理劳动争议案件适用法律问题的解释（一）》第四十三条之规定，本公司单方面调减该员工的薪酬后，该员工超过一个月未提出异议，即双方已就调减后的薪酬标准履行了一个月以上，应视为该员工默认同意降薪，故本公司调减薪酬的行为合法。

当前主张的裁判观点认为，劳动报酬的变更不能适用上述默认原则。其主要理由如下：

第一，之所以有用人单位提出上述主张，其根本原因是对该条司法解释形成了误解。实践中误解该条司法解释的典型情形就是，公司单方面降薪并按照降薪后的标准向员工发放了超过一个月的工资。员工在欠薪一段时间后无法忍受，于是要求公司补足工资差额，这时公司抗辩称员工已超过一个月未对降薪提出异议，工资标准已经通过实际履行的方式进行了变更。其实，该条司法解释是对《劳动合同法》第三十五条在实践中大量遇到未采取书面形式变更劳动合同情形的补充规定。该条司法解释的原意是放宽变更劳动合同的形式要求，在一定条件下承认非书面变更劳动合同的效力，**并未免除用人单位与劳动者要协商一致才能变更的前提条件，也未免除用人单位对“经双方协商一致”这一事实应承担的举证责任**。并不能因为存在实际履行变更的劳动合同超过一个月的外观，就可以推定双方已经就变更劳动合同协商一致，从而免除主张劳动合同已变更一方当事人就变更劳动合同已经达成协商一致的举证责任。因此，该条司法解释的适用前提是双方就变更劳动报酬已经协商一致且应由用人单位举证证明双方就劳动报酬的变更已协商一致。

第二，最高人民法院民事审判第一庭所著的《最高人民法院新劳动争议司法解释（一）理解与适用》对前述第四十三条的释义中载明：“在实践中，对于什么样的行为构成实际履行，也存在误读。本文仍以前述用人单位单方降薪的案例为例进行阐释。如果用人单位单方降薪，并按照降薪后的标准实际发放工资超过一个月，在此期间劳动者未提任何异议，能否就此认定劳动者通过实际履行认可了降薪一事？因为用人单位未举证证明就降薪与劳动者协商一致，我们也不能直接推定劳动者已经同意降薪，所以就需要考察劳动者持续超过一个月未提异议的状态能否视为其通过实际履行的方式同意了降薪，即劳动者持续超过一个月未提异议的状态能否视为其作出了同意降薪的意思表示。我们认为是不可以的。”也即，最高人民法院民一庭在对《最高人民法院关于审理劳动争议案件适用法律问题的解释（一）》的理解与适用中明确表述，用人单位单方面降薪是不适用默示同意的。道理也很简单，如果用人单位单方面调减劳动报酬的行为超过一个月未由劳动者提出异议则视为认可，那岂非将违法行为通过一个月期限的不明示而转化成为一个合法行为？用通俗的话讲：岂不是欠薪欠一个月是欠薪行为，欠久一点或者劳动者忍受久一点，该欠薪违法行为就成为合法行为了？即使以最朴素的正义观来判断，任何一个违法行为不应该通过持续的时间够长就转化为合法行为。

第三，依据《民法典》第一百四十条之规定：行为人可以明示或者默示作出意思表示。沉默只有在有法律规定、当事人约定或者符合当事人之间的交易习惯时，才可以视为意思表示。对于用人单位单方面调减劳动报酬，实际上属于未及时足额支付工资的行为，劳动者持续超过一个月未提异议的状态既不属于以书面或者口头通知的方式作出的明示，也不属于以自己的行为作出的默示，而是一种沉默。普遍接受的准则是，单纯的沉默并不构成对于要约的承诺，即使要约人在其要约中表明沉默将被作为承诺，亦是如此。用最简单直白的话语来表述在劳动报酬问题上不能将沉默视为同意的理由就是：如果用人单位未及时足额支付劳动报酬的行为持续一个月以上未收到劳动者的异议，就视为其默认同意减少薪酬标准？就视为认可拖欠时间发放工资？岂不是出现了“拖欠工资，拖着拖着就等于劳动者同意延后发薪，欠着欠着就等于劳动者同意降薪”的情形？以此种逻辑，岂不是成了鼓励用人单位拖欠或克扣劳动报酬的行为？

第四，在实践中，大多数劳动者为了保住工作，并不能对用人单位调减劳动报酬的降薪行为及时提出异议，更多的是在无法忍受或决定离职之时才会主张权益。故从日常生活经验法则来看，“沉默即认可”的逻辑至少不可以适用在减少劳动报酬的事宜上。

因此，无论是从《劳动合同法》第三十五条与《最高人民法院关于审理劳动争议案件适用法律问题的解释（一）》第四十三条的法理衔接来看，还是从最高人民法院对该司法解释条文作出的释义以及日常经验法则来看，用人单位单方面调减薪酬的行为不能以劳动者提出异议的期间超过一个月就认定为双方以实际履行行为完成了合法有效的变更。

所以，如果你作为劳动者遇到用人单位单方面调减劳动报酬，并以你未在一个月内提出异议而视为已履行一个月以上，要求仲裁机构或法院认定变更劳动报酬合法有效的情况，你可以将前述四点评析作为你的答辩意见或辩论意见提交给仲裁员或法官，作为你对用人单位前述降薪理由的回应。

当然，为了厘清这个问题，这里有必要对用人单位一方在该问题上经常提出的疑问作出回应。在此类案件中，用人单位一方经常提出以下几点疑问。

1. 有用人单位提出：为什么未通过书面形式变更工作岗位且履行一个月以上就可以视为有效变更，而变更劳动报酬不可以？

原因很简单，变更工作岗位、工作地点需要劳动者的主动配合，而将劳动者主动配合的行为推定为协商一致是可行的，也不违背常理。比如，公司将张三从行政岗调整到销售岗，张三收拾办公用品从行政部门到销售部门报到的行为以及张三实际从事销售工作的行为，均可以看出张三以实际行为履行了调岗的情形。调整工作地点也是如此，张三从原办公地点到新办公地点的行为，也是张三以自身行为主动履行了变更内容的体现。简而言之，变更工作岗位也好，变更工作地点也好，实际履行都是需要劳动者的自身行为配合才能完成，不是用人单位单方面作出一个变更工作岗位或工作地点的通知就能完成实际履行的认定。故而将劳动者配合变更工作岗位、工作地点的实际行为推定为协商一致，也并无不妥。反观变更劳动报酬，是用人单位单方面可以完成的变更行为，劳动者是被动的。用人单位发放工资时，按变更调减后的工资标准发，即使发少了，劳动者的银行账户也收款了，就实际上完成薪酬变更了。所以这种变更只能认定为用人单位单方面的变更，而不是双方协商一致的变更。换言之，变更劳动报酬时，劳动者是被动接受的，并不像变更工作岗位或工作地点时有主动配合的行为。

2. 有用人单位提出：为什么变更劳动报酬时，往上调工资就可以，往下调就不行？涨薪、减薪都是变更劳动报酬。为什么给员工涨薪时没有书面变更也认定为变更有效，而给员工降薪时没有书面变更就认定为变更无效？

原因也很简单，因为被降薪员工提出异议了且用人单位无证据证明降薪是双方协商一致的结果。也就是说，用人单位降薪后，员工最终还是投诉了、申请仲裁了、提起诉讼了，而用人单位又无有效证据证明调减薪酬是经双方协商一致的，故只能认定用人单位系单方面调减薪酬，即单方面变更劳动合同的行为无效，应向员工补足减发的薪酬。同理，如果用人单位给一个员工涨薪，而这个员工坚持认为用人单位这个涨薪的行为是未经双方协商一致变更劳动合同的行为，要求劳动仲裁或人民法院确认这个涨薪行为无效并要求裁判自己向用人单位退回多发的工资，我相信劳动仲裁或人民法院在查明这个员工精神是正常的情形下，也会裁判这个员工向用人单位退还多发的工资。但笔者办理过的劳动争议案件上万件，遇到劳动者主张用人单位单方面降薪行为违约的案件很多，但劳动者主张用人单位涨薪行为违约的情形，至今未遇到。所以，之所以用人单位会觉得为什么涨薪时无书面变更就有效，是因为从正常的对人性认知的角度来看，用人单位给员工涨薪这种变更劳动合同行为，员工真实的心理是认可的，是可以认定为协商一致的。而降薪时员工的心理很有可能是不认可的，而且从员工通过提出异议、申请仲裁、提起诉讼的行为也可以看出员工对降薪这种变更劳动合同行为的不认可，就需要用人单位进一步举证证明你调减劳动报酬的行为不是单方面的决定，而是协商一致的结果。

3. 有用人单位提出：双方劳动合同约定了明确的工资金额，后来给员工涨薪了，再后来用人单位又想降回劳动合同约定的工资金额。这一涨一降后，原劳动合同约定的工资金额没有变更，为什么后面的降薪会认定为无效？

其实，此类情形在实践中有二种常见情况。

一种情况是，如前所述，用人单位在与劳动者签订劳动合同时就约定了一个虚假的劳动报酬数额，之后按双方协商好的真实劳动报酬数额进行发放。比如，A 公司与张三签订的劳动合同约定的月工资为 5500 元/月，但自入职当月起就是按 9000 元/月实际发放的。这种情况下，应认定为双方以实际履行行为证明张三自入职时的真实月工资标准就是 9000 元/月，而非劳动合同约定的月工资 5500 元/月。所以用人单位之后将一直正常履行的工资数额从 9000 元/月调减到 5500 元/月，是单方面变更薪酬的行为。如果劳动者提出异议，用人单位应举证证明双方系协商一致变更薪酬金额。如果不能举证证明，则认定用人单位调减薪酬的行为是单方面行为。

还有一种情况是，A 公司与张三签订的劳动合同约定月工资为 5500 元/月，入职后一直按 5500 元/月的标准发放了工资，一年后公司因业绩好将张三的工资金额调涨至 9000 元/月，张三未提出异议。两年后公司因利润下滑又调减回劳动合同约定的 5500 元/月，张三提出异议。A 公司老板认为涨工资也没书面变更，现在降工资也没书面变更，一涨一降回到原劳动合同约定的工资，为什么不行？正确的认定逻辑在于：A 公司第一次将张三的工资从 5500 元/月变更为 9000 元/月时，张三没有提出异议，双方实际履行后，已完成劳动报酬的第一次变更。此时双方劳动合同上载明的月工资标准 5500 元/月已变更为 9000 元/月。而用人单位第二次将张三的月工资从 9000 元/月变更为 5500 元时，已属于第二次变更。而这第二次变更时，张三提出异议了，双方没有协商一致。所以，用人单位的误区是认为往上调薪又调回来等于没有变更，而正确的认识应该是前后变更了二次。之所以用人单位会发出疑问，为什么涨薪时无书面形式就可以，降薪时无书面形式就不行，其本质不是取决于是否书面形式，而是取决于是否协商一致。因为当仲裁员问张三，公司第一次涨薪变更劳动报酬时你是否同意，张三百分之九十九点九九……的概率会回答“同意”。当仲裁员问张三，公司第二次降薪变更劳动报酬时你是否同意，张三会回答“我都申请仲裁要求补发工资了，肯定是不同意，肯定是未协商一致”。所以，用人单位认为的将工资金额“变回去”，实质上是第二次变更，而第二次变更是降薪的变更，劳动者大概率不会同意。因此，根本原因还是用人单位对劳动报酬的变更方向与员工能否达成一致。

第三节　发放劳动报酬的要求

［**相关法条**］

《中华人民共和国劳动合同法》

第三十条：用人单位应当按照劳动合同约定和国家规定，向劳动者及时足额支付劳动报酬。

用人单位拖欠或者未足额支付劳动报酬的，劳动者可以依法向当地人民法院申请支付令，人民法院应当依法发出支付令。

《中华人民共和国劳动法》

第四十八条：国家实行最低工资保障制度。最低工资的具体标准由省、自治区、直辖市人民政府规定，报国务院备案。

用人单位支付劳动者的工资不得低于当地最低工资标准。

第五十条：工资应当以货币形式按月支付给劳动者本人。不得克扣或者无故拖欠劳动者的工资。

第五十一条：劳动者在法定休假日和婚丧假期间以及依法参

加社会活动期间，用人单位应当依法支付工资。

《最低工资规定》

第三条第一款：本规定所称最低工资标准，是指劳动者在法定工作时间或依法签订的劳动合同约定的工作时间内提供了正常劳动的前提下，用人单位依法应支付的最低劳动报酬。

第十二条第一款：在劳动者提供正常劳动的情况下，用人单位应支付给劳动者的工资在剔除下列各项以后，不得低于当地最低工资标准：（一）延长工作时间工资；（二）中班、夜班、高温、低温、井下、有毒有害等特殊工作环境、条件下的津贴；（三）法律、法规和国家规定的劳动者福利待遇等。

《工资支付暂行规定》

第五条：工资应当以法定货币支付。不得以实物及有价证券替代货币支付。

第六条：用人单位应将工资支付给劳动者本人。劳动者本人因故不能领取工资时，可由其亲属或委托他人代领。用人单位可委托银行代发工资。用人单位必须书面记录支付劳动者工资的数额、时间、领取者的姓名以及签字，并保存两年以上备查。用人单位在支付工资时应向劳动者提供一份其个人的工资清单。

第七条：工资必须在用人单位与劳动者约定的日期支付。如遇节假日或休息日，则应提前在最近的工作日支付。工资至少每月支付一次，实行周、日、小时工资制的可按周、日、小时支付工资。

第九条：劳动关系双方依法解除或终止劳动合同时，用人单位应在解除或终止劳动合同时一次付清劳动者工资。

[**通俗解读**]

《劳动法》第五十条、《劳动合同法》第三十条是办理劳动争议案件的常用法条，笔者称为“工资法条”。法条很简短明了，就是用人单位应当及时足额以货币形式按月向劳动者本人支付劳动报酬（工资）。注意其中的关键词是：及时足额、以货币形式、按月支付、给劳动者本人。

明确了劳动报酬在支付时要及时足额，仅仅是足额支付但未及时支付也是违法；明确了劳动报酬要以货币形式支付，而不能采用实物折价的方式；明确了劳动报酬应支付给劳动者本人；明确了用人单位支付劳动者的工资不得低于当地最低工资标准，以及用人单位应支付劳动者法定节假日、婚丧假期间以及依法参加社会活动期间的工资。

作为劳动者，要理解掌握以下四点。

一、最低工资标准的概念

最低工资标准虽然由劳动法规定，但实际细则与标准则是由各省、自治区、直辖市人民政府进行规定。从全国范围来看，大部分省区市规定最低工资标准是包含了社保、公积金个人缴纳部分的，即最低工资标准是指你的应发工资（未扣除社保、公积金个人缴纳部分的工资）不低于当地发布的最低工资金额，而非实发工资，但不包含加班工资、特殊工作津贴以及福利待遇。当然，也有部分地区，如北京、上海、安徽等省市规定最低工资标准不包含社保、公积金个人缴纳部分。所以，劳动者要关注本省关于最低工资标准的文件规定。

由于大多省市规定最低工资标准是指劳动者的应发工资（未

扣除社保、住房公积金个人缴纳部分的工资）不低于当地发布的最低工资金额。故以成都市为例：

比如，成都市的最低工资标准为2100元/月。张三入职A公司，A公司确定张三的基本工资为1500元，岗位工资为600元，合计应发工资为2100元，但扣减社会保险的个人缴纳部分385元后，实发工资为1715元。此种情形下，虽然张三的实际到手的月薪低于当地最低工资标准，但A公司向张三发放的劳动报酬并未低于当地最低工资标准。

再比如，成都市的最低工资标准为2100元/月。张三入职A公司，A公司向张三发放了2023年8月工资2900元，当月的工资条载明前述工资的构成为：基本工资1800元+加班工资950元+高温津贴350元－社保个人缴纳部分200元=2900元。虽然张三于当月实际发到手的工资超过了当地最低工资标准，但A公司向张三发放的工资仍低于了当地最低工资标准。其理由在于《最低工资规定》第十二条规定衡量劳动者的工资是否低于最低工资标准，应将劳动者工资中的“延长工作时间工资”以及“特殊工作环境、条件下的津贴”予以剔除，张三的加班工资950元属于“延长工作时间工资”，张三的高温津贴350元属于“特殊工作环境、条件下的津贴”，扣除该两项后，A公司实际是按1800元/月的标准向张三计付工资，故A公司违反了“用人单位支付劳动者的工资不得低于当地最低工资标准”的规定。

二、发放工资时应承担的“附随义务”

《工资支付暂行规定》明确了用人单位必须书面记录支付劳动者工资的数额、时间、领取者的姓名以及签字，并保存两年以上备查。这也是部分小微企业在工资发放方面存在的问题，即没有按前述要求制作并保存劳动者的工资发放记录。从常理上讲，劳动者的工资确实是由用人单位在进行核算并发放，相关涉及劳动报酬的证据形成与保管也只能由用人单位处理。这也是前述规定明确了用人单位必须制作并保管工资支付记录的原因。也正是因为前述规定，双方对工资发放情况发生争议时，应由用人单位承担举证责任。

《工资支付暂行规定》还明确了用人单位在支付工资时应向劳动者提供一份其个人的工资清单。所以，作为劳动者，在发放工资时有权向用人单位要求工资清单。当然，工资清单有多种方式。在信息化办公的时代，有用人单位通过纸质文件或电子邮件方式向员工发放工资条，也有员工在办公系统中可以查询自己的工资清单。所以用人单位通过信息化方式提供的工资清单也是正常、合规的。

三、发放工资的“刚性期限”

前述法律条文规定应及时支付工资，何为“及时”，在什么期限内支付是及时支付？这里涉及四个期限概念。

（一）双方约定的工资支付期限

比如，员工与公司于劳动合同中约定每月 10 日前发放上月工资，那么公司就应该按双方约定的发薪日向员工发放工资。如果超过约定发薪日未发放，即属于未及时支付劳动报酬。同时，约定支付期限还包括用人单位规章制度规定的工资发放期限，如公司关于劳动报酬的规章制度规定公司的发薪日为每月 12 日发放上月工资，那么该公司就应该按其规章制度规定的劳动报酬支付期限支付工资。

（二）地方性法规规定的工资支付期限

比如，《深圳市员工工资支付条例》第十一条第一款规定：工资支付周期不超过一个月的，约定的工资支付日不得超过支付周期期满后第七日；工资支付周期超过一个月不满一年的，约定的工资支付日不得超过支付周期期满后的一个月；工资支付周期在一年以上的，约定的工资支付日不得超过支付周期期满后的六个月。前述条例属于地方性法规，对深圳市的工资支付周期进行了强制性规定，如“工资支付周期不超过一个月的，约定的工资支付日不得超过支付周期期满后第七日”，按此规定，用人单位至迟于2月7日支付员工1月份工资，至迟于3月7日支付员工2月份工资，以此类推。当地用人单位在签订劳动合同时，劳动合同中约定的工资支付期限也不得违反该条例的规定。

（三）无约定的情况下实践中掌握的工资支付期限

有些地方没有地方性法规对工资支付期限作出明确的强制性规定，且劳动者与用人单位在劳动合同中也没有关于工资支付期限的约定。在此情况下，司法实务中一般掌握的支付期限标准为：用人单位最迟应于当月内支付上一月工资。比如，在双方无约定的情况下，用人单位至迟应于2月28日前向劳动者支付1月份工资，于3月31日前向劳动者支付2月份工资。

（四）非常规情况下的工资支付期限

非常规情况有以下两种情形。

一种情形是劳动者与用人单位依法解除或终止劳动合同时，用人单位应在解除或终止劳动合同时一次性付清劳动者工资。

另一种情形是用人单位与劳动者约定的工资支付日期如遇节

假日或休息日，则应提前在最近的工作日支付。比如，双方于劳动合同中约定每月 10 日支付上月工资，但 2024 年 2 月 10 日系春节假期，那么用人单位就应当在春节假期前的最后一个工作日向劳动者支付 2024 年 1 月份工资。

四、用人单位欠薪的严重后果

［**相关法条**］

《中华人民共和国刑法》

第二百七十六条之一：以转移财产、逃匿等方法逃避支付劳动者的劳动报酬或者有能力支付而不支付劳动者的劳动报酬，数额较大，经政府有关部门责令支付仍不支付的，处三年以下有期徒刑或者拘役，并处或者单处罚金；造成严重后果的，处三年以上七年以下有期徒刑，并处罚金。

单位犯前款罪的，对单位判处罚金，并对其直接负责的主管人员和其他直接责任人员，依照前款的规定处罚。

有前两款行为，尚未造成严重后果，在提起公诉前支付劳动者的劳动报酬，并依法承担相应赔偿责任的，可以减轻或者免除处罚。

《最高人民法院关于审理拒不支付劳动报酬刑事案件适用法律若干问题的解释》

第一条：劳动者依照《中华人民共和国劳动法》和《中华人民共和国劳动合同法》等法律的规定应得的劳动报酬，包括工资、奖金、津贴、补贴、延长工作时间的工资报酬及特殊情况下支付的工资等，应当认定为刑法第二百七十六条之一第一款规定的“劳动者的劳动报酬”。

第二条：以逃避支付劳动者的劳动报酬为目的，具有下列情形之一的，应当认定为刑法第二百七十六条之一第一款规定的“以转移财产、逃匿等方法逃避支付劳动者的劳动报酬”：

（一）隐匿财产、恶意清偿、虚构债务、虚假破产、虚假倒闭或者以其他方法转移、处分财产的；

（二）逃跑、藏匿的；

（三）隐匿、销毁或者篡改账目、职工名册、工资支付记录、考勤记录等与劳动报酬相关的材料的；

（四）以其他方法逃避支付劳动报酬的。

第三条：具有下列情形之一的，应当认定为刑法第二百七十六条之一第一款规定的“数额较大”：

（一）拒不支付一名劳动者三个月以上的劳动报酬且数额在五千元至二万元以上的；

（二）拒不支付十名以上劳动者的劳动报酬且数额累计在三万元至十万元以上的。

各省、自治区、直辖市高级人民法院可以根据本地区经济社会发展状况，在前款规定的数额幅度内，研究确定本地区执行的具体数额标准，报最高人民法院备案。

第四条：经人力资源社会保障部门或者政府其他有关部门依法以限期整改指令书、行政处理决定书等文书责令支付劳动者的劳动报酬后，在指定的期限内仍不支付的，应当认定为刑法第二百七十六条之一第一款规定的“经政府有关部门责令支付仍不支付”，但有证据证明行为人有正当理由未知悉责令支付或者未及时支付劳动报酬的除外。

行为人逃匿，无法将责令支付文书送交其本人、同住成年家属或者所在单位负责收件的人的，如果有关部门已通过在行为人的住所地、生产经营场所等地张贴责令支付文书等方式责令支付，并采用拍照、录像等方式记录的，应当视为“经政府有关部门责令支付”。

第五条：拒不支付劳动者的劳动报酬，符合本解释第三条的规定，并具有下列情形之一的，应当认定为刑法第二百七十六条之一第一款规定的“造成严重后果”：

（一）造成劳动者或者其被赡养人、被扶养人、被抚养人的基本生活受到严重影响、重大疾病无法及时医治或者失学的；

（二）对要求支付劳动报酬的劳动者使用暴力或者进行暴力威胁的；

（三）造成其他严重后果的。

第七条：不具备用工主体资格的单位或者个人，违法用工且拒不支付劳动者的劳动报酬，数额较大，经政府有关部门责令支付仍不支付的，应当依照刑法第二百七十六条之一的规定，以拒不支付劳动报酬罪追究刑事责任。

第八条：用人单位的实际控制人实施拒不支付劳动报酬行为，构成犯罪的，应当依照刑法第二百七十六条之一的规定追究刑事责任。

第九条：单位拒不支付劳动报酬，构成犯罪的，依照本解释规定的相应个人犯罪的定罪量刑标准，对直接负责的主管人员和其他直接责任人员定罪处罚，并对单位判处罚金。

［**通俗解读**］

该部分法条是刑法以“拒不支付劳动报酬罪”的方式对劳动者的劳动报酬进行特殊保护的相关法条规定。用人单位欠付劳动者的劳动报酬，本质上还是债权债务纠纷，但这种债权债务的特殊性在于双方地位不平等，且劳动报酬涉及劳动者的基本生活保障，故以“欠薪入刑”的方式对劳动报酬进行了相较于普通债权更严格的保护。

劳动者需要清楚的是，“欠薪入刑”有以下几个明确的认定要件。

一是公司及其高管存在以转移财产、逃匿等方法逃避支付劳动者的劳动报酬或者有能力支付而不支付劳动者的劳动报酬的情形。

二是拒付劳动报酬的数额达到了“拒不支付一名劳动者三个月以上的劳动报酬且数额在五千元至二万元以上”或者“拒不支付十名以上劳动者的劳动报酬且数额累计在三万元至十万元以上”的标准。

三是经政府有关部门（比如当地人力资源社会保障部门、政府设立的“清欠办”等政府部门）责令支付仍不支付。

在实践中，拒付劳动报酬的数额问题很易查明，但很难查明用人单位存在“以转移财产、逃匿等方法逃避支付劳动报酬”或“有能力支付而不支付”的事实。所以，如果劳动者发现用人单位及其高管等责任人员符合上述法条规定的情形，可以先向当地人社部门进行投诉举报，要求责令支付工资，经责令仍不支付的，可以通过报案或投诉的方式要求追究刑事责任。如果不符合上述情形，则需要通过劳动仲裁、申请支付令或诉讼的方式追索劳动报酬。

第四节　欠付劳动报酬的应对

一、用人单位欠薪的类型

欠薪是用人单位欠付劳动者劳动报酬的状态。这种状态分为两种情况：一种是“无故拖欠”工资；另一种是“克扣”工资。劳动者要清楚自己是否被欠薪，首先要清楚前述两种欠薪的情形。

“无故拖欠”是指用人单位无正当理由超过规定或约定的应支付劳动报酬时间未支付劳动者的劳动报酬。简言之，就是用人单位无正当理由未及时支付工资。比如，张三月薪 5000 元，约定每月 10 日支付上月工资。但公司没有正当的理由于 5 月 20 日还没有发放 4 月份的工资，这种情况下，就是“无故拖欠”。

那么，什么情况下是有正当理由？依据《对〈工资支付暂行规定〉有关问题的补充规定》第四条的规定，所谓未及时发放工资的正当理由，分两种情况：

一是用人单位遇到非人力所能抗拒的自然灾害、战争等原因无法按时支付工资。比如，公司所在地区遇到地震或台风，导致办公场所损毁，这种情况下工资没有按时发放，属于正当理由。

二是用人单位确因生产经营困难、资金周转受到影响，在征得本单位工会同意后，可暂时延期支付劳动者工资，但延期时间不得超过各省、自治区、直辖市劳动行政部门根据各地情况确定的最长时限。所以，劳动者要清楚，除上述自然灾害、战争等不可抗力的情形外，用人单位确实出现经营困难、资金周转困难的情形，在征得本单位工会同意后，可以缓发工资，但缓发期限不得超过当地劳动行政部门确定的最长时限。至于当地的最大时限是多长，可以咨询当地人社部门。

这里要注意的是，缓发工资与减发工资是不同的概念，缓发工资并不改变双方约定的工资标准，只是因暂时的资金困难而延期发放，所以经本单位工会同意即可。而减发工资属于用人单位拟变更劳动合同约定的工资标准，故需要用人单位与劳动者协商一致。

“克扣”指用人单位**无正当理由扣减**劳动者应得工资。简言之，就是用人单位单方面减少工资。比如，张三月薪 5000 元，约定每月 10 日支付上月工资。公司没有拖欠，准时于 5 月 10 日发放了 4 月份的工资，但只给张三发放了 3800 元且无正当理由。

同理，什么情况下是正当理由？依据《对〈工资支付暂行规定〉有关问题的补充规定》第三条的规定，所谓扣减工资的正当理由，常见的有以下几种情形：

一是国家的法律、法规中有明确规定的。比如，工资中扣减社会保险个人缴纳部分、公积金个人缴纳部分、个人所得税等法律明确规定由用人单位扣缴的项目。

二是依法签订的劳动合同中有明确规定的。比如，部分提供食宿的企业，在劳动合同中约定从员工的工资中按月扣减伙食费、水电费等。

三是用人单位依法制定的规章制度有明确规定的。比如，规章制度中规定了绩效考核办法，用人单位依据规章制度进行考核后计发绩效工资，可能与上月相比存在减少的情形。

四是因劳动者请事假等行为应相应减发工资的。这个好理解，员工因个人私事请事假了，当天不上班，当然不计发当天工资。故在计发当月工资中应按当月请事假的天数减发对应请假天数的工资。

以上扣减工资的情形，属于具有合法事由，不属于克扣工资的情形。超出以上情形的扣减薪酬，则属于克扣薪酬的行为。

在此，笔者认为需要向劳动者说明一点，有一种扣减工资的行为，在实践中存在一定的争议，即用人单位是否有权依据规章制度对劳动者进行罚款？比如，A 公司的规章制度规定，员工迟到一次，罚款 × ×元；……未达到销售目标任务数额，罚款 × ×元。张三出现迟到的情形，被罚款 50 元。当月未按其签署的目标任务书完成销售任务，罚款 500 元，以上罚款在当月工资中扣减。那么 A 公司依据规章制度以“罚款”的方式扣减张三工资是否合法？

主流裁判观点认为，罚款本质上是剥夺员工财产权的行为，相当于行政处罚，而用人单位不具备行政处罚权。用人单位内部的规章制度不是可以规定行政处罚的法律法规，故用人单位不能对员工进行罚款，用人单位以罚款之名扣减劳动者工资并无法律依据，属于克扣工资的情形。

也有个别观点认为，国务院于 1984 年颁布的《企业职工奖惩条例》（已废止），规定了对员工处罚的形式有行政处罚和经济处罚，其中经济处罚就是给予一次性经济罚款。虽然该条例已于 2008 年 1 月废止，但可以印证企业还是可以通过规章制度规定的小额罚款权作为其日常的管理方式。

笔者认为，前述《企业职工奖惩条例》于 2008 年废止，而于 2008 年施行的《劳动合同法》未规定用人单位享有罚款权，故用人单位对员工进行罚款，在现行法律框架下，已无法律依据。

二、用人单位缓发薪酬及应对策略

如上所述，用人单位依据《对〈工资支付暂行规定〉有关问题的补充规定》第四条的规定，确因生产经营困难、资金周转受到影响，在征得本单位工会同意后，可暂时延期支付劳动者工资，但延期时间不得超过各省、自治区、直辖市劳动行政部门根据各地情况确定的最长时限。也即，用人单位缓发工资需满足三个条件。

一是确因生产经营困难或资金周转受到影响。这种情况是否存在，其实作为单位的员工至少能了解一些大概情况。

二是经本单位工会同意。如公司出现需要缓发薪酬的情形，一般情况下，是由财务部门或人事部门就缓发工资的范围、期限作出方案，报公司工会审查决定是否同意。如果公司没有工会，则可以通过向职工大会或职工代表大会公布缓发工资方案，由职工大会或职工代表大会表决是否同意通过。

三是缓发工资不得超过各省、自治区、直辖市劳动行政部门根据各地情况确定的最长时限。这个期限各地不一定相同，需按当地政策判断。比如在深圳，《深圳市员工工资支付条例》第十二条规定：用人单位因故不能在约定的工资支付日支付工资的，可以延期五日；因生产经营困难，需延期超过五日的，应当征得本单位工会或者员工本人书面同意，但是最长不得超过十五日。由此可见，深圳缓发工资的最大期限是约定的工资支付期限之后的十五日。

再比如在成都，《成都市劳动和社会保障局关于做好当前经济形势下我市劳动关系稳定工作的通知》明确规定：缓发工资不超过两个工资支付周期。也即，如果用人单位位于成都市且用人单位系按月计发工资，则缓发工资不得超过二个月。超过当地政府规定的缓发工资上限，也属于未及时支付工资的情形。

综上，劳动者对于用人单位缓发工资的情形，建议做到二个方面。

一是做到“理解难处”在前。任何公司、企业都会经历不同的经济周期，总会遇到各种市场风险，出现生产经营困难、资金周转困难。缓发薪酬并非扣减薪酬，更不是不发薪酬。对于发放时间的延迟，若你作为员工也能感受到自己单位资金周转的困难，首先希望大家能保持一种理解的态度。

二是做到“依法辨别”在后。劳动者理解用人单位困难的前提，第一是用人单位真的存在经营困难；第二是用人单位的管理层在直面困难、解决困难；第三是用人单位的缓发薪酬符合法规规定的程序且不违反当地的最长时限规定。有些公司老板为了挖空公司套现离场，对外称“经营困难”，实则不断想方设法转移公司财产后直接“跑路”。还有些老板则是“霸气外露”，单方面出一个通知，直接通知员工公司要缓发薪酬，至于什么“须经工会同意”，什么“不得超过当地规定的缓发最长时限”，一律不管。出现以上这些情形，就是拖欠工资的情形，作为员工应该立即做好维权的准备。

三、用人单位克扣薪酬及应对策略

与上述拖欠工资不同，克扣工资是直接减发、少发工资。实践中，出现减发、少发工资有多种原因，常见的有：

一是用人单位的人事或财务部门在计薪时出现计算错误。比如，绩效工资计算错误、提成奖金计算错误等。

二是用人单位的人事或财务部门在扣减合法项目时出现扣减错误。比如，在计算社保个人缴纳部分、住房公积金个人缴纳部分或个人所得税扣缴时计算错误。

三是用人单位单方面决定并执行降薪。比如，用人单位通知员工全体降薪 20%，之后发放工资时实际执行了单方面决定的降薪。

四是用人单位认定错误导致与劳动者就工资金额产生争议。比如，用人单位经计算认为请病假那几天不应当计付工资，故当月工资计付为 8100 元。劳动者则认为病假期间应当支付病假工资，故当月工资应计算为 9200 元。双方就计算的标准产生了争议。

对于前述第一、二种情形，作为员工，可以及时提出异议，要求用人单位及时重新计算并更正即可。

对于前述第三、四种情形，作为员工，应先提出异议，要求用人单位足额发放工资。对于用人单位认定错误导致的减少工资，可以通过提出异议向用人单位明确认定错误的法条依据及正确的计算方式。若用人单位坚持减发工资，则可以通过投诉、仲裁、诉讼的方式维权。

四、用人单位停发薪酬及应对策略

直接停发工资，是指用人单位既未通过法定程序向劳动者明确缓发工资，而是自某一时间节点起停发工资。此种情形，一般出现在公司股东出现重大变化、公司实际控制人直接“跑路”以及公司突然停止营业的情况下。

特别是实际控制人直接“跑路”这种情形下的欠薪，由于事发突然，劳动者一方无法向用人单位提出异议或询问情况就出现实际的欠薪事实。劳动者在此种情况下，立即通过法律手段维权更为妥当。

第五节　劳动者面对违法欠薪的实务操作

一、劳动者对用人单位的欠薪行为享有投诉权

［**相关法条**］

《中华人民共和国劳动合同法》

第八十五条：用人单位有下列情形之一的，由劳动行政部门责令限期支付劳动报酬、加班费或者经济补偿；劳动报酬低于当地最低工资标准的，应当支付其差额部分；逾期不支付的，责令用人单位按应付金额百分之五十以上百分之一百以下的标准向劳动者加付赔偿金：

（一）未按照劳动合同的约定或者国家规定及时足额支付劳动者劳动报酬的；

（二）低于当地最低工资标准支付劳动者工资的；

（三）安排加班不支付加班费的；

（四）解除或者终止劳动合同，未依照本法规定向劳动者支付经济补偿的。

《劳动保障监察条例》

第九条：任何组织或者个人对违反劳动保障法律、法规或者规章的行为，有权向劳动保障行政部门举报。

劳动者认为用人单位侵犯其劳动保障合法权益的，有权向劳动保障行政部门投诉。

劳动保障行政部门应当为举报人保密；对举报属实，为查处重大违反劳动保障法律、法规或者规章的行为提供主要线索和证据的举报人，给予奖励。

第二十六条：用人单位有下列行为之一的，由劳动保障行政部门分别责令限期支付劳动者的工资报酬、劳动者工资低于当地最低工资标准的差额或者解除劳动合同的经济补偿；逾期不支付的，责令用人单位按照应付金额 50% 以上 1 倍以下的标准计算，向劳动者加付赔偿金：

（一）克扣或者无故拖欠劳动者工资报酬的；

（二）支付劳动者的工资低于当地最低工资标准的；

（三）解除劳动合同未依法给予劳动者经济补偿的。

［**通俗解读**］

上述法条可见，用人单位欠付劳动报酬、加班费或经济补偿的，劳动行政部门（一般指当地的劳动监察部门）有权责令用人单位支付，若用人单位经责令仍不支付，用人单位应按应付金额的 50%—100% 向劳动者加付赔偿金。劳动者对其他违反劳动法律法规的行为，也有权向劳动保障行政部门投诉。所以，用人单位出现欠薪时，作为劳动者你的维权手段之一就是向当地的劳动行政部门进行投诉，要求劳动行政部门责令用人单位支付欠薪。用人单位经责令后，如果及时向你支付了欠付的薪酬，则你以更快的维权方式解决了欠薪问题。如果用人单位经责令后仍不支付欠付的薪酬，则为你之后的维权增加了“加付赔偿金”的主张基础。

向劳动行政部门进行投诉的方式有很多。比如直接通过电话、信件、电子邮件等方式向当地的劳动监察大队、人力资源与社会保障局进行投诉，或通过当地的“市长热线”“市长信箱”等网络方式进行投诉。在投诉中要写明用人单位名称，欠薪的期间、金额以及要求责令用人单位支付等诉求。若通过网络方式投诉，可以将能证明用人单位欠薪的证据材料拍照后加入投诉信息后方的附件中。

二、用人单位经劳动行政部门责令支付而仍不支付的，劳动者享有要求用人单位支付“加付赔偿金”的权利

如上所述，如果用人单位经劳动行政部门责令支付仍不支付欠付你的工资，你须先到当地劳动行政部门取得责令用人单位支付的材料，之后可以申请劳动仲裁。并可以在仲裁申请中要求用人单位支付欠付工资的同时还要求用人单位支付相当于欠付工资金额 50%—100% 的加付赔偿金。

举例说明：张三在 A 公司工作，A 公司自 2024 年 3 月起欠薪，至 2024 年 5 月 31 日已合计欠付了 21500 元。张三向当地市长信箱投诉，市长信箱回复，请张三通过劳动仲裁解决问题。张三认为劳动仲裁及诉讼的期间太长，坚持到当地劳动监察大队进行书面投诉欠薪，要求劳动监察部门责令用人单位支付欠付的劳动报酬。在张三的一再坚持下，劳动监察部门向 A 公司作出了《责令限期支付指令书》，要求 A 公司在 15 日内向张三支付欠付

的工资 21500 元。但 A 公司在 15 天之后，仍未向张三支付欠付的工资。张三申请劳动仲裁，可以提出两项仲裁请求：

（1）要求裁决 A 公司支付其欠付的工资 21500 元；

（2）要求裁决 A 公司支付其按欠付工资金额加付 100% 的赔偿金 21500 元。

以上关于工资的仲裁请求应得到支持。关于加付赔偿金的请求，仲裁机关可以在欠薪金额的 50%—100% 的范围内予以支持。

［**维权提示**］

在此，在实务中有个小争议点，需要向劳动者明确：有一部分观点认为，前述《劳动合同法》第八十五条规定由**劳动行政部门责令限期支付劳动报酬、加班费或者经济补偿；……逾期不支付的，责令用人单位按应付金额百分之五十以上百分之一百以下的标准向劳动者加付赔偿金**。也就是说，要求用人单位限期支付欠付的劳动报酬是由劳动行政部门责令，用人单位逾期不支付的，也是应由劳动部门责令加付赔偿金，故不能通过劳动仲裁裁决用人单位支付或人民法院判令用人单位支付该条规定的“加付赔偿金”。其实，这个观点是错误的，在劳动行政部门责令用人单位支付工资而用人单位仍不支付的情况下，劳动仲裁部门可以仲裁或人民法院可以裁判用人单位向劳动者加付赔偿金。其理由在于：《最高人民法院关于审理劳动争议案件适用法律问题的解释（一）》第一条规定，劳动者与用人单位之间发生的下列纠纷，属于劳动争议，当事人不服劳动争议仲裁机构作出的裁决，依法提起诉讼的，人民法院应予受理：……（8）**劳动者依据《劳动合同法》第八十五条规定，要求用人单位支付加付赔偿金发生**

的纠纷；……该条司法解释明确了，人民法院应受理劳动者依据上述《劳动合同法》第八十五条所提起的关于加付赔偿金的诉讼请求。

三、劳动者享有以欠薪为由解除劳动合同并主张经济补偿的权利

［**相关法条**］

《中华人民共和国劳动合同法》

第三十八条：用人单位有下列情形之一的，劳动者可以解除劳动合同：……（二）未及时足额支付劳动报酬的；……

第四十六条：有下列情形之一的，用人单位应当向劳动者支付经济补偿：（一）劳动者依照本法第三十八条规定解除劳动合同的；……

《最高人民法院关于审理劳动争议案件适用法律问题的解释（一）》

第四十五条：用人单位有下列情形之一，迫使劳动者提出解除劳动合同的，用人单位应当支付劳动者的劳动报酬和经济补偿，并可支付赔偿金：（一）以暴力、威胁或者非法限制人身自由的手段强迫劳动的；（二）未按照劳动合同约定支付劳动报酬或者提供劳动条件的；（三）克扣或者无故拖欠劳动者工资的；……

［**通俗解读**］

前述司法解释明确了用人单位克扣或无故拖欠工资等欠薪行为，与“以暴力、威胁或者非法限制人身自由的手段强迫劳动”的行为一样，属于迫使劳动者可以即时提出解除劳动合同的情

形，且劳动者以上述原因即时解除劳动合同后，用人单位不仅应向劳动者支付欠付的劳动报酬，还应向劳动者支付解除劳动合同的经济补偿金。前述《劳动合同法》第三十八条对劳动者以用人单位过错而提出解除劳动合同并主张经济补偿的情形进行了细化，并将“克扣或无故拖欠工资”的表述更改为范围更为清晰的“**未及时足额支付劳动报酬**”。该“未及时足额支付劳动报酬”其实有二层含义：一是未及时支付劳动报酬，二是未足额支付劳动报酬。

所谓未及时支付劳动报酬，主要是指前述所讲的“无故拖欠”工资的情形，即用人单位并不否认你的劳动报酬金额，你与用人单位就劳动报酬的金额是无争议的，只是用人单位未按双方约定或法律规定的时限向你发放劳动报酬。通俗话讲，类似于俗称的“欠账不赖账”，即工资金额我认，但就是不能按时发给你。

所谓未足额支付劳动报酬，主要是指前述所讲的“克扣”工资的情形，即每月工资发放时间是很及时，但就是以公司单方面降薪、罚款、非法扣款等各种原因扣减了工资金额，导致劳动者拿到手的工资不足额。

因为劳动报酬是劳动者的核心权利，涉及劳动者基本生活的保障，所以劳动法规对劳动报酬的保护是相当全面且严格的。用人单位向劳动者发放劳动报酬，不足额发放不行，足额了不及时发放也不行。用人单位未及时足额支付劳动报酬的行为，本质上是一种违约行为，且是法律认定的用人单位的重大违约行为，赋予了劳动者即时解除劳动合同的权利。劳动者以用人单位存在未及时足额支付劳动报酬的，劳动者可以此为由解除劳动合同，且用人单位应当向劳动者支付经济补偿。

综上所述，当用人单位出现“未及时足额支付劳动报酬”时，劳动者的维权方式是可以层层递进的。

第一层：及时向用人单位提出异议，要求用人单位及时纠正计算错误或认定错误而导致少发薪酬的行为，或要求用人单位及时支付工资。通过这一层的方式，估计80%以上的用人单位会纠正少发了工资的问题。

第二层：经双方协商或沟通仍存在欠付薪酬情形的，劳动者可以通过向劳动行政部门进行投诉，要求责令用人单位支付。90%的用人单位收到责令支付的通知后会及时想办法向劳动者足额支付工资。经责令仍不支付的，劳动者可以通过劳动仲裁、诉讼的方式要求用人单位支付欠付的工资，并依照《劳动合同法》第八十五条的规定，要求用人单位按欠付工资金额的50%—100%的标准支付加付赔偿金。当然，由于你现在依然在职，并未从用人单位离职，故尚不能要求用人单位支付解除劳动合同的经济补偿金。

第三层：在现实职场中，劳动者决定对用人单位的欠薪行为进行投诉或仲裁一般是在离职之后。在职期间进行投诉或申请仲裁的情形也有，但在实务中较为少见。所以，劳动者在准备通过投诉、仲裁或诉讼维权时，会考虑是否还在用人单位继续工作。若因用人单位欠薪而决定离职，一定要**以用人单位欠薪为由解除劳动合同**。从而在前述要求用人单位支付欠薪、加付赔偿金的基础上，还要求用人单位支付解除劳动合同的经济补偿金。

［**维权提示**］

劳动者要谨记：即使用人单位存在“未及时足额支付劳动报

酬”的情形，劳动者只有在因用人单位的欠薪行为被迫解除劳动合同的情况下，才能要求用人单位支付经济补偿金。所以用人单位出现“未及时足额支付劳动报酬”的情形后，劳动者决定离职后维权时，最容易犯的错误是**未以用人单位存在“未及时足额支付劳动报酬”的情形为由提出解除劳动合同**。究其原因，主要有以下几个方面：

1. 劳动者不清楚此种情形下提出解除劳动合同须以欠薪为理由。

劳动者与用人单位之间解除劳动合同的原因有很多种，互联网上不乏出现劳动者以“世界那么大，我想去看看”“格局不合、三观不同”等为理由提出解除劳动合同。而《劳动合同法》第四十六条规定的用人单位应当向劳动者支付经济补偿的情形是**“劳动者依照本法第三十八条规定解除劳动合同的”**。由此可见，用人单位客观上存在《劳动合同法》第三十八条所列“未及时足额支付劳动报酬”的情形时并不必然导致向离职劳动者支付解除劳动合同的经济补偿。

主流裁判观点认为，只有既存在用人单位“未及时足额支付劳动报酬”的情形，且劳动者也是依据《劳动合同法》第三十八条的规定解除劳动合同的，才能裁判用人单位向劳动者支付解除劳动合同的经济补偿。换言之，即使用人单位存在无故欠薪的情况，但劳动者是以前述那种“世界那么大，我想去看看”等个人原因而离职的，看似离职得很潇洒，但却无法向用人单位要求支付经济补偿金。

举例说明：张三在A公司工作三年零七个月了，A公司的控股股东于2024年2月因炒股巨亏后，携公司账户资金跑路，导致欠付张三的工资未发放。公司的其他管理人员让包括张三在内的全体员工耐心等待其余股东想办法解决工资问题，但解决时限不明。张三刚好想考驾驶证，需要较长时间，故想着从A公司离职后考完驾驶证再另找工作。因此，张三以“个人需要考取驾驶证”为由提出解除劳动合同。张三学驾驶证期间，遇到一名年轻律师也在考驾驶证。通过聊天得知用人单位欠薪可以要求其支付经济补偿金。张三之后申请仲裁，要求裁决A公司支付解除劳动合同的经济补偿。仲裁裁决以张三并非因公司欠薪而解除劳动合同为由，驳回了张三的仲裁请求。

也就是说，用人单位存在欠薪的事实+劳动者以用人单位欠薪为由提出解除劳动合同，才能要求用人单位支付解除劳动合同的经济补偿。

这里又引申出一个问题：劳动者以其他理由提出解除劳动合同后，为了达到要求用人单位支付经济补偿的目的，重新以“用人单位欠薪”为由向用人单位提出解除劳动合同，这种方法是否可以达到劳动者要求支付经济补偿的目的？比如前例的张三，在学驾驶证期间，遇到一名年轻律师，通过聊天得知用人单位欠薪可以要求其支付经济补偿金。张三一听，原来以A公司欠薪为由解除劳动合同还可以要求经济补偿金。自己之前那个“考驾驶证”的离职理由简直损失大几万元，所以又重新写了一份《解除劳动合同通知书》，邮寄给A公司，以A公司未及足额支付劳动报酬为由提出解除劳动合同。这样一来，张三要求A公司支付经济补偿的主张能得到支持吗？

其实还是不行的。其理由在于：**在法律上，解除权系形成权。**通俗地讲，劳动合同与其他合同关系一样，只能解除一次。

无论劳动者依据什么，自劳动者第一次向用人单位提出解除劳动合同时，双方的劳动合同关系已解除，双方解除劳动合同的成因已经形成。自双方解除劳动合同之日，双方实际上已不存在劳动合同关系，劳动者离职之后“反应”过来进行第二次以其他理由通知解除时，双方已无劳动合同可解除。所以，劳动者在解除劳动合同之后，再变更解除理由重新通知用人单位解除劳动合同的做法，实践中并不可取。前述观点系主流裁判观点，各地关于处理劳动争议的文件中都有相应的规定。如《四川省高级人民法院民一庭关于审理劳动争议案件若干疑难问题的解答》第二十六条规定：劳动者以其他理由辞职后，又以用人单位存在《劳动合同法》第三十八条所列情形迫使其辞职为由，要求用人单位支付经济补偿金或赔偿金的，一般不予支持。

2. 劳动者感恩用人单位的栽培，不好意思以用人单位欠薪这样冷冰冰的理由提出解除劳动合同。

其实，劳动者与用人单位之间的劳动关系，是一种法律关系，也是一种涉及劳资双方情感的社会关系。笔者作为长期处理劳动争议案件的法官，理性上应单纯视劳动关系为法律关系，按国家现行的劳动法律法规裁判双方的纠纷，因为这是裁判者的工作职责。但在职场中，即使双方的劳动关系面临解除或终止，劳资双方也不应该是仇视的，更多的应该是相互感恩。实际上也是如此，笔者见到不少企业，即使面临解散或破产，在遣散员工时也是与员工平等协商，双方和气地签订解除劳动合同协议，以企业向员工支付“N”、“N－1”，甚至是“N＋3”等方式平和地解除劳动关系。有的员工或对企业的经营困难感同身受，或感恩企业多年来对其的培养，或与企业管理层的人际关系很融洽。即使用人单位出现了欠薪，员工在离职时仍会提交一份言辞恳切的“辞职信”，或是以个人原因提出离职。这种情况下，员工以个人原因提出解除劳动合同，员工无法再要求用人单位支付解除劳动合同的经济补偿，此种情形实际上是劳动者对用人单位欠薪行为的谅解。

当然，实践中还有这样的情形，员工认为公司早已经“资不抵债”，觉得欠付的工资能要回来就不错了，经济补偿金就不敢再奢望了。所以就简单地以“个人原因”填写了离职申请。之后发现其他以欠薪为由提出离职的员工都拿到了经济补偿金，又开始后悔，然后找各种理由折腾仲裁、诉讼，也想得到经济补偿金。但最终又因当初系以“个人原因”解除劳动合同而导致其关于经济补偿的主张得不到劳动仲裁机构和人民法院的支持。

所以，作为劳动者，在用人单位出现“未及时足额支付劳动报酬”的情形后，你在准备解除劳动合同时要考虑清楚，究竟自己在主动离职的情况下保不保留向用人单位主张解除劳动合同经济补偿金的权利。如果决定以用人单位的欠薪行为主张经济补偿金，就要在提出解除劳动合同时将解除原因明确写明为因用人单位未及时足额支付劳动报酬而被迫离职。当然，即使向欠薪的用人单位提出被迫离职并主张经济补偿金，劳动者也不应在心理上有负担。套用一句俗话来表述：毕竟用人单位欠薪这样的违法行为在前，作为劳动者，放弃经济补偿是个人的“情分”，要求经济补偿是法定的“本分”。劳动者行使法定的权利，怎么都不算“过分”。

3. 劳动者在办理离职手续时进入了用人单位的"圈套"。

有的用人单位在办理离职面谈或离职手续时，会设置一些"堵"住离职员工之后向其提出支付经济补偿金要求的圈套。用人单位一般都有专业从事人力资源的HR，在用人单位出现欠薪后，劳动者提出离职的，从事行政人事的管理人员会安排你办理离职手续与离职交接。当然，办理离职手续与离职交接无可厚非，都是正常的离职程序，劳动者也应该配合。但在办理离职手续时，有一些常见的圈套，让离职员工即使在用人单位存在欠薪行为的情形下也无法要求用人单位支付经济补偿。

常见圈套一：拿出已固定格式内容的《离职申请表》，让员工填写，或者让你在网络办公系统上填写类似的离职申请。而该《离职申请表》中的"离职原因"一栏只有固定几个选择让你勾选。比如，在"离职原因"一栏：□因个人原因 □因个人职业规划 □因另谋职业 □因个人家庭原因 □因不认同公司的经营理念 □……以上各种可勾选的选项中，就是没有诸如"因公司未及时足额支付工资"等任何涉及公司过错的离职原因。员工勾选其中任何一项作为员工离职的原因，都不能要求公司支付解除劳动合同的经济补偿金。

常见圈套二：如果你是属于不愿意签署上述固定格式内容《离职申请表》的员工，HR可能会告知你，这是公司（或总公司、集团公司）的要求，办理离职程序必须填写这样的离职申请模版。而你关注的离职经济补偿，放心，已经安排好了，走完程序双方就签《解除劳动合同协议》。协议上就明确了公司在你离职后一个月内支付你经济补偿××××元。在此类谈话中，对方还会拿出一份《解除劳动合同协议》的文本，上面打印着诸如“双方的劳动合同于××××年××月××月解除，公司应于××××年××月××月支付×××经济补偿金×××××元”的内容。好，你一看，公司很有诚意，连关于支付经济补偿的协议都打印好了。你也就按HR的要求，勾选或填写成“个人原因”离职。

当你还不入圈，要求先签《解除劳动合同协议》的文本再填写《离职申请表》时，对方还可能告诉你，公司管理层（或上级公司、集团公司）有固定的内部审批程序，要看到离职手续办理完毕后才会在《解除劳动合同协议》上盖章，所以要先按公司的要求填写好《离职申请表》才行，所以你可以在《离职申请表》与《解除劳动合同协议》上一起签字，我们尽快上报管理层审批。如果你听信上述话术，按公司的要求填写了“个人原因”离职，那你就可能告别解除劳动合同的经济补偿了。你说不是还有你签了字的协议呢？切记，打印内容再完美，给你展示的所谓“协议”，只是一张“画了一个饼”的A4纸，根本算不上任何协议。协议是需要双方签字盖章确认的，在双方没有完成签署之前，并不具有协议的效力。也许，在你按公司要求填写好离职申请后，苦苦等待对方将盖好公章的《解除劳动合同协议》交给你时，HR可能会通知你，哎，很遗憾，公司最终没有同意支付经济补偿，我们人事部门已经尽力争取了。此时的情形，你填写了因个人原因主动要求解除劳动合同的离职申请，无法以“因用人单位未及时足额劳动报酬被迫离职”为由要求公司支付经济补偿。双方也没有达成公司需要支付你经济补偿的协议，也无法以协商一致支付经济补偿金为由要求公司支付经济补偿金，即在经济补偿事宜上，你面临“**法定情形没有了，协议情形未达**

成”的窘境。

当然，有劳动者提出，我以用人单位欺诈为由要求撤销离职申请行不行？其实是很难的。离职申请本质上不是协议，而是劳动者向用人单位表示其要离职的通知。规范的表述为“劳动者通知用人单位解除劳动合同关系的书面载体”。由于合同解除权是形成权，形成权只能在到达对方前撤回而不能在到达对方后撤销。

还有劳动者提出，HR 与我谈话时我全程录音了，其中关于 HR 让我先按公司要求填写离职申请，公司答应事后支付经济补偿金×××××元的对话都录下来了，这种情况可以要求公司支付经济补偿吧。笔者认为，这种情形下，员工有一定的胜诉机会。因为协议确实可以以口头的方式达成，在双方没有书面协议的情形下，如果劳动仲裁或人民法院认定双方通过口头方式达成了关于支付经济补偿的协议，是可以支持员工要求用人单位按口头协议明确的金额支付经济补偿。但问题是，这种认定有两个难点：

一是双方的对话是否足以认定双方已通过口头的方式达成了公司承诺向员工支付经济补偿的协议。如果 HR 在对话中表述为“在你办理好离职手续后，公司会考虑支付你经济补偿金×××××元”“协议文本都打印好了，待公司高层审核通过后就可以给你转账了”之类，其中的“公司会考虑”“待公司高层审核通过后”等语言表述都说明双方当时是在磋商过程中，而磋商过程并不是协议结论，即不能以磋商过程中的对话确定已达成支付经济补偿金的协议。比如，你到商场去买洗衣机，标价 2500 元一台，店员告知你，请示一下店长，店长同意的话，也可以 2100

元卖给你。这种情况下不能说你们双方就已经达成了该洗衣机2100元就卖的口头协议。当然，如果公司HR在谈话中明确说“公司已经同意支付你经济补偿金×××××元”，那还有视为达成口头协议的可能。

二是要看谈话对方的身份是否能代表公司。“表见代理”在公司法认定中属于较难的判断。通俗地说，就是与你谈话的人的职位或工作职责是否被劳动仲裁机构或人民法院认定为代表用人单位向你表态。如果只是你的上级业务主管，用人单位坚持称没有对该主管授权处理员工离职事宜，该主管作出的口头表述难以认定为代表用人单位。如果是用人单位的人力资源部门负责人，即使没有用人单位的授权，但从其部门工作职责以及个人职位来看，可能会认定为构成表见代理，即可以代表用人单位与你达成关于解除劳动合同事宜的口头协议。

所以，在用人单位要求你单方签署固定格式内容的《离职申请表》和双方签订《解除劳动合同协议》之时，应坚持先签订《解除劳动合同协议》，并在协议双方都签字盖章生效后再考虑是否填写用人单位要求的固定格式的离职申请。

常见圈套三：利用《离职审批表》《解除劳动合同协议》等文件让员工概括性放弃权利。员工以欠薪为由向用人单位提出了解除劳动合同，同时可能还存在带薪年休假未享受、提成奖金未结算完毕等事宜。但在办理离职手续时，财务部门在《离职审批表》或《解除劳动合同协议》中列明了你最后一个月工资的计算金额，其他应该有的经济补偿金、未休年休假工资、提成奖金等金额均未列入离职结算金额中，然后在该表下方打印有“本人确认，前述款项是双方于劳动关系存续期间的所有款项（包括但不限于工资、加班工资、奖金、经济补偿或赔偿金等）的结算，即双方之间因劳动关系产生的所有款项均已结清，公司不存在任何欠付事宜，本人承诺不再以任何方式向公司主张任何款项”等文字表述声明。然后让员工在“承诺人”处签名。员工如提出异议，公司一般会说“你那些奖金、补偿，会随最后一个月工资转给你，放心，公司不得亏待你”之类的安慰话语。然后，碍于面子的你，在这样的文件上签名确认了。然后，除了最后一个月工资，就没有然后了。当你向用人单位要求支付经济补偿、未休年休假工资等款项时，公司聘请的律师在仲裁庭或法庭上会说：民事权利是可以放弃的，张三作为完全民事行为能力人，在离职文件中已确认了文件载明的应付金额系所有权利义务的结算金额，并承诺了不再向公司主张任何款项，即使在协议签订前存在可能向其支付经济补偿的情形，但张三于协议签订时自愿予以放弃，故不应支持张三的请求。如果此时你没有有效的证据证明上述协议存在欺诈、胁迫或者乘人之危情形，该协议确认有效，你确实无法再向用人单位主张权利。回过头来想想，如果用人单位真心打算将应付的经济补偿、未休年休假工资、提成奖金等款项依法结算并支付给你，写在离职结算协议中又有何妨？作为劳动者想没想过，事出反常必有妖？如果公司要求你“放心，公司不得亏待你”，你也可以回复公司：不如你也放个心，我不选择仲裁或起诉你，前面的承诺就不用签名了。

笔者作为裁判人员，其实是很希望劳动者与用人单位双方在离职结算文件中将应付款项结算清楚，并确认所有款项已结清。这样即使发生支付上的争议，但基本事实还是很清楚的。所以，双方于离职文件中确认款项已结清没有问题，一方承诺不再向对方主张劳动关系存续期间的款项也并无不妥，毕竟将双方劳动关系存续期间的权利义务画个圆满的句号对双方都是有利的。但问题在于，双方在结算时一定要把应结算的项目结算清楚，不能“留尾巴”、不能“忽悠人”，不能在书面文件中确认均已结清，但一部分未结款项还停留在口头上，这样势必在之后引发纠纷，而且还是复杂的纠纷。作为劳动者，在离职签署文件时，一定要把前述那种**确认全部事项已结清的概括性承诺或概括性约定条款**认真读一遍，确认清楚后再签字。

4. 劳动者不清楚如何以欠薪为由向用人单位提出解除劳动合同。

首先，要明确一个概念，作为员工，即使在劳动合同期限内想与用人单位解除劳动合同（俗称离职），并不需要用人单位审批同意。《劳动合同法》第三十七条规定，劳动者提前30日以书面形式通知用人单位，可以解除劳动合同。劳动者在试用期内提前3日通知用人单位，可以解除劳动合同。通俗点说，你作为劳动者是相当自由的。除非你与用人单位签订有培训服务期协议，接受过用人单位出资的专业技术培训并通过协议约定了服务期限，否则你处于“想走就走”的状态。你只要按法律规定提前30天书面通知用人单位，**不需要用人单位审批同意**即可离职。

用人单位出现违法欠薪后，劳动者享有单方面的劳动合同解除权，且因用人单位存在欠薪的违法行为，该解除权不必提前30天通知。但如何书写书面通知？以什么方式向用人单位送达书面通知？劳动者也许并不是很清楚。笔者提供两份因用人单位欠薪而提出解除劳动合同的范本，供劳动者参考。

1. 如果用人单位欠薪行为恶劣，可以用“义正词严版”。

解除劳动合同通知书

□□□□公司：

本人□□于20□□年□□月□□日入职公司。自20□□年□□月起，公司未及时足额支付本人工资，公司未及时足额支付劳动报酬的行为至今已达□个月，已欠付本人劳动报酬□□□□元。依据《中华人民共和国劳动合同法》第三十八条之规定，现书面通知公司，自本通知送达之日，即解除双方的劳动合同。

请公司及时向本人支付欠付的工资□□□□元，并按照《劳动合同法》第四十六条、第四十七条之规定向本人支付解除劳动合同的经济补偿。若在十五日内未支付前述款项，本人将通过向劳动行政部门投诉、劳动仲裁以及诉讼等方式维护合法权益。

通知人：□□

20□□年□□月□□日

上述因欠薪的解除劳动合同通知书写明了欠薪金额，用于督促用人单位及时支付欠薪，还载明了用人单位应支付经济补偿金的法律依据及支付时限。

2. 如果用人单位的欠薪确系其经营困难，建议用“保持体面版”。

解除劳动合同通知书

□□□□公司：

本人于20□□年□□月□□日入职公司。入职以来，感恩公司的培养与信任，……但由于公司拖欠工资的情形已严重影响本人家庭生活，故本人不得不解除与公司的劳动合同。本人将认真完成离职交接，请公司尽快安排离职交接事宜。祝公司以后蒸蒸日上，再创辉煌。

员工：□□

20□□年□□月□□日

此版解除劳动合同通知书言词较为平缓，对公司表达了感恩和祝福的同时，也明确了本人被迫解除劳动合同的原因是公司拖欠工资影响生活。之所以没有载明欠付工资金额以及应支付经济补偿的内容，是因为为公司留有余地。如果公司在之后离职结算或离职交接中给予你一定的补偿或结算金额让你能够接受，你大可不必再向公司主张经济补偿。当然，之所以说留有余地，是因为选择权在劳动者一方，你离职之后要主张解除劳动合同的经济补偿金，该版解除劳动合同通知书也是可以支持你主张的核心证据。

此外，如何将上述书面《解除劳动合同通知书》送达给用人单位？劳动者要谨记，即使用人单位存在欠薪行为，书面解除通知要送达给用人单位才能产生法律效力。如何送达有效？如何送达才能有效保存好已完成送达的证据？其实劳动者要记住一个原则，即“**多管齐下**”，即通过多种方式向用人单位送达，如果发生纠纷，各种途径送达的证据也能相互印证。

送达方式之一：EMS邮寄送达。将上述《解除劳动合同通知书》打印或手写出来，签名后通过EMS邮寄给用人单位。邮寄时注意事项：

1. 邮寄地址以公司实际经营办公地址为准，如果公司的工商注册地址与实际经营办公地址不一致，建议两个地址各邮寄一份。原因在于：你只邮寄到实际经营办公地址时，有的公司会辩称，该地址不是公司的住所，公司的住所应以工商登记为准，所以不应认定为你已将解除劳动合同通知送达给了公司。你只邮寄到工商注册地址，有的公司又会辩称，公司早已不在工商登记的地址上办公，你作为员工是知晓的，故意邮寄到公司无法签收的工商注册地址，就是没有实际送达。所以，两个地址一起邮寄，完美。当然，大多数用人单位的工商注册地址与实际经营办公地址是一致的，这样邮寄一份即可。

2. 邮寄时在邮单上注明“解除劳动合同通知书”或“被迫解除劳动合同通知书”。

3. 邮寄后用人单位如果拒收被退回，收到退回的信件后，一定不能拆开。如果后续申请劳动仲裁或提起诉讼，在庭审举证时当庭拆开，可以印证邮件中的文件内容是劳动者以拖欠劳动报酬为由提出解除劳动合同。如果你将退回的邮件拆开了，则用人单位可能辩称：信封中的解除通知是你事后再放入的，而原来的通知并非以拖欠工资为由提出解除劳动合同。这样导致邮件中的文件证明力存在问题。

邮寄送达方式的好处是不用双方见面，且证据好留存。国家邮政部门的邮戳以及投递记录在证明邮寄日期、送达签收日期等方面具备很强的证据效力。同时，即使用人单位拒收，也不影响认定你已履行了以用人单位拖欠劳动报酬而送达书面解除劳动合同通知的行为。当然，你在邮寄时一定要认真检查公司名称、邮寄地址，确保填写准确。

送达方式之二：通过网络数据方式送达。比如，将解除劳动合同通知通过手机短信、微信、钉钉、QQ 等即时通讯软件发送给公司高级管理人员（如法定代表人、董事长、总经理等），或者通过电子邮件的方式发送到公司电子邮箱或公司高级管理人员的电子邮箱等。发生争议时，前述通知情况的截图，如手机短信截图、微信截图、钉钉截图、电子邮件截图等，均可以印证你向公司提交了书面解除劳动合同的通知。

也许劳动者会有疑问，不是说解除劳动合同的通知需要书面形式吗？微信、电子邮件没有纸质文件，不认定为书面形式怎么办？其实，以上通过电子网络方式送达解除劳动合同的通知，均可以视为书面形式。其理由在于：《民法典》第四百六十九条规定：当事人订立合同，可以采用书面形式、口头形式或者其他形式。书面形式是合同书、信件、电报、电传、传真等可以有形地表现所载内容的形式。以**电子数据交换、电子邮件等方式能够有形地表现所载内容，并可以随时调取查用的数据电文，视为书面形式**。以上通过短信、微信、QQ、钉钉、电子邮件等常见的电子数据交换方式送达的内容，除非双方都删除，否则都是可以随时查看的数据电文，均可以视为书面形式。当然，这类数据信息不要删除，一定要保存在数据系统中。

通过电子网络数据方式送达的好处也是双方不用见面，且送达方式简单便捷，保存证据也相对容易，是最为常见的送达方式。

送达方式之三：当面送达。这种方式简单直白，就是将前述

《解除劳动合同通知书》打印二份，直接当面交给公司管理人员或人力资源部门。为什么要打印提交二份，是因为其中一份作为回执，需要让收到你解除通知的部门或管理人员签字或盖章确认收到了你送达的解除劳动合同通知。否则，到时候如果因为经济补偿的争议进行仲裁或诉讼，用人单位否认收到过你送达的解除劳动合同通知，你怎么解释？你光是一再向仲裁庭或法庭陈述已将解除通知交给谁谁谁了，但证据呢？裁判中认定一项事实成立是需要证据证明的，不能仅凭单方的陈述来认定事实。还有，如果用人单位另行打印一份以“个人原因”而解除劳动合同的通知呢？你可能会想，这种打印文件上没有我的签名，那用人单位的代理人陈述，你交给我们的就是这样的打印件，你没有签名就交给公司了。那又怎么办？所以，当面送达首要解决证据留存的问题，就需要有对方签字或盖章确认收到你提交的解除劳动合同通知的回执作为证据。这也是当面送达的劣势，这种方式需要劳动者与用人单位都很理性、诚信。有的公司 HR 一看你的解除劳动合同通知上写明“因公司未及时足额支付劳动报酬”而解除劳动合同，知道你下一步就是要求公司支付经济补偿，就拒收或坚持不出回执，双方都容易陷入尴尬境地。

当然，实践中也见过劳动者中的“狠人”，手写一份因公司拖欠工资而被迫解除劳动合同的通知书后，全程录像进入公司人力资源部并提交给人力资源部负责人，双方还发生了言语上的不愉快。别问笔者怎么知道，因为员工将这种送达过程的视频作为证据提交了，笔者办案审核证据当然需要观看整段视频。

笔者一再强调，劳资双方在劳动关系建立时是相互欣赏的。在劳动关系的解除和终止时也应当保持平和、愉快。即使有争议纠纷，双方也应该理性地处理，所以这种当面送达的方式是一种办法，但不太适合在双方的矛盾已经较深的情况下使用。

第六节　欠薪、加付赔偿金、离职三者在实务中的BUG

前述内容讲解了欠薪的类型以及劳动者享有的要求用人单位因欠薪而支付加付赔偿金、解除劳动合同经济补偿金的权利。但在处理用人单位欠薪的实践中，一直存在一个BUG，造成劳动者的困扰。那就是用人单位存在欠薪时，劳动行政部门责令用人单位支付欠薪的程序启动难，即劳动行政部门很难对用人单位作出责令限期支付工资的指令。

按法律规定，对于用人单位的欠薪违法行为处理层次如表2－1所示。

表2－1　用人单位存在欠薪行为的处理层次

劳动者的应对	相关法律依据	相应法律后果
劳动者要求支付	《劳动法》第五十条 《劳动合同法》第三十条	用人单位及时支付工资
劳动者向劳动行政部门进行投诉	《劳动合同法》第八十五条 《劳动保障监察条例》第二十六条	劳动行政部门责令用人单位限期支付后，用人单位及时支付
		劳动保障行政部门责令用人单位限期支付后，用人单位仍不支付，则应向劳动者**加付赔偿金**

续表

劳动者的应对	相关法律依据	相应法律后果
劳动者被迫离职，申请仲裁要求用人单位支付欠付的工资、经济补偿、加付赔偿金	《劳动合同法》第八十五条 《最高人民法院关于审理劳动争议案件适用法律问题的解释（一）》第一条	裁决用人单位支付欠付的工资、加付赔偿金、经济补偿金

从表2－1可见，用人单位出现欠薪的违法行为后，其是否能及时纠正欠薪行为，对应的应承担的法律后果也不相同。

如果用人单位在劳动者投诉前或经劳动行政部门责令支付后及时补发了工资，则只需补发工资。

如果劳动行政部门接到投诉后责令用人单位限期支付工资，用人单位仍不支付，则面临的后果就不仅是补发欠付的工资了，还要按欠付金额加付50%—100%的赔偿金。

如果因用人单位欠薪迫使劳动者提出解除劳动合同，则还要向劳动者支付解除劳动合同的经济补偿金。

也即，从理论上讲，用人单位的违法欠薪行为拖欠的时间越长，所导致的后果就越严重。这也体现了“比例原则”，违法行为程度越重，所承担的赔偿责任越重。立法这种层层递进的方式，显得相当完美。

但是，理想很完美，现实很残酷。在实践中，劳动者因用人单位欠薪投诉到劳动行政部门后，劳动行政部门很难作出责令用人单位限期支付工资的指令，究其原因，主要有以下三点：

一是欠薪金额难以固定。你投诉到劳动行政部门，要求责令公司支付你欠付的金额23000元。公司称你某月有多少天旷工，某月请了多少天病假，某月绩效是 D 等次，……各种理由一叠加，只欠付你 2300 元。这样一来，你们双方对欠薪事实就产生了争议。劳动监察部门一般会说，双方就劳动报酬产生了争议，有争议就应该去申请劳动仲裁。一旦申请劳动仲裁，行政部门就不再向用人单位发出责令限期支付的指令。

二是劳动行政机关的责令行为作出后，行政机关面临行政诉讼且需等待较长的行政诉讼期间。《行政诉讼法》第四十六条第一款规定：公民、法人或者其他组织直接向人民法院提起诉讼的，应当自知道或者应当知道作出行政行为之日起 6 个月内提出。法律另有规定的除外。即使员工有证据证明用人单位欠薪的准确金额，劳动行政机关的责令行为也面临长达 6 个月的用人单位可提起行政诉讼的期间，此期间届满后，才能申请强制执行。而一旦用人单位对该责令行为申请行政复议或提起行政诉讼，将面临更长的期间才能申请执行。所以，对于劳动行政机关而言，责令支付行为一旦作出，劳动行政机关可能将面临行政复议或行政诉讼。而对于劳动者而言，劳动行政机关即使责令用人单位在 30 日内向你支付欠付的工资，但在用人单位仍不支付的情况下，如果要通过劳动行政机关申请法院强制执行，须等待 6 个月甚至更长的期间。而劳动者如果直接凭责令限期支付的文件申请仲裁或提起诉讼要求用人单位加付赔偿金，一旦用人单位就责令限期支付的行政行为提起行政诉讼，涉及工资和加付赔偿金的劳动仲裁或民事诉讼又要中止审理，等待行政诉讼的判决结果。因此，对于欠薪的行政责令支付程序以及用人单位经责令仍不履行的加付赔偿金，属于“看起来很好，用起来很难”的程序，这也许是立法者始料未及的。

三是劳动行政机关的工作力量不足。笔者了解到，部分地区的劳动行政机关的人手不足，在欠薪案件多的情形下，大量的欠薪案件被引导至劳动仲裁解决，对劳动仲裁裁决不服的，又进入民事诉讼程序解决。

基于以上种种原因，劳动行政机关对用人单位欠薪进行责令限期支付一直较少。这在实践中导致如下情形：员工由于难以通过投诉的方式让劳动行政机关对用人单位的欠薪进行责令期限支付，导致劳动者无法要求用人单位支付“经劳动行政部门责令限期支付仍不支付”的情况下应按欠付金额50%以上100%以下的标准加付的赔偿金，《劳动合同法》第八十五条的作用无法发挥。且由于主流的裁判观点认为，欠付工资又不计付利息。为什么欠付工资不计算利息？因为无论是《劳动法》第九十一条还是《劳动合同法》第八十五条，均明确了用人单位克扣或拖欠劳动者工资的法律后果，是由劳动行政部门责令限期支付劳动报酬，逾期仍不支付的，责令用人单位依法向劳动者加付赔偿金。由于劳动法律法规已明确规定了拖欠工资的前述法律后果，而该法律后果并非支付利息。且工资的性质属于劳动报酬而非借款，应受劳动法律法规的调整，而非按借贷关系产生的债权债务关系处理，故实践中，除非双方签署了工资支付协议，约定了逾期支付利息或逾期支付违约金等情形，一般对劳动者直接要求用人单位支付欠薪利息的主张不予支持。因此，欠薪与加付赔偿金之间的“BUG”很明显了。要知道，借钱逾期不还的利息怎么也不能高到100%，但欠薪就能要求用人单位加付100%的赔偿金。这样看似法律对欠薪行为给予了较重的处罚，如同在用人单位的欠薪行为头上悬了一把“利剑”，但没有想到这把剑非要“经劳动行政部门责令支付仍不支付”才能发动。又基于劳动行政部门很难作出行政责令支付的行为，导致该“利剑”锈在空中，早已无法对用人单位的违法欠薪行为形成规制。这种情况下，会出现两个方面的问题。

一是用人单位欠薪行为得不到惩罚。

按《劳动合同法》第八十五条的规定，用人单位欠薪，只要出现经劳动行政部门责令限期支付劳动报酬而仍不支付的，无论欠薪时间长短，都要面临加付50%—100%的赔偿金。这种加付比例从理论上讲，比支付利息高多了。试想，按银行贷款利息计，一年利息才4%—5%，而因欠薪加付赔偿金的最低比例为50%。为什么要加付如此之高比例的赔偿金？因为劳动报酬涉及劳动者的生存权，用人单位欠付劳动报酬的行为比商业主体之间欠付合同款项的行为所能导致的后果更为严重，对劳动报酬的保护肯定应该强于商业借款以及其他合同款项。之所以加上“劳动行政部门责令限期支付”。一方面是想通过行政责令程序督促用人单位尽快解决欠薪问题，使劳动者免于经过冗长的劳动仲裁及诉讼程序。另一方面，考虑到给用人单位一次自我纠正违法行为的机会。但由于实践中，通过劳动行政部门启动责令限期支付程序极其困难，导致在实际保护力度上，本应加强保护的劳动报酬反而比一般债权还差。用人单位欠付员工五万元工资，员工经过仲裁、一审、二审，历时近二年，总算生效判决出来了，也就判令用人单位支付员工工资五万元。用人单位根本不怕，大不了将本该在二年前支付给你的工资，现在支付给你就是了。相当于用人单位通过欠薪将这五万元钱用于二年时间的周转，也不用付任何利息。所以，由于“劳动行政部门责令限期支付”的启动难，导致欠薪行为难以用“加付赔偿金”予以惩罚，导致对用人单位欠薪行为的惩罚不足。

二是用人单位利用欠薪逼迫员工离职的情形时有出现。

有人也许会问，用人单位如果欠薪，劳动者依据《劳动合同法》第三十八条解除劳动合同，可以向用人单位主张解除劳动合同的经济补偿，这不就是对用人单位的惩罚吗？

其实，经济补偿金并非一种对用人单位的惩罚，而是一种用工成本，具有对劳动者劳动贡献补偿和社会保障的性质。

一种观点认为，经济补偿具有对劳动者为用人单位发展所做出的劳动贡献的补偿的性质，所以按劳动者的工资标准与工作年限来确定。工作年限越长，解除或终止劳动关系时得到的经济补偿越多。另一种观点认为，经济补偿具有社会保障的性质，因为劳动者在与上一用人单位解除劳动关系到入职下一用人单位，肯定会存在一定的“空档期”，通过用人单位按一定的计算方式向解除劳动关系的劳动者给付经济补偿金，来满足劳动者在失业与再次就业之间“空档期”的基本生存需求，故体现了社会保障功能。但无论哪种功能性质，都不是一种对用人单位过错行为的惩罚。

《劳动合同法》第四十四条规定：“有下列情形之一的，劳动合同终止：（一）劳动合同期满的；”《劳动合同法》第四十六条规定：“有下列情形之一的，用人单位应当向劳动者支付经济补偿：……（五）除用人单位维持或者提高劳动合同约定条件续订劳动合同，劳动者不同意续订的情形外，依照本法第四十四条第一项规定终止固定期限劳动合同的；”从前述法条可见，双方劳动合同因期满用人单位不愿意再续签而终止，用人单位也是需要支付终止劳动合同经济补偿的。而双方劳动合同因期满而终止，谈不上任何一方的过错，就是简单的合约到期，但用人单位在这种合约到期时不主动维持原标准续签，也是要支付经济补偿金的。也就是说，解除或终止劳动合同时应支付的经济补偿，并不需要以用人单位存在过错行为为前提。正因为如此，经济补偿制度，根本无法作为用人单位欠薪行为的规制手段，反而会成为用人单位"恶意"欠薪的成因。

举例说明：张三于2018年5月1日入职A公司，双方第一次签订了三年期劳动合同，合同于2021年5月1日到期后，双方又签订了五年期的劳动合同，即自2021年5月1日至2026年4月30日，并约定月工资为20000元。但A公司于2024年5月1日想辞退张三，但苦于找不到合法的解除劳动合同的事由。A公司为达到辞退张三的目的，自2024年1月起，以张三表现不好等为理由，减半发放张三的工资。张三多次申诉，A公司依然我行我素地单方面扣减张三的工资。直至2024年4月，A公司已累计扣发了张三40000元的工资。张三忍无可忍，向A公司提交了《被迫解除劳动合同通知书》，以A公司未及时足额支付劳动报酬为由解除了劳动合同。之后，张三通过仲裁、一审、二审近二年的时间，拿到了其被扣发的工资50000元及经济补偿金120000元。

乍一看，张三追回了工资并获得了经济补偿。但仔细一想，即使张三不通知解除劳动合同，双方劳动合同于2026年4月30日到期不续签的，A公司至少要向张三支付因合同到期不续签而终止劳动合同的经济补偿。为什么是"至少"？因为主流裁判观点认为，像案例中第二次固定期限劳动合同到期，若张三提出要求续签无固定期限劳动合同，但A公司不予续签坚持以第二次固定期限劳动合同期满而终止劳动合同的，属于违法终止，应当向张三支付违法终止劳动合同的赔偿金（即2N）。因此，从前述案例可见，A公司在双方劳动合同期间内，通过“恶意”欠薪，逼迫张三以公司欠薪为由提出解除劳动合同，达到了辞退张三的目的，也规避了二年后面临签订无固定期限劳动合同或支付违法终止劳动合同赔偿金的风险。而张三呢，被公司在劳动合同期限内通过欠薪受逼迫离职，在仲裁与诉讼中消耗了大量的时间与精力才拿回了本该属于自己的工资（还没有利息）以及本就应该在劳动合同期满终止时拿到的经济补偿金，显然有些得不偿失。

从上述案例可以看出，当前的劳动法规体系在劳动者的欠薪保护、加付赔偿金和劳动者因欠薪被迫离职的衔接上存在理论与实践的脱节。加付赔偿金制度本来是很好的规制用人单位欠薪违法行为的制度，但因为适用条件上加上“经劳动行政部门责令限期支付仍不支付”的情形，导致加付赔偿金制度难以适用。加之《劳动合同法》第三十八条的规定，将用人单位违法行为导致劳动者提出解除劳动合同的后果规定为仅支付经济补偿金。因而，实践中劳动者面临欠薪时的保护力度不足，甚至弱于普通债权。

当然，可能有员工提出，不是有“拒不支付劳动报酬罪”吗，用人单位这样欠薪应该入罪。值得注意的是，拒不支付劳动报酬罪的入罪条件是“以转移财产、逃匿等方法逃避支付劳动者的劳动报酬或者有能力支付而不支付劳动者的劳动报酬，数额较大，经政府有关部门责令支付仍不支付的”，也即，所谓“欠薪”入罪也是有“经政府有关部门责令支付仍不支付”的适用条件，用人单位经责令后及时支付了劳动报酬并不入罪。在实践中，用人单位的欠薪究竟是因为资金周转困难还是为了逼迫员工离职，很难查清，甚至两种原因均有。所以，欠薪可以入罪但非常慎重，不能轻易入罪。对于劳动者来讲，通过民事责任的方式规制欠薪行为更为有效。因此，笔者个人认为，该部分法条有修改完善的必要。其完善方式有两条可行之路径。

一种途径是将欠薪加付赔偿金的适用条件简化，不再与劳动行政部门的行为进行捆绑，改变以往劳动行政部门不介入劳动者就不能主张加付赔偿金的弊端。比如，可以将《劳动合同法》第八十五条修改为："用人单位有下列情形之一的，**由劳动行政部门责令限期**支付劳动报酬、加班费或者经济补偿；劳动报酬低于当地最低工资标准的，应当支付其差额部分；**经劳动行政部门责令限期支付或经劳动者本人催告支付仍**逾期不支付的，用人单位**应按**应付金额百分之五十以上百分之一百以下的标准向劳动者加付赔偿金：……"

另一种途径是将用人单位违法行为迫使劳动者提出解除劳动合同的法律后果规定为相当于违法解除（终止）劳动合同的赔偿金。如前所述，解除（终止）劳动合同的经济补偿本身具有劳动贡献补偿和社会保障的性质，而违法解除（终止）劳动合同的赔偿金才具有惩罚性质。如果用人单位违法解除劳动合同将面临支付赔偿金（2N）的后果，而用人单位通过违法行为逼迫劳动者提出解除劳动合同则仅需支付经济补偿金（N），必然导致有的用人单位需要在劳动合同期限内单方面解雇员工时干脆选择通过违法行为"逼迫"员工离职（逼迫员工提出解除劳动合同）。而最常用的逼迫方式就是"欠薪""不缴纳社保"这样直接的方式。这样一来，既达到了解雇员工的目的，还仅需向员工支付员工本就应该在劳动合同期满不续签时得到的经济补偿。只有将用人单位以违法行为逼迫劳动者解除劳动合同的后果与违法解除劳动合同的后果相当，才能对欠薪等违法行为进行制约。比如，可以将《劳动合同法》第四十六条第一项删除，并将《劳动合同法》第八十七条修改为：用人单位违反本法规定解除或者终止劳动合同或劳动者依照本法第三十八条规定解除劳动合同的，用人单位应当依照本法第四十七条规定的经济补偿标准的二倍向劳动者支付赔偿金。

当然，用人单位通过“恶意”欠薪等违法方式逼迫劳动者离职的情形并不算多，只属于个别情形。如果全体员工都出现缓发、减发薪酬，大概率是因为用人单位资金问题或经营问题。一般而言，只有针对个人的故意欠薪才有逼迫员工离职的可能。那么，在法律法规没有修改之前，劳动者面对此种情形只能处于被动地位吗？

笔者认为，若你作为劳动者，遇到用人单位通过欠薪、停缴社会保险等违法方法逼迫你离职的，你可以采取“以彼之道，还施彼身”的应对方法。具体来讲就是“二个坚持、一个全面”。

一是坚持不主动提出离职。如果你发现用人单位仅针对你个人进行欠薪或停缴社会保险，不要轻易提出解除劳动合同，你需要评估用人单位是否存在逼迫你离职的故意。如果有，坚持不主动提出解除劳动合同。劳动者一方要明白，投诉举报劳动违法行为、申请劳动仲裁，甚至是进行诉讼，都不需要你与用人单位解除劳动合同为前提。在用人单位通过违法行为逼迫你离职的情形下，本质上是比哪一方更“沉得住气”。劳动者一方沉不住气，被迫离职了，用人单位支付经济补偿金达到了无合法事由解雇员工的目的。用人单位一方沉不住气，见逼迫不成直接解雇，其将付出支付违法解除劳动合同的赔偿金。

二是坚持向劳动行政机关投诉。在这种情形下，劳动者要认真遵守好劳动纪律，按时打卡上班，在上班的同时，坚持向劳动行政部门投诉欠薪、向社保征缴机关投诉欠缴社保。总之一句话：一如既往地工作，坚持不懈地投诉。如果劳动行政部门不予责令，你可以以劳动行政部门不作为提起行政诉讼，也可以保持在职状态就欠薪问题申请劳动仲裁。

三是全面举证证明用人单位存在以违法方式逼迫员工离职的行为。用人单位坚持不作出解雇员工的意思表示，而是以各种手段逼迫员工离职的，本质上是因为用人单位在劳动合同期限内找不到单方面解除劳动合同的事由，但又想避免支付违法解除的赔偿金。笔者在实务中也注意到这种情形开始变多，明显损害劳动者的利益。**现在也有不少判例将用人单位单方面解除劳动合同的行为不再局限于作出书面解除通知，而是将用人单位明显逼迫劳动者离职的行为视为用人单位单方面违法解除劳动合同的行为，可以裁判用人单位支付赔偿金。**当然，这种情况一方面需要劳动者全面举证证明用人单位存在诸如踢出工作群、禁用系统、删除考勤、停发工资、停缴社保等多种方法阻止劳动者继续履行劳动合同的行为；另一方面需要劳动者沉住气，不能一气之下迅速提出离职。也即，如果用人单位出现前述行为逼迫你无法履行劳动合同，如果你不甘心被迫以劳动者不提供劳动条件为由提出离职，可以先不提出离职，坚持上班，打不了卡就拍照取证考勤，不断收集用人单位踢出工作群、禁用系统、删除考勤的证据，直至用人单位单方面停发工资、停缴社保之后，以用人单位的实际行为表明其不再履行劳动合同，双方的劳动合同无法继续履行，由此可认定该用人单位的上述实际行为就是单方面作出解除劳动合同的行为，劳动者可以此为由要求用人单位支付违法解除劳动合同的赔偿金。

第七节 劳动者追索欠薪的技巧

一、尽快取得有保障的工资欠条

劳动者被欠薪后，要做的第一件事是尽快就欠付的工资金额进行确认，形成书面的工资欠条。其实这对双方都是一件好事。很多时候，一个简单的欠薪案件，双方对欠薪事实无争议，但就欠薪金额一直“扯皮”。特别是时间较久的欠薪，由于当时没有及时确认欠薪金额，等双方因欠薪事实进行劳动仲裁或进入诉讼后，往往离欠薪的月份已有一年之久。由于双方没有书面证据，全凭记忆互相指责对方计算的欠薪金额是错误的。这种情况在欠薪案件中屡见不鲜。一会儿用人单位认为这个月有未出勤的天数，应扣减全勤奖。那个月绩效是B，不能算全额绩效。一会儿劳动者又认为这个月还有提成未计入，那个月的奖金算少了。

一般而言，当月是否存在考勤问题，是否应得奖金提成，双方在当月都十分清楚，结算也十分容易，反而隔上一段时间后，靠回忆来重新结算几个月前或一两年前的欠薪金额，很容易出现双方结算不一致的情形。

所以，最好的办法是当月欠薪当月完成书面确认。比如，自

2024 年 3 月起，公司开始拖欠你的工资，你也暂时表示理解公司，愿意等公司资金回款后再支付。但公司的人事部门或财务部门至少应在 2024 年 4 月初与你核对清楚 2024 年 3 月的欠薪金额并出具工资欠条，双方通过书面形式固定好欠薪金额，确保双方之后免于就欠薪金额问题又产生矛盾。同样，2024 年 5 月初结算确认 2024 年 4 月欠薪金额。这样逐月结算确认，**对劳动者而言有保障，对用人单位而言有台账**，待用人单位资金问题解决后再按逐月结算清楚欠薪金额补发工资，就不会产生纠纷。

那么，作为劳动者一方，在用人单位出现欠薪的情况下，如何更好地保障自己的欠薪最终能得到支付？毕竟有的用人单位经营情况一直恶化，也许欠着欠着，最终就无能力支付欠薪了。劳动者有这个担心可以理解。劳动者靠工资生活，每一分工资都是劳动者辛苦工作后应得之报酬，所以欠薪不可怕，可怕的是公司停业破产无法再清偿。所以，劳动者应该知晓如何保障自己的劳动报酬能得到支付。

关于增加欠薪支付保障的问题，先看以下案例。

最高人民法院作出的（2021）最高法民申 7409 号《民事裁定书》体现的裁判要旨是：自然人（同时系债务人的法定代表人）向债权人出具承诺书，载明："……我愿承担还款责任。"承诺书落款处除有该自然人签名外，并加盖其担任法定代表人的企业公章。从承诺书的内容及其字面语义看，其上所载明的还款主体"我"应为该自然人本人，而非企业。该自然人虽主张其作为企业法定代表人在承诺书上签字，属于履行职务行为，承诺及还款的主体应为企业，但并未提交充分证据加以证明，不予采纳。据此，该自然人构成债务加入，应承担连带还款责任。

上述案例可见，用人单位欠付劳动者工资或其他款项的，用人单位的法定代表人、实际控制人、股东如果在工资欠条上以个人身份承诺愿意承担支付责任的，属于债的加入行为。作出承诺的法定代表人、实际控制人、股东应与用人单位连带支付劳动者欠付的工资。换言之，如果用人单位的法定代表人、实际控制人、股东愿意加入欠薪债务的承担责任之中，不管用人单位的资产是否足以支付欠薪，劳动者都可以要求作出承诺的法定代表人、实际控制人、股东等自然人与用人单位共同承担欠薪的支付责任。相当于劳动者在追索被拖欠的劳动报酬时，多了一重保障。

［**维权参考**］

综上所述，劳动者在与用人单位签署“工资支付协议”或者用人单位向劳动者出具“工资欠条”“工资支付承诺函”等结算确认欠薪金额的书面材料时，劳动者可以要求用人单位的法定代表人、实际控制人、股东等高级管理人员在确认欠薪金额的书面材料中加入以下条款：本人×××作为×××公司的法定代表人/实际控制人/股东，愿意就×××公司欠付×××的上述劳动报酬/全部款项承担支付责任。

二、慎用支付令的方式追讨欠薪

［**相关法条**］

《中华人民共和国劳动合同法》

第三十条：用人单位应当按照劳动合同约定和国家规定，向劳动者及时足额支付劳动报酬。用人单位拖欠或者未足额支付劳动报酬的，劳动者可以依法向当地人民法院申请支付令，人民法院应当依法发出支付令。

《中华人民共和国民事诉讼法》

第二百二十五条：债权人请求债务人给付金钱、有价证券，符合下列条件的，可以向有管辖权的基层人民法院申请支付令：（一）债权人与债务人没有其他债务纠纷的；（二）支付令能够送达债务人的。申请书应当写明请求给付金钱或者有价证券的数量和所根据的事实、证据。

第二百二十八条第一款：人民法院收到债务人提出的书面异议后，经审查，异议成立的，应当裁定终结督促程序，支付令自行失效。

《最高人民法院关于适用〈中华人民共和国民事诉讼法〉的解释》

第四百二十七条：债权人申请支付令，符合下列条件的，基层人民法院应当受理，并在收到支付令申请书后五日内通知债权人：（一）请求给付金钱或者汇票、本票、支票、股票、债券、国库券、可转让的存款单等有价证券；（二）请求给付的金钱或者有价证券已到期且数额确定，并写明了请求所根据的事实、证据；（三）债权人没有对待给付义务；（四）债务人在我国境内且未下落不明；（五）支付令能够送达债务人；（六）收到申请书的人民法院有管辖权；（七）债权人未向人民法院申请诉前保全。不符合前款规定的，人民法院应当在收到支付令申请书后五日内通知债权人不予受理。基层人民法院受理申请支付令案件，不受债权金额的限制。

第四百三十条：有下列情形之一的，人民法院应当裁定终结督促程序，已发出支付令的，支付令自行失效：（一）人民法院受理支付令申请后，债权人就同一债权债务关系又提起诉讼的；（二）人民法院发出支付令之日起三十日内无法送达债务人的；（三）债务人收到支付令前，债权人撤回申请的。

第四百三十六条第一款：债务人对债务本身没有异议，只是提出缺乏清偿能力、延缓债务清偿期限、变更债务清偿方式等异议的，不影响支付令的效力。

［**通俗解读**］

申请支付令，即民事诉讼中的督促程序，即由人民法院督促债务人向债权人支付欠付的债务。确实，《劳动合同法》第三十条第二款明确了用人单位出现欠薪时，劳动可以直接向人民法院申请支付令。有些劳动者遭遇用人单位欠薪时，会持工资欠条或解除劳动合同协议直接向人民法院申请支付令。笔者也问过不少申请支付令的劳动者，为什么会想通过支付令追索工资？有的劳动者回答是因公司欠薪，自己在网上搜索才知道可以申请支付令。有的劳动者回答是学法律的朋友告知可以申请支付令。

从理论上讲，劳动者手持用人单位欠付工资的凭证，通过申请支付令，由人民法院向用人单位发出支付令，督促用人单位支付欠付的工资，且支付令生效后，用人单位仍不支付的，劳动者可以申请强制执行。从前述流程来看，通过支付令追索劳动报酬，似乎比劳动仲裁和诉讼程序更方便快捷。虽然理论如此，但实则不然。可以说，看似简单的支付令，从达到受理条件到最终生效，面临重重困难。

首先，说说劳动者申请支付令至少须具备的几个条件。

一是如劳动者请求用人单位给付欠付的劳动报酬，须请求给付的劳动报酬已到期且数额确定。这个条件是指，劳动者手里有用人单位盖章或签字确认的工资欠条、欠薪证明、工资支付协议等能够确定用人单位欠付劳动者具体劳动报酬数额的证据。

二是劳动者与用人单位没有其他债务纠纷且劳动者没有对待给付义务。这个条件是指，劳动者作为申请人，没有因为向用人单位借支款项未完成销账等欠付用人单位钱款的情形。

三是用人单位在我国境内未下落不明，且支付令能够送达用人单位。这个条件很重要，就是要求用人单位在中国境内，且能够送达。在实践中，有的用人单位在欠薪后，老板已跑路，公司也人去楼空，根本无法送达支付令，但劳动者一方却坚持申请支付令。这种情况下，支付令明显难以生效。如果在劳动仲裁或诉讼程序中，即使用人单位下落不明，无法达达，还可以通过公告送达来继续推进仲裁程序或诉讼程序。但支付令是不能通过公告送达的，其要求就是“支付令能够送达债务人”。所以支付令送达的标准较高。

达到以上条件，也只是达到了人民法院受理你所申请的支付令的条件。人民法院受理支付令申请后，会依法向用人单位发出支付令，督促用人单位及时支付欠薪。但你以为这就完事了？不是的，离支付令生效还困难重重呢。

其次，说说关于发出的支付令能否生效的几个问题。

一是支付令发出之日起 30 日内无法送达债务人的，支付令自行失效。

可能有劳动者问，立案时经审查都达到“能够送达债务人”的标准，怎么之后又会出现无法送达债务人而失效。立案时，只是形式审查，能不能真正送达到，要去送了才知道。

比如，公司老板跑路了，但公司的工商登记还在存续中，法院经审查公司主体还在，也不能在立案时就以“支付令不能够送达债务人”而不予受理。如果法院这样做，劳动者可能会说，你送都不去送，怎么知道送达不了？所以还得受理，但受理之后去送达支付令，发现公司经营场所早已人去楼空，根本无法送达。

再比如，你因欠薪离职时，公司还在经营中。当你申请支付令，待法院发出支付令之后，发现公司没有正常经营了，法定代表人也联系不上，也难以完成送达。

所以，支付令生效的第一个难关，就是要送达成功。

二是用人单位一旦提出有效的书面异议，支付令也会失效。

什么是有效的书面异议，就是对欠薪本身提出异议，而不是对支付能力、支付期限、支付方式方面提出异议。比如，用人单位收到支付令后，通过书面形式向法院提出异议：

（1）欠薪是欠了这么多，但我司资金困难无力支付！

（2）欠薪一时解决不了，分期支付才行！

（3）我司的资金不足以付清工资，用仓库里的水果抵欠薪行不？

以上异议，其实都是对欠薪本身没有异议，只是在无力支付、支付方式期限方面提出异议，这种异议其实并不否定欠薪事实，故不能成立。

但实际上部分用人单位很能“拖”，提出的异议往往是这样的：

（1）这个员工还借支了公司的款项未结算，应予抵扣，故不同意支付。

（2）工资结算金额不对，提成工资的支付条件还未达到。

（3）这个员工在职期间造成了公司的损失尚未赔偿，员工应承担的损失已超过欠薪金额。

（4）员工手里的工资欠条是他个人偷盖公司的印章，并不真实。

……

以上这种就是常见的有效异议，这类异议的本质是对欠付薪酬的债务本身提出异议，或提出员工还负有对等的赔偿支付义务等情形。

一旦出现此类有效异议，法院只能裁定终结督促程序，支付令自行失效。有劳动者提出，用人单位的这些异议没有有效证据证明，为什么要理它？不理它就行了。其实不行，因为支付令程序只是督促程序而非审理程序。对双方出现争议的事实，只能通过审理程序来处理，而不能在支付令程序中进行审理。再说，用人单位对债务本身提出的异议，证据是否充足，也只有通过举证质证、相互辩论等审理程序才能作出判断，这也是确保公正的程序要求。

由于支付令的受理费是诉讼案件的三分之一，而用人单位提出的异议不成立的后果无非是由其承担并不多的支付令申请费用而已。总结起来，支付令的规则其实只适合确保能送达且诚信度高的用人单位。如果经评估难以送达或送达后用人单位会利用书面异议程序导致支付令失效，还是要慎重启动支付令程序，因为支付令失效后，还是面临又去申请仲裁或提起诉讼的问题。

三、利用“工资欠条”直接追索劳动报酬

［**相关法条**］

《最高人民法院关于审理劳动争议案件适用法律问题的解释（一）》

第十五条：劳动者以用人单位的工资欠条为证据直接提起诉讼，诉讼请求不涉及劳动关系其他争议的，视为拖欠劳动报酬争议，人民法院按照普通民事纠纷受理。

［**通俗解读**］

最高人民法院民事审判第一庭编著的《最高人民法院新劳动争议司法解释（一）理解与适用》一书中关于该条的释义中载明：本条规定的工资欠条，是指用人单位向劳动者出具的用人单位拖欠劳动者多少工资的书面证据。不一定非得有“欠条”二字。只要该书面证据的实质内容是用人单位欠劳动者多少工资，就足以认定是工资欠条。

从最高人民法院对该条的释义来看，所谓“工资欠条”并不是指形式上一定名为“工资欠条”的欠条，而是指用人单位向劳动者出具的能够印证用人单位欠付劳动者多少工资的书面证据。

比如，员工在职期间被用人单位拖欠工资的，用人单位开具给员工的欠条、欠薪证明、欠薪结算表、工资表（载明应付未付工资金额）等书面材料。

再比如，员工离职时，用人单位与员工共同签署的《解除劳动合同协议书》，协议中对用人单位欠付员工的劳动报酬进行了确认，也视为“工资欠条”。

还比如，员工离职后，用人单位向员工出具的《工资支付承诺函》《离职确认函》《离职交接表》等书面材料中确认用人单位拖欠员工多少工资的书面证据，都可以视为“工资欠条”。

［**维权提示**］

首先，劳动者要主动要求用人单位出具工资欠条。

用人单位如果出现欠薪，无论是直接没有发放当月工资还是只发放了部分工资而欠付部分工资，作为劳动者，最好请用人单位按月或间隔二至三月向你出具一张合格的“工资欠条”，对欠付你的工资进行确认。此举对双方都有好处，对于劳动者而言，好处有三个方面。

1. 对用人单位是“欠薪”还是“赖薪”进行识别。你向用人单位要求出具工资欠条，如果用人单位未足额发放你的工资，连工资欠条都不愿意出，基本可以认定用人单位是不想“认账”了。试想，如果你只是因为资金周转问题暂时欠付员工工资，怎么会连及时确认欠付工资金额的工资欠条都不愿意出具？

2. 通过工资欠条可以及时固定欠薪金额。当前，大多数员工的工资构成中都包含提成、绩效、补贴等可能每月存在金额浮动的项目，导致员工可能每个月的工资金额都有一定幅度的变化。而通过工资欠条固定工资金额相当重要，如果不及时固定，过了几个月，甚至一年后在仲裁或诉讼中，双方对一年前的工资金额各执一词，必然导致双方举证责任加重，仲裁或法院审理起来也比较复杂，仲裁或诉讼作出裁/判决的时间也相应拉长。

顺便说一下，如果没有及时确定当月工资金额或欠薪金额，双方又因劳动合同对工资标准约定不明或虚假约定，导致双方对欠薪金额产生争议，劳动仲裁机构与人民法院通常会采取三种方式确认欠薪。

一是平均工资计算法（最稳妥的方法）。

此种方法是在双方没有劳动合同约定工资标准，或发现劳动合同约定的工资标准是虚假的，并非员工真实的薪酬标准时使用。方法是将用人单位出现欠薪当月之前12个月（不足12个月按实际足月的月份计算）的月实发工资进行平均计算，用该月平均实发工资作为之后欠薪月份的计算标准。

举例说明：

张三于2023年2月19日入职A公司，招聘时A公司向张三明确月薪是10000元。双方签订劳动合同时，A公司提出出于薪酬保密的要求，不能在劳动合同中写明真实的工资标准，故在劳动合同中填写的月工资为3500元。自张三入职起，A公司于2024年2月1日前都正常按月向张三发放工资，双方对此期间的工资发放也无异议。

过了2024年春节，A公司资金链紧张，于2024年3月5日发放2024年2月工资时公司告知张三，自2024年2月起，每月只向张三固定发放3000元工资，其余工资待公司资金情形好转后再补发，要求张三与公司同甘共苦。就这样，张三一直干到2024年6月30日，因感觉A公司的经营一直无好转，张三被迫与A公司解除了劳动合同。由于A公司在离职时仍不向张三结清欠付的工资。张三申请了劳动仲裁。

在劳动仲裁中，A公司陈述，张三自2024年2月起，工作懈怠，业务很差，所以A公司在扣缴社保后向张三每月实发3000元是足额的。张三则陈述，劳动合同中约定的工资金额是虚假的，从其入职当月至2024年2月之间每月实际发放的工资金额就可以看出来，双方约定的月工资并不是3500元。

劳动仲裁机构经审理发现，自张三于2023年2月19日入职后，A公司都按月工资10000元的标准计薪，在扣除社保个人缴纳部分和个人所得税后，自2023年3月至2024年1月期间公司每月向张三实际发放的工资在8700元至9200元之间浮动。按A公司于2023年3月至2024年1月的实发工资进行平均计算，张三的月实发平均工资为9010.5元。按此标准计算，张三于2024年2月至6月期间的实发工资总额为45052.5元（9010.5元/月×5个月）。扣减A公司按每月3000元的标准于2024年2月至6月已发放的15000元（3000元/月×5个月），A公司还欠付张三工资30052.5元（45052.5元－15000元）。

前述案例，就是采用的“平均工资计算法”。为什么说这种计算方式最为稳妥呢，因为对于绩效浮动的员工，绩效可能在某个月很高，在某个月很低，你以其中任何一个月的工资标准来计算有争议的月份工资，都可能有失偏颇。但一个员工在一个较长的时间段内，他的月平均工资可以说是最为接近其真实工资标准的参照。为什么要用实发平均工资？因为实发工资是扣减了社保个人缴纳部分和个税而发给劳动者的“到手工资”。一般而言，仲裁裁决或民事判决所裁判的因用人单位欠薪所造成有争议的月份工资也是指“实发工资”，强制执行仲裁生效文书或生效民事判决时，执行机关会直接按裁决书或判决书中写明应支付的欠付工资金额进行执行，而不会再从判决的工资中扣减当月社保、公积金之类的扣缴项。当然，如果用人单位在欠薪的月份里，连社保、公积金都停缴了，那么用应发平均工资作为计算标准则也并无不妥。

所以，如果你作为劳动者，用人单位欠薪后，没有出具书面欠条明确欠薪金额，你在仲裁或起诉时，可以制作好《欠薪前月平均工资计算表》，将欠薪前正常发放工资月份的工资整理出来并计算出月平均工资，供仲裁庭或法庭参考。另外，还应在前述计算表后面附上工资发放的银行转账记录，将每月工资标注出来，仲裁庭与法庭能更快地进行审核。

二是举证责任倒置法（最方便的办法）。

此种方式适用于确实存在欠薪事实，但用人单位发放工资十分混乱的情形。比如有时通过现金方式发工资、有时通过银行转账发工资，还有的通过公司股东、财务人员的个人账户发放工资，导致员工正常发放期间的工资无法有效统计，欠薪期间的欠薪金额也无法确定。通俗地讲，就是理不清的一团“乱账”。这种情况下，仲裁庭或法庭很大可能将欠薪金额的举证责任完全分配给用人单位，即劳动者主张用人单位欠薪多少，由用人单位来承担证明究竟欠薪多少的责任，如果用人单位无有效证据证明，则承担举证不能的责任，最终采纳劳动者主张的欠薪金额。

这种认定方式的依据在于，《工资支付暂行规定》第六条规定：用人单位应将工资支付给劳动者本人。劳动者本人因故不能领取工资时，可由其亲属或委托他人代领。用人单位可委托银行代发工资。用人单位**必须书面记录支付劳动者工资的数额**、时间、领取者的姓名以及**签字，并保存两年以上备查**。用人单位在支付工资时应向劳动者提供一份其个人的工资清单。从前述法条可见，用人单位无论是通过现金方式还是转账方式，再或者委托其他公司或个人给劳动者发放工资，都必须书面记录支付劳动者工资的数额、时间、领取者的姓名以及签字，并保存两年以上备查。也就是说，在发放工资的事情上，用人单位有义务（法条用词为“必须”）书面记录工资发放情况并让劳动者签字确认。换言之，常见的用于记录劳动者每月工资的工资表，其实都应让劳动者签字确认，且这样有劳动者签字确认的工资表要保存两年以上备查。

但在实践中，不少用人单位都没有严格按这样的要求来落实工资书面记录制度。试想，用人单位的管理人员每月制作详细的工资表，将劳动者每月的工资标准以及扣减社保、个税等合法扣缴项目后的实发工资记录在表上，再让劳动者在自己的签字栏内签字确认。凭这样的工资表，即使发生纠纷，劳动监察、劳动仲裁、人民法院都可以很快查明劳动者的月工资标准、每月的实发工资金额，甚至是工资结构，这样可以避免不必要的纠纷。而用人单位在法规明确规定“必须书面记录支付劳动者工资的数额、时间、领取者的姓名以及签字”的情况下，仍不形成合法的书面工资发放记录，且发放工资十分混乱，导致无法核算劳动者的欠薪金额的，就应当由用人单位承担举证不利的后果，即直接采信劳动者一方提出的欠薪金额。

劳动者在这个问题上还要注意的是，有些用人单位于劳动者在职期间，没有依法通过书面形式记录工资数额，在双方发生纠纷后的仲裁期间或诉讼期间，用人单位又自行做一份所谓的“工资表”，然后称这就是书面工资记录。往往在这样的工资表中，会留下这样的“伏笔”：

比如，本来张三真实的工资表如下：

姓名	基本工资	岗位工资	应发合计	社保扣除	个税扣除	实发工资	签字栏
张三	6000	4000	10000	1500	350	8150	

但用人单位补交的工资表是这样的：

姓名	基本工资	加班工资	应发合计	社保扣除	个税扣除	实发工资	备注
张三	6000	4000	10000	1500	350	8150	

本来按前述《工资支付暂行规定》第六条之规定，用人单位必须书面记录支付劳动者工资的数额、时间、领取者的姓名以及签字，即书面工资记录不仅要记录劳动者的姓名、工资的数额、领取的时间，还需要劳动者签字确认。如果没有劳动者签字，这个工资记录只要有电脑和打印机，谁想做都能做，想做成什么样就什么样，这种可单方制作修改的打印件，在劳动者否认的情况下是不应具备证据效力的。

但问题容易出在哪儿呢？有的用人单位把自己事后做的工资条作为证据提交后，劳动者乍一看，反正工资表上的实发工资金额与银行转账发放的工资金额是一样的，就稀里糊涂地认可了。当然，如果劳动者经审核后，从工资构成、工资金额到发放时间确实都准确无误，劳动者还是应当予以认可，因为真实有效的工资发放记录，对仲裁庭或法庭迅速查明事实、作出裁判十分有用。

但这种不真实的工资条，由于劳动者没注意到用人单位已经将工资构成给变更了，而直接认可了，会造成事实难以查明，且劳动者权益受损。试想，张三入职时用人单位明确的工资为10000元/月，即基本工资6000元+岗位工资4000元。结果之后张三认可的工资表写的当月应发工资10000元系“基本工资

6000 元 + 加班工资 4000 元”。一旦张三认可了这个工资表，用人单位会称：虽然工资表上没有及时形成张三的签名，但张三已认可该工资表，而该工资表载明了 2024 年 1 月工资 10000 元的工资构成系“基本工资 6000 元 + 加班工资 4000 元”，而自 2024 年 2 月起，张三并没有加班了，张三也没有证据证明其加班了，所以本公司自 2024 年 2 月按 6000 元/月发放工资，并没有拖欠工资。

看到没，只需在工资结构上做点小调整，就可以将欠薪论证为不欠薪。劳动者在这种情况下要明白的是：书面记录工资的材料，如工资表、工资发放记录，都是要劳动者签字确认的。用人单位在当时没有让你完成签字确认，却在事后补做工资发放记录，劳动者一定要认真审核，不能光看工资总额或实发工资金额能对得上，就急于认可。劳动者要注意的是：如果发现你没有签字的工资表上存在工资构成不符的情形，你可以在质证时提出：《工资支付暂行规定》第六条规定，用人单位必须书面记录员工工资的金额和发放时间，并由员工签字确认。公司提交的该工资表系事后单方面制作形成，并无劳动者本人的签字确认，不具有证明力，且其中的工资结构及金额与事实不符，故劳动者本人对该证据的真实性、合法性、关联性均不予认可。

当然，这种方法本质上是对用人单位工资发放混乱且不依法形成工资支付记录的惩罚，同时也需要劳动者主张的工资金额与其同岗位、同行业的工资标准差不多，让仲裁员、法官内心相信这个劳动者主张的工资标准“靠谱”，不是趁用人单位工资管理混乱之际，狮子大开口地提出一个虚高的欠付工资金额。如果劳动者主张的工资金额过于“离谱”还因举证责任倒置而直接被采信，也会有违公平公正。故，如果劳动者主张的工资过高，即使无法查明真实的工资标准，裁判人员不会轻易启动举证责任倒置法，很可能会启动解决工资争议的“保底功夫”，即社平工资计算法。

三是社平工资计算法（保底的计算法）。

此种方式是在平均工资计算法、举证责任倒置法均无法适用时，裁判人员作为“保底功夫”的计算法。比如，劳动者自入职起就被拖欠工资，双方又没有劳动合同或劳动合同中没有明确约定工资。你用平均工资计算法吧，这员工自入职起没有一个月工资是正常足额发放了的。你说用举证责任倒置法吧，这员工随口报一个工资标准，明显感觉过高。这种情况下，最公平的办法是参照当地统计局发布的当地同行业的职工月平均工资来作为该员工的工资标准。

以上三种方法其实都是比较麻烦的办法，也是在无劳动合同确认真实工资标准，无工资欠条确认欠薪金额时解决双方争议的办法。由此可见，双方约定真实的工资标准或者在欠薪时及时通过书面工资欠条的方式对欠薪金额进行确认是多么的重要！是多么的省事！是多么的诚信！

所以，无论是劳动者还是用人单位，都要有一种意识，及时通过工资欠条确认欠薪，对双方都有好处。对劳动者的好处，更多的是省事，免去各种复杂的计算方法和争议解决程序。对用人单位的好处，更多的是省钱，因为以上的举证责任倒置法、社平工资计算法，基本上是用人单位在工资金额上吃亏。

其次，通过工资欠条直接起诉的注意事项。

劳动者持有了“工资欠条”，维权可以更为快捷，主要是因为《最高人民法院关于审理劳动争议案件适用法律问题的解释（一）》第十五条规定，劳动者以用人单位的工资欠条为证据直接提起诉讼，诉讼请求不涉及劳动关系其他争议的，视为拖欠劳动报酬争议，人民法院按照普通民事纠纷受理。也就是说，劳动者持有“工资欠条”追索欠付的劳动报酬，可以不经过劳动仲裁前置程序，直接向人民法院起诉。而且这种案件一般标的额不大，案情简单，法院可以通过速裁程序迅速作出判决。在实践中，劳动者通过持工资欠条直接向法院提起诉讼，有两个注意事项：

一是要注意只能追索劳动报酬，而不能涉及其他劳动关系争议。

比如，A公司向张三出具了工资欠条，载明欠付张三工资15000元。之后张三以A公司拖欠工资为由提出离职，张三认为A公司除支付欠付的工资15000元之外，还应当支付经济补偿金10000元。此时，张三可以持工资欠条直接向当地法院起诉要求A公司支付工资，但张三要求A公司支付经济补偿金则需要先经过劳动仲裁程序。当然，在劳动者既要追索劳动报酬，又要求用人单位支付经济补偿金等劳动关系项下的其他争议的，也可以将劳动报酬与其他争议一并申请劳动仲裁。也即，劳动者持工资欠条直接向人民法院起诉只是劳动者的选择权，劳动者持工资欠条通过申请劳动仲裁维权也是可以的。

二是要注意持工资欠条直接向人民法院提起诉讼时，案件受理费是否按劳动争议案件收取的问题，这个问题在实践中有争议。

按当前的规定，如果是劳动争议案件，无论争议标的的金额是多少，案件受理费为10元/件，劳动仲裁则不收费。《最高人民法院关于审理劳动争议案件适用法律问题的解释（一）》第十五条规定，劳动者以用人单位的工资欠条为证据直接提起诉讼，诉讼请求不涉及劳动关系其他争议的，视为拖欠劳动报酬争议，人民法院按照普通民事纠纷受理。

第一种观点认为，既然在案件受理上按普通民事纠纷受理，即可以不经过劳动仲裁直接起诉到人民法院，那么案件受理费也应该按普通民事纠纷收取，即按标的额收取。比如，张三持有 A 公司出具的工资欠条，载明 A 公司欠付张三工资 30000 元。张三如果申请仲裁要求裁决 A 公司支付其欠薪 30000 元，劳动仲裁不收费。如果起诉至人民法院，按此种观点，应预交案件受理费 550 元（适用简易程序则为 275 元）。当然，该案件受理费只是由作为原告的劳动者垫付预交，最终劳动者胜诉的，法院会判决用人单位承担该案件受理费，然后通过直接向劳动者退还该案件受理费或在强制执行用人单位支付工资时一并将案件受理费执行到劳动者手上。

第二种观点认为，按“普通民事纠纷受理”是指可以不经过劳动仲裁前置程序，但“追索劳动报酬”在案由分类上和本质特征上也属于劳动争议案件，也应该按照劳动争议案件处理，即以每件 10 元的标准预交案件受理费。

笔者赞同第二种观点。

四、利用“一裁终局”提高维权效率

［**相关法条**］

《中华人民共和国劳动争议调解仲裁法》

第四十七条：下列劳动争议，除本法另有规定的外，仲裁裁决为终局裁决，裁决书自作出之日起发生法律效力：

（一）追索劳动报酬、工伤医疗费、经济补偿或者赔偿金，不超过当地月最低工资标准十二个月金额的争议；

（二）因执行国家的劳动标准在工作时间、休息休假、社会保险等方面发生的争议。

第四十八条：劳动者对本法第四十七条规定的仲裁裁决不服的，可以自收到仲裁裁决书之日起十五日内向人民法院提起诉讼。

第四十九条：用人单位有证据证明本法第四十七条规定的仲裁裁决有下列情形之一，可以自收到仲裁裁决书之日起三十日内向劳动争议仲裁委员会所在地的中级人民法院申请撤销裁决：

（一）适用法律、法规确有错误的；

（二）劳动争议仲裁委员会无管辖权的；

（三）违反法定程序的；

（四）裁决所根据的证据是伪造的；

（五）对方当事人隐瞒了足以影响公正裁决的证据的；

（六）仲裁员在仲裁该案时有索贿受贿、徇私舞弊、枉法裁决行为的。

人民法院经组成合议庭审查核实裁决有前款规定情形之一的，应当裁定撤销。

仲裁裁决被人民法院裁定撤销的，当事人可以自收到裁定书之日起十五日内就该劳动争议事项向人民法院提起诉讼。

《最高人民法院关于审理劳动争议案件适用法律问题的解释（一）》

第十八条：仲裁裁决的类型以仲裁裁决书确定为准。仲裁裁决书未载明该裁决为终局裁决或者非终局裁决，用人单位不服该仲裁裁决向基层人民法院提起诉讼的，应当按照以下情形分别处理：

（一）经审查认为该仲裁裁决为非终局裁决的，基层人民法院应予受理；

（二）经审查认为该仲裁裁决为终局裁决的，基层人民法院不予受理，但应告知用人单位可以自收到不予受理裁定书之日起三十日内向劳动争议仲裁机构所在地的中级人民法院申请撤销该仲裁裁决；已经受理的，裁定驳回起诉。

第十九条：仲裁裁决书未载明该裁决为终局裁决或者非终局裁决，劳动者依据调解仲裁法第四十七条第一项规定，追索劳动报酬、工伤医疗费、经济补偿或者赔偿金，如果仲裁裁决涉及数项，每项确定的数额均不超过当地月最低工资标准十二个月金额的，应当按照终局裁决处理。

《人力资源社会保障部、最高人民法院关于劳动人事争议仲裁与诉讼衔接有关问题的意见（一）》

第十条：仲裁裁决涉及下列事项，对单项裁决金额不超过当地月最低工资标准十二个月金额的，劳动人事争议仲裁委员会应当适用终局裁决：

（一）劳动者在法定标准工作时间内提供正常劳动的工资；

（二）停工留薪期工资或者病假工资；

（三）用人单位未提前通知劳动者解除劳动合同的一个月工资；

（四）工伤医疗费；

（五）竞业限制的经济补偿；

（六）解除或者终止劳动合同的经济补偿；

（七）《中华人民共和国劳动合同法》第八十二条规定的第二倍工资；

（八）违法约定试用期的赔偿金；

（九）违法解除或者终止劳动合同的赔偿金；

（十）其他劳动报酬、经济补偿或者赔偿金。

第十一条：裁决事项涉及确认劳动关系的，劳动人事争议仲裁委员会就同一案件应当作出非终局裁决。

［**通俗解读**］

上述法条可见，劳动争议仲裁程序设定了“一裁终局”的裁决制度。即符合一定条件的情况下，仲裁裁决书自作出之日起发生法律效力。这个“一裁终局”制度与人民法院“一审终审”的小额诉讼程序有一定的相似，但也有自己独特的特点。

（一）劳动仲裁的终局裁决有明确的适用条件

一是劳动争议项目上的条件：《劳动争议调解仲裁法》第四十七条规定为“追索劳动报酬、工伤医疗费、经济补偿或者赔偿金”等四个方面的项目不超过当地最低工资标准 12 个月金额的争议。如前所述，经济补偿、赔偿金这两个概念，在劳动法上涉及多个争议项目。所以，《人力资源社会保障部、最高人民法院关于劳动人事争议仲裁与诉讼衔接有关问题的意见（一）》中明确为以下十个项目：法定标准时间内的工资（月工资）、病假工资、停工留薪期工资、未签订书面劳动合同的二倍工资、工伤医疗费、代通知金、竞业限制的经济补偿、解除（终止）劳动合同的经济补偿、违法约定试用期的赔偿金、违法解除（终止）劳动合同的赔偿金。以上十项，基本涵盖了常见的劳动争议事项。

在前述十项基础上，前述意见还设置了一个兜底条款，即“其他劳动报酬、经济补偿或者赔偿金”。这个兜底条款很有意思。大家可否注意到，上述意见中，没有将“加班费”争议明确列入应当适用终局裁决的事项中，但兜底条款中却明确“其他劳动报酬”争议事项也应当适用终局裁决。难道加班费不属于劳动报酬的范围？既然加班费属于劳动报酬，那么《劳动争议调解仲裁法》第四十七条规定了“追索劳动报酬”争议事项应当列入终局裁决事项，为什么意见中未直接明确加班费也可以适用终局裁决。

笔者认为，这是在劳动仲裁的终局裁决适用中给各地一定的空间。一方面，加班费审理较难，事实认定不易。另一方面，有些地方不认为加班费属于劳动报酬，这在之后关于加班的章节中讲解。所以前述的“其他劳动报酬、经济补偿或者赔偿金”其实是授权各地劳动仲裁机构以后的扩展权限。比如“加班费、经责令仍不支付的加付赔偿金”都可以纳入“其他劳动报酬、经济补偿或者赔偿金”的范围。

二是争议项目金额上的条件：不超过当地最低月工资标准的12个月金额。劳动者要注意的是，这个不超过“当地最低月工资标准十二个月金额”是指单项裁决结果不超过即可，而非所有仲裁裁决事项合计不超过，也非仲裁申请事项不超过。

举例说明：张三从A公司（公司经营地位于成都市锦江区）离职后，认为A公司拖欠其工资、加班费、未休年休假工资和经济补偿金等。故张三向当地劳动人事争议仲裁委员会申请了仲裁，要求裁决：

1. A 公司支付张三欠付的工资 13500 元。

2. A 公司支付张三欠付的加班费 23860 元。

3. A 公司支付张三 2023 年度的未休年休假工资 19500 元。

4. A 公司支付张三解除劳动合同的经济补偿金 25000 元。

由于成都市当前的最低工资为 2100 元/月，“当地最低月工资标准十二个月金额”即为 25200 元（2100 元/月 ×12 个月）。而张三申请的金额均没有超过前述“当地最低月工资标准十二个月金额”的标准，劳动仲裁裁决的裁决事项也不可能超出张三申请的金额，所以张三的仲裁案件应适用终局裁决，即仲裁裁决书自作出之日起发生法律效力。当然，如果张三的某项仲裁申请超过了“当地最低月工资标准十二个月金额”，但最终裁决的金额没有超过“当地最低月工资标准十二个月金额”，那也是终局裁决。

（二）劳动者在终局裁决问题上的注意事项

一是前述“不超过当地最低月工资标准的十二个月金额”是指裁决事项不超过，而非你的申请事项不超过。比如，张三前述申请的经济补偿金 35000 元，但仲裁裁决最终裁决的经济补偿金是 25000 元，也适用终局裁决。只是如果你申请的仲裁事项不超过标准，那裁决事项肯定不超过标准，适用终局裁决更明显。而你申请的仲裁事项超过了标准，也可能因为最终裁决金额不超过标准而适用终局裁决。

二是尽量不要申请“确认劳动关系”！

尽量不要申请“确认劳动关系”！

尽量不要申请“确认劳动关系”！

重要的事情要说三遍。

笔者见过很多案件，金额并不大，只是追索一些劳动报酬，但劳动者非要在仲裁请求事项中加上：**确认申请人与被申请人于××××年××月××日至××××年××月××日期间存在劳动关系。**《人力资源社会保障部、最高人民法院关于劳动人事争议仲裁与诉讼衔接有关问题的意见（一）》第十一条明确规定：**裁决事项涉及确认劳动关系的，劳动人事争议仲裁委员会就同一案件应当作出非终局裁决。**

也就是说，你的仲裁申请事项中一旦涉及确认劳动关系，无论你其他事项的金额再少，都不能作出终局仲裁裁决了。

举例说明：

张三、李四、王五一起从A公司离职后，A公司拖欠三人最后一个月工资一直未发放。故三人分别向当地劳动人事争议仲裁委员会申请仲裁，其各自申请的仲裁事项如下。

张三提出仲裁申请：

1. 确认张三与A公司于2021年3月12日至2024年6月12日期间存在劳动关系。

2. 裁决A公司支付欠付张三的工资5100元。

劳动仲裁作出非终局仲裁裁决：

1. 确认张三与A公司于2021年3月12日至2024年6月12日期间存在劳动关系。

2. 裁决A公司支付欠付张三的工资5100元。

A公司不服仲裁裁决向当地基层法院起诉，张三作为被告应诉。当地基层法院判决后，A公司又提出上诉，张三再作为被上诉人应诉。最终，张三历时一年半，经历一裁二审，最终要回工资5100元。

李四提出仲裁申请：

1. 确认李四与 A 公司的劳动关系已于 2024 年 6 月 12 日解除。

2. 裁决 A 公司支付欠付李四的工资 4900 元。

劳动仲裁作出非终局仲裁裁决：

1. 确认李四与 A 公司的劳动关系已于 2024 年 6 月 12 日解除。

2. 裁决 A 公司支付欠付李四的工资 4900 元。

A 公司不服仲裁裁决向当地基层法院起诉，李四作为被告应诉。当地基层法院判决后，A 公司又提出上诉，李四作为被上诉人应诉。最终，李四也历时一年半，经历一裁二审，最终要回工资 4900 元。

王五提出仲裁申请：

裁决 A 公司支付欠付王五的工资 6300 元。

因王五的仲裁事项不超过“当地最低月工资标准的十二个月金额”且不涉及确认劳动关系事项，劳动仲裁作出终局仲裁裁决：裁决 A 公司支付欠付王五的工资 6300 元。由于系终局裁决，王五收到仲裁裁决后很快可以申请法院强制执行，而 A 公司不想因这点纠纷导致自己的对公账户留下法院强制执行的记录，裁决作出后即向王五支付了欠付的工资。

从上述例子可见，都是追讨小额欠薪，张三与李四因为提出了“涉及确认劳动关系”的事项，比如“**确认申请人与被申请人于××××年××月××日至××××年××月××日期间存在劳动关系**”“**确认申请人与被申请人的劳动合同于××××年××月××日解除**”“**确认申请人与被申请人的劳动关系已解**

除”等，这些仲裁申请事项都属于涉及确认劳动关系的事项。一旦提出了前述涉及确认劳动关系的事项，会导致你其他涉及给付款项的请求事项即使金额很少，也无法适用简单快捷的终局裁决，用人单位也就可以通过提起诉讼，经过一审二审来拖延最终给付款项的时间，造成劳动者一方的诉累，增加维权时间与维权成本。

当然，有劳动者提出，我确认劳动关系是为了之后在投诉用人单位未缴纳社会保险、未足额缴纳社会保险、未缴纳住房公积金等事宜上使用。通过仲裁裁决确认了双方存在劳动关系的期间，更方便投诉呢。

劳动者要清楚一点，其实你只要申请了要求用人单位支付你劳动报酬等款项的仲裁事项，仲裁裁决都必然会在查明的事实中写明你与用人单位之间是否存在劳动关系。换言之，无论你要求公司支付你欠付的工资，还是支付你解除劳动合同的经济补偿金、赔偿金、未休年休假工资等，这些都需要以你与公司建立了劳动关系为前提。仲裁裁决公司支付你工资、经济补偿金、赔偿金、未休年休假工资、未签订劳动合同二倍工资等事项，均需要先审理查明你与公司是否存在劳动关系。所以根本不用你单独就确认劳动关系提出一项仲裁事项。在你提出要求用人单位支付涉及劳动关系的款项时，必然会导致仲裁裁决对你与用人单位之间是否存在劳动关系进行认定，而生效仲裁裁决所认定的事实也可以在投诉用人单位未缴纳社会保险或住房公积金时用于证明你与用人单位之间存在劳动关系。

当然，如果你还是觉得需要有生效法律文书确认你与用人单位之间的劳动关系，又想更快地对欠薪等支付款项进行维权，也有折中的办法，即将涉及工资、经济补偿金、赔偿金、未休年休假工资、未签订劳动合同二倍工资等给付事项先申请劳动仲裁。等劳动仲裁受理后，你再就确认你与用人单位于何年何月何日至何年何月何日期间存在劳动关系的事项另行申请劳动仲裁。这样，可以通过劳动仲裁的“一裁终局”将你应得的工资或补偿金等款项尽快实现，不用担心用人单位通过诉讼程序拖延支付应付款项，也可以通过另案仲裁来确认双方的劳动关系。

三是**劳动仲裁的终局裁决只对用人单位“终局”，不对劳动者“终局”**。也就是说，劳动者一方收到终局的仲裁裁决书，不服该裁决书的，仍然可以在 15 日内向有管辖权的基层法院提起民事诉讼。但用人单位收到终局的仲裁裁决书，不能再提起民事诉讼，而是只能在有证据证明该仲裁裁决存在“适用法律法规确有错误、劳动争议仲裁委员会无管辖权、违反法定程序、裁决所根据的证据是伪造、对方当事人隐瞒了足以影响公正裁决的证据、仲裁员在仲裁该案时有索贿受贿、徇私舞弊、枉法裁决行为”的情形下，向劳动争议仲裁委员会所在地的中级人民法院申请撤销。从前述撤销条件来看，撤销仲裁裁决属实不易。

第三章 加班及加班费

第一节 加班的概念与工时制度

［**相关法规**］

《中华人民共和国劳动法》

第三十六条：国家实行劳动者每日工作时间不超过八小时、平均每周工作时间不超过四十四小时的工时制度。

第三十八条：用人单位应当保证劳动者每周至少休息一日。

第三十九条：企业因生产特点不能实行本法第三十六条、第三十八条规定的，经劳动行政部门批准，可以实行其他工作和休息办法。

第四十一条：用人单位由于生产经营需要，经与工会和劳动者协商后可以延长工作时间，一般每日不得超过一小时；因特殊原因需要延长工作时间的，在保障劳动者身体健康的条件下延长工作时间每日不得超过三小时，但是每月不得超过三十六小时。

第四十二条：有下列情形之一的，延长工作时间不受本法第四十一条规定的限制：

（一）发生自然灾害、事故或者因其他原因，威胁劳动者生命健康和财产安全，需要紧急处理的；

（二）生产设备、交通运输线路、公共设施发生故障，影响生产和公众利益，必须及时抢修的；

（三）法律、行政法规规定的其他情形。

第四十三条：用人单位不得违反本法规定延长劳动者的工作时间。

《中华人民共和国劳动合同法》

第三十一条：用人单位应当严格执行劳动定额标准，不得强迫或者变相强迫劳动者加班。用人单位安排加班的，应当按照国家有关规定向劳动者支付加班费。

《国务院关于职工工作时间的规定》

第三条：职工每日工作 8 小时、每周工作 40 小时。

第五条：因工作性质或者生产特点的限制，不能实行每日工作 8 小时、每周工作 40 小时标准工时制度的，按照国家有关规定，可以实行其他工作和休息办法。

第六条：任何单位和个人不得擅自延长职工工作时间。因特殊情况和紧急任务确需延长工作时间的，按照国家有关规定执行。

［**关联规定**］

《劳动部关于贯彻执行〈中华人民共和国劳动法〉若干问题的意见》

第六十五条：经批准实行综合计算工作时间的用人单位，分别以周、月、季、年等为周期综合计算工作时间，但其平均日工作时间和平均周工作时间应与法定标准工作时间基本相同。

第六十七条：经批准实行不定时工作制的职工，不受劳动法第四十一条规定的日延长工作时间标准和月延长工作时间标准的限制，但用人单位应采用弹性工作时间等适当的工作和休息方式，确保职工的休息休假权利和生产、工作任务的完成。

《劳动部贯彻〈国务院关于职工工作时间的规定〉的实施办法》

第七条：有下列特殊情形和紧急任务之一的，延长工作时间不受本办法第六条规定的限制：

（一）发生自然灾害、事故或者因其他原因，使人民的安全健康和国家资财遭到严重威胁，需要紧急处理的；

（二）生产设备、交通运输线路、公共设施发生故障，影响生产和公众利益，必须及时抢修的；

（三）必须利用法定节日或公休假日的停产期间进行设备检修、保养的；

（四）为完成国防紧急任务，或者完成上级在国家计划外安排的其他紧急生产任务，以及商业、供销企业在旺季完成收购、运输、加工农副产品紧急任务的。

《关于工资总额组成的规定》

第四条：工资总额由下列六个部分组成：

（一）计时工资；

（二）计件工资；

（三）奖金；

（四）津贴和补贴；

（五）加班加点工资；

（六）特殊情况下支付的工资。

第九条：加班加点工资是指按规定支付的加班工资和加点工资。

［**通俗解读**］

一、我国究竟是单休制还是双休制

依照《国务院关于职工工作时间的规定》关于“每日工作8小时、每周工作40小时”的规定，自1995年5月1日起，我们国家就实行双休制度了。而且该规定与《劳动法》第三十八条的“用人单位应当保证劳动者每周至少休息一日”并不冲突。有的老板认为，《劳动法》不是规定“用人单位应当保证劳动者每周至少休息一日”，我公司实行单休制度并不违法的，保证员工休息了一天的，那我为什么还要支付加班费？

其实，“每周保证劳动者休息一日”是下限要求，并非用人单位不支付加班费的依据。通俗地说，你用人单位安排了单休工作制，我作为员工也接受了单休工作，你用人单位虽然达到了《劳动法》所规定的“保证劳动者每周至少休息一日”，但休息日加班费还是要给的。

二、劳动者是否有权拒绝加班

近年来，“996”饱受诟病，年轻人更是喊出“整顿职场”的口号。劳动者享有休息权，《劳动合同法》第三十一条更是明确了“用人单位应当严格执行劳动定额标准，不得强迫或者变相强迫劳动者加班”。

关于加班的劳动定额标准，《劳动法》第四十一条规定得很清楚，即“用人单位由于生产经营需要，经与工会和劳动者协商后可以延长工作时间，一般每日不得超过一小时；因特殊原因需要延长工作时间的，在保障劳动者身体健康的条件下延长工作时间每日不得超过三小时，但是每月不得超过三十六小时”。由此可见，用人单位安排加班，需满足以下条件。

1. 需与工会协商或与劳动者本人协商。

对于大型企业，如果需要安排加班，一对一地协商可能确实有困难。比如，一个劳动密集型的生产企业，需要全员在工作日加班 1 小时的，一对一与员工协商，协商完加班的时间都过了，所以，在法定的加班时间上限内，企业与工会协商加班也是可以的。

2. 每日加班不得超过 1 小时。

标准工时制下，每日的工作时间为 8 小时，每日安排延时加班不超过 1 小时，即每日的工作时间不超过 9 小时。而大家诟病的“996”，从上午九点上班至晚上九点，即使扣除中午 1 小时的午休时间，一天上班的时间也达到了 11 小时，明显超过了法定标准。

3. 因特殊原因需要延长工作时间的，在保障劳动者身体健康的条件下延长工作时间每日不得超过 3 小时且每月不得超过 36 小时。

这是对一些特殊情况导致加班的上限规定。比如，外贸企业为了完成季节性订单，在保障员工身体健康的条件下，可以超出每日加班不超过 1 小时的规定。但安排这种加班，也是要与工会或劳动者协商同意，且要保障劳动者的身体健康。而且每日安排超过 1 小时的加班时，累计起来一个月不得超过 36 小时（相当于每周不超过 9 小时）。

最高人民法院与人力资源和社会保障部于 2021 年 6 月发布了关于加班的十大案例。第一个案例就是：劳动者拒绝违法超时加班安排，用人单位能否解除劳动合同。该案例载明：本案的争议焦点是张某拒绝违法超时加班安排，某快递公司能否与其解除劳动合同。《劳动法》第四十一条规定："用人单位由于生产经营需要，经与工会和劳动者协商后可以延长工作时间，一般每日不得超过一小时；因特殊原因需要延长工作时间的，在保障劳动者身体健康的条件下延长工作时间每日不得超过三小时，但是每月不得超过三十六小时。"第四十三条规定："用人单位不得违反本法规定延长劳动者的工作时间。"《劳动合同法》第二十六条第一款规定："下列劳动合同无效或者部分无效：……（三）违反法律、行政法规强制性规定的。"为确保劳动者休息权的实现，我国法律对延长工作时间的上限予以明确规定。用人单位制定违反法律规定的加班制度，在劳动合同中与劳动者约定违反法律规定的加班条款，均应认定为无效。本案中，某快递公司规章制度中"工作时间为早 9 时至晚 9 时，每周工作 6 天"的内容，严重违反法律关于延长工作时间上限的规定，应认定为无效。张某拒绝违法超时加班安排，系维护自己合法权益，不能据此认定其在试用期间被证明不符合录用条件。故仲裁委员会依法裁决某快递公司支付张某违法解除劳动合同赔偿金。

从以上三点来看，"996"的加班工作模式明显违法了，劳动者有权予以拒绝。笔者对劳动者的建议是，在实践中加班确实不可完全避免，有时候需要处理一些紧急的工作，不可避免地需要加班。在职场中，一味地拒绝任何加班也难以做到。作为劳动者，我们可以坚持的是，用人单位安排加班一方面不能超过法定的上限，另一方面要与工会或本人协商。实践中，一般的加班上限很好掌握，即每日加班不超过1小时；有特殊原因，每日不超过3小时，每月不超过36小时。对于违反法定标准的加班，劳动者有权予以拒绝。

4. 特殊情况下的加班安排不受上述限制。

当然，事有轻重缓急。对一些特殊行业、特殊岗位，出现了"火烧眉毛"的事，如果用人单位还不得安排超时加班，可能会对社会安全、基本民生，甚至是国防所需的紧急工作造成影响。所以，在特殊情形下，一些特殊的用人单位安排加班不受《劳动法》第四十一条规定的限制，而且劳动者一般不得拒绝。具体是以下几种特殊情形。

依据《劳动法》第四十二条规定的两种情形：

（1）**发生自然灾害、事故或者因其他原因，威胁劳动者生命健康和财产安全，需要紧急处理的。**比如，某地发生地震，上游形成堰塞湖，需要安排加班排除险情。这时候，由于情形紧急，加班限制为每日不超过3小时，难道超过3小时员工都收工回家，放任险情继续扩大？所以为了抗击威胁人民生命健康和财产安全的灾害和事故，可以突破加班限制。

（2）**生产设备、交通运输线路、公共设施发生故障，影响生产和公众利益，必须及时抢修的。**比如，南方发生雪灾，导致高铁线路出现停电，高铁停在途中，数千群众被困，铁路公司、电力公司组织职工进行抢修。

依据《劳动法》第四十二条第三项、《国务院关于职工工作时间的规定》第六条、《劳动部贯彻〈国务院关于职工工作时间的规定〉的实施办法》第七条还规定了另外三种情形：

（1）**必须利用法定节日或公休假日的停产期间进行设备检修、保养的。**比如，医院门诊、学校的电力检修。在工作日，医院、学校需保持正常运行，不能断电，电力公司通过节假日进行设备检修不可避免安排加班。

（2）**为完成国防紧急任务，或者完成上级在国家计划外安排的其他紧急生产任务。**这种情形就更好理解了，因国防需要或国家下达的紧急生产任务安排的加班。比如，你作为军工企业员工，国家发生战争了，前线急需的武器弹药、保障物资，需要加班加点生产。这种情况下，肯定无法用正常情形下的加班制度来管理。如同短视频所调侃的“放什么假，只有对国家没有用的人才放假”。你如果是为了完成国防紧急任务而被安排加班，笔者甚至觉得，这种加班是光荣的，甚至可能是需要争取的。

（3）**商业、供销企业在旺季完成收购、运输、加工农副产品紧急任务的。**这种情形主要存在于一些从事收购、供销的企业。因为农产品的收购有一定的季节要求。特别是一些鲜活农产品，其运输、加工都需要“争分夺秒”。在这类企业工作，可能会出现一些季节性的超时加班，这也是可以的。

三、加班后应得的报酬究竟是“加班费”还是“加班工资”

《劳动合同法》第三十一条、第六十二条、第八十五条都表述为“加班费”，《最高人民法院关于审理劳动争议案件适用法律问题的解释（一）》第三十五条、第四十二条也表述为“加班费”。由此可见，加班后计付的报酬称为“加班费”最符合法律原文规定。但国家统计局发布的《关于工资总额组成的规定》中表述为“加班工资”或“加点工资”，部分地方发布的工资支付条例或司法指导意见中，也称之为“加班工资”。所以，二种名词表述都没有错，你申请劳动仲裁或提起诉讼时，要求用人单位支付“加班费”或“加班工资”都没有错。实践中，不必纠结名词表述的不同。当然，按法条原文表述为加班费更为专业、准确。

四、加班费只能适用于标准工时制吗

从前述的解读来看，似乎所有的加班都相对于标准工时制来计算。难道加班事实只能在实行标准工时制的用人单位产生？我们在学习加班费的基础上，还是需要了解相关的工时制度。现行劳动法规中，规定了三种工时制度。

［**相关规定**］

《劳动部关于企业实行不定时工作制和综合计算工时工作制的审批办法》

第三条：企业因生产特点不能实行《中华人民共和国劳动法》第三十六条、第三十八条规定的，可以实行不定时工作制或综合计算工时工作制等其他工作和休息办法。

第四条：企业对符合下列条件之一的职工，可以实行不定时工作制。

（一）企业中的高级管理人员、外勤人员、推销人员、部分值班人员和其他因工作无法按标准工作时间衡量的职工；

（二）企业中的长途运输人员、出租汽车司机和铁路、港口、仓库的部分装卸人员以及因工作性质特殊，需机动作业的职工；

（三）其他因生产特点、工作特殊需要或职责范围的关系，适合实行不定时工作制的职工。

第五条：企业对符合下列条件之一的职工，可实行综合计算工时工作制，即分别以周、月、季、年等为周期，**综合计算工作时间**，但其平均日工作时间和平均周工作时间应与法定标准工作时间基本相同。

（一）交通、铁路、邮电、水运、航空、渔业等行业中因工作性质特殊，需连续作业的职工；

（二）地质及资源勘探、建筑、制盐、制糖、旅游等受季节和自然条件限制的行业的部分职工；

（三）其他适合实行综合计算工时工作制的职工。

第六条：对于实行不定时工作制和综合计算工时工作制等其他工作和休息办法的职工，企业应根据《中华人民共和国劳动法》第一章、第四章有关规定，在保障职工身体健康并充分听取职工意见的基础上，采用集中工作、集中休息、轮休调休、弹性工作时间等适当方式，确保职工的休息休假权利和生产、工作任务的完成。

第七条：……地方企业实行不定时工作制和综合计算工时工作制等其他工作和休息办法的审批办法，由各省、自治区、直辖市人民政府劳动行政部门制定，报国务院劳动行政部门备案。

［**通俗解读**］

（一）标准工时制

这是最常见的工时制度，也是无须经过审批认定而普遍适用的工时制度，即“每日工作 8 小时、每周工作 40 小时”的工时制度。实行标准工时制度时，加班时长容易统计，加班的种类也容易判断，加班费的计算也相对更容易。但有些企业由于经营性质特殊，无法实行标准工作制怎么办？

比如，航空公司，当天有连续执飞，即使是法定节假日，飞行员、空姐也要工作。如果没有执飞，即使是工作日，当天也无须工作。

再比如，公司总经理，平时也不打卡，也没有明确的上班时间与下班时间。作为高级管理人员的总经理，也许下班时间还在谈业务，上班时间又因前一天工作太晚而休息。所以有一些特定行业的用人单位、工作岗位，基于生产经营特点，确实无法实行标准工作制，就需用其他工时制度作为补充。具体来讲，就是通过综合计算工时工作制和不定时工作制来补充。

（二）综合计算工时工作制

从上述规定内容可见，综合计算工时工作制就是在平均日工作时间和平均周工作时间参照法定标准工作时间的情况下，以周、月、季、年为周期综合计算工作时间。这种工时制度一般适用于交通、铁路、邮电、水运、航空、渔业等因工作性质特殊而需要连续作业的工作岗位以及地质及资源勘探、建筑施工、制盐制糖、旅游等受季节和自然条件限制行业的部分岗位。通俗地讲，就是法定标准工时规定了“每日工作 8 小时，每周工作 40 小时”，标准还是这个标准，但计算时不一定按日计、按周计，而是按更长的周期来综合计算。

比如，张三入职了某水产公司，从事水手工作，该岗位经审批实行综合计算工时工作制。张三随船在近海捕鱼，渔情好则当天工作时间达 9—10 小时，渔情不好可能工作 3—4 小时就回港休息。这样一来，由于张三的工作时间与渔情相关，如果按日计或按周计，有可能某天或某周存在超时加班，某天或某周连标准工时都没有干满。所以，更为科学的办法就是累计一段时间，按月或按季综合计算工时。当然，如果经综合计算工时也超过同期间的法定标准工时的，也应该按延时加班计付加班费。而且，部分地区的地方性法规还明确规定，实行综合计算工时制员工在法定节假日工作的，也应当支付法定节假日加班费。如《深圳市员工工资支付条例》第十九条规定：实行综合计算工时工作制的员工，在综合计算工时周期内，员工实际工作时间达到正常工作时间后，用人单位安排员工工作的，视为延长工作时间，按照不低于员工本人正常工作时间工资的150%支付员工加班工资。用人单位安排实行综合计算工时工作制的员工在法定休假节日工作的，按照不低于员工本人正常工作时间工资的300%支付员工加班工资。

（三）不定时工作制

不定时工作制是一种不设置每日固定工作时间的工时制度，主要适用于企业中的高管、外勤、推销等因工作无法按标准工作时间衡量的岗位以及从事长途司机、出租汽车司机和铁路、港口、仓库的部分装卸人员等因工作性质特殊需机动作业的岗位。不定时工作制的特点是能够让用人单位与劳动者灵活安排工作时间。

比如，常见的铁路货运的装卸工，货运列车进站就来装卸，货运列车也不会全部都准时准点，所运货物有多有少，完成装卸的时间也不固定，就需要不定时工作制。再比如，我们身边常见的不实行坐班制的私人健身教练，采用客户预约制，工作时间也不固定。

不定时工作制在实践中面临的争议是：实行不定时工作制是否应该计付加班费？如何计付加班费？一种观点认为，《工资支付暂行规定》第十三条明确规定实行不定时工时制度的劳动者，不执行支付加班费的规定。所以不定时工作制不计付加班费。但这也会引发一个问题，虽然实行不定时工作制时工作时间与休息时间的界限不明显，但如果员工在法定节假日被通知工作呢。如前例，在春节期间，铁路货运的装卸工被通知参与装卸工作，难道也不支付法定节假日加班工资？所以，部分地方性法规明确规定，实行不定时工作制的员工在法定节假日工作的，也需支付法定节假日加班费。如《深圳市员工工资支付条例》第二十条规定：用人单位安排实行不定时工作制的员工在法定休假节日工作的，按照不低于员工本人正常工作时间工资的百分之三百支付员工加班工资。

最后，还需要说明的是，实行综合计算工时工作制、不定时工作制，都是需要劳动行政部门审批的。但近年来，审批的权限下放，司法裁判观点也出现不将审批作为实行综合计算工时工作制、不定时工作制的必备条件，而是着重于结合劳动者所从事的行业、岗位性质来审查是否符合实行综合计算工时工作制、不定时工作制的条件。如果符合条件，即使没有经过审批，也有可能认定该岗位可以通过双方劳动合同的约定来适用综合计算工时工作制、不定时工作制。

以上就是作为劳动者需要知晓的关于加班的概念、标准及工时制度。接下来，我们要掌握加班的分类。

第二节　安排劳动者加班的三种分类

［**相关法规**］

《中华人民共和国劳动法》

第四十四条：有下列情形之一的，用人单位应当按照下列标准支付高于劳动者正常工作时间工资的工资报酬：

（一）安排劳动者延长工作时间的，支付不低于工资的百分之一百五十的工资报酬；

（二）休息日安排劳动者工作又不能安排补休的，支付不低于工资的百分之二百的工资报酬；

（三）法定休假日安排劳动者工作的，支付不低于工资的百分之三百的工资报酬。

《工资支付暂行规定》

第十三条：用人单位在劳动者完成定额或规定的工作任务后，根据实际需要安排劳动者在法定标准工作时间以外工作的，应按以下标准支付工资：

（一）用人单位依法安排劳动者在日法定标准工作时间以外延长工作时间的，按照不低于劳动合同规定的劳动者本人小时工资标准的150%支付劳动者工资；

（二）用人单位依法安排劳动者在休息日工作，而又不能安排补休的，按照不低于劳动合同规定的劳动者本人日或小时工资标准的200%支付劳动者工资；

（三）用人单位依法安排劳动者在法定休假节日工作的，按照不低于劳动合同规定的劳动者本人日或小时工资标准的300%支付劳动者工资。

实行计件工资的劳动者，在完成计件定额任务后，由用人单位安排延长工作时间的，应根据上述规定的原则，分别按照不低于其本人法定工作时间计件单价的150%、200%、300%支付其工资。

经劳动行政部门批准实行综合计算工时工作制的，其综合计算工作时间超过法定标准工作时间的部分，应视为延长工作时间，并应按本规定支付劳动者延长工作时间的工资。

实行不定时工时制度的劳动者，不执行上述规定。

《全国年节及纪念日放假办法》

第二条：全体公民放假的节日：

（一）新年，放假1天（1月1日）；

（二）春节，放假3天（农历正月初一、初二、初三）；

（三）清明节，放假1天（农历清明当日）；

（四）劳动节，放假1天（5月1日）；

（五）端午节，放假1天（农历端午当日）；

（六）中秋节，放假1天（农历中秋当日）；

（七）国庆节，放假3天（10月1日、2日、3日）

［**通俗解读**］

按上述法条的规定，加班分为三类：

第一种称为“延长工作时间加班”，简称“延时加班”，是指用人单位在工作日安排劳动者延长工作时间的加班。比如，老板在微信中通知：为了冲公司业绩，本周一至周五每天加班2小时。这种加班情形，用人单位应按正常工资150%的标准支付加班费。

第二种称为“**休息日加班**”，是指用人单位在休息日（一般是指周六、周日）安排的加班。比如，你面试时，公司告知你实行单休制，即每周仅休息 1 天，周六或周日要上班 1 天。你周六或周日的加班就是休息日加班。再比如，总经理通知你，由于工作需要，你周六来公司加半天班。而你周六来上班半天，就是休息日加班半天。休息日加班有一个特殊之处，即劳动者休息日加班的，应优先安排补休，如果不能安排补休的，用人单位则应按正常工资 200% 的标准支付加班费。

当然，值得一提的是，一般而言，我们所称的休息日是指周六、周日，大家似乎约定俗成的休息日是周六和周日。但在法律上休息日并不一定是周六、周日。如果用人单位的规章制度规定，本公司的工作日是周三至周日，休息日是周一周二，其实也是可以的。其理由在于，《国务院关于职工工作时间的规定》第三条规定：职工每日工作 8 小时、每周工作 40 小时。你看，法条只规定了每日工作 8 小时，每周工作 40 小时，即 5 天工作制，那规定了休息日那两天一定是周六、周日吗？所以，之所以规定休息日加班了可以补休，就是因为休息日并不强制固定为周六、周日。即使你周六、周日上班了，但老板安排你周一、周二补休了，也符合每日工作 8 小时，每周工作 40 小时的工时制度，也不应该认定为加班。换言之，如果你周六、周日工作了，但周一、周二休息了，可以认定为周一、周二是补休周六、周日的工作日，也可以认定为本周的休息日就是周一、周二，效果是一样的。当然，由于大家都默认为周六、周日是休息日，本书涉及休息日的概念就按大家理解的来，不用纠结。

第三种称为"法定节假日加班"，是指用人单位在国家法定节假日安排劳动者加班。比如，老板有重要客户要接待，通知你国庆节来上班，这就是法定节假日加班。这种加班情形，用人单位应按正常工资 300% 的标准支付加班费。劳动者需注意的是，法定节假日因具有特殊意义，所以不仅加班费计算标准最高，而且不能通过补休来免除用人单位支付加班费的义务。有些用人单位一看法定节假日的加班费要按正常工资的三倍计算，为了不支付加班费，就想用安排补休的方式来免除法定节假日加班费的支付义务，这种补休是于法无据的。所以，再次强调：补休仅适用于休息日安排加班，一般而言是指用人单位在周六、周日安排劳动者加班后，可以在周一至周五安排劳动者补休，安排补休后就不再支付休息日加班费，但法定节假日是不能通过补休来免除法定节假日加班费的。

正确理解关于加班费的法条规定，还要着重注意其中的关键词句。

第一个关键词句是"安排劳动者工作"。

实践中，不少劳动者存在一个误区，很多用人单位也会陷入一个误区，认为只要考勤显示工作时间多于 8 小时标准工作时间就是加班。笔者刚从事劳动争议案件的审理工作时，也是这种思路。其实，《劳动法》第四十四条连用三个"安排"来表述应支付加班的情形，即"安排劳动者延长工作时间、休息日安排劳动者工作、法定休假日安排劳动者工作"。由此可见，用人单位支付加班费的情形是"**安排**"劳动者加班。

笔者在审理一个涉及加班费的案件时，员工的考勤记录显示其上午九点到岗，下午七、八点离岗，笔者初步觉得就是超过了

8 小时的标准工时，应认定为加班。用人单位一方则抗辩称，该员工是到下班时间后，自行滞留办公室。笔者认为，怎么可能有下班不回家的，待在公司有什么意义？结果用人单位提交了监控视频，显示该员工在到下班点后，真不离开公司，而是在公司电脑上看电影，然后点外卖到公司吃晚饭，然后再回家。后来庭审后再询问该员工，员工见有视频为证，也不再争辩，而是说明其下班不着急回家是因为其单身，回家也是点外卖，还不如在公司点外卖追追剧。所以，劳动者要清楚一个概念，用人单位向劳动者支付加班费的前提是：**安排劳动者加班！劳动者在理解这个概念后，就要在加班时，注意保管好用人单位安排你加班的证据。比如“加班申请单、加班审批表”之类的表单，管理人员通过微信、电子邮件、钉钉等方式安排你加班的证据。**

也就是说，一般情况下，考勤打卡记录可以初步印证可能存在工作时间超出标准工时的事实，但用人单位如果提出其并未安排劳动者加班，而是劳动者自行滞留办公场所或自愿加班。这样的争议就需要从证据中证明劳动者系从事用人单位安排的加班，否则就很难认定为加班，也造成在实践中劳动者主张加班费的胜诉比例并不高。

第二个关键词句是“**休息日安排劳动者工作又不能安排补休**”。如前所述，劳动者要清楚，用人单位在安排劳动者休息日加班后，可以通过安排补休来免除休息日加班费的支付。如果安排补休了，则无须再支付休息日加班工资。

第三节　认定加班事实的常见争议

一、劳动者滞留办公场所“蹭”加班的情形

在实践中，劳动者用来证明加班的证据多为打卡记录，但打卡记录显示的时间就一定是加班时长吗？在实践中存在争议，笔者在办案中也从用人单位一方提供的监控视频中看到，确实有员工过了下班时间在单位的办公场所打游戏、看短视频，点个外卖，吃了外卖再打卡下班。而且，《劳动法》所规定的加班是指“用人单位安排”的加班事实，显然不能只看劳动者在工作场所的时间。

《北京市高级人民法院、北京市劳动人事争议仲裁委员会关于审理劳动争议案件解答（一）》关于“56．劳动者主张存在加班事实如何认定？”的解答中载明：经双方确认的考勤记录可以作为认定是否存在加班事实的依据。劳动者未能提供加班事实的依据，仅凭电子打卡记录要求认定存在加班事实的，一般不予支持。该指导性文件体现的裁判观点也是不能仅凭考勤打卡记录来认定加班事实。换言之，劳动者下班后滞留办公场所不走，几小时后再打卡，然后以打卡记录主张加班费，这种情形一般不能认定为加班。

二、劳动者自愿加班的情形

实行提成工资的企业，员工为了获得更高的提成而自愿加班，加班之后既享受了更多的提成，又要求支付加班费。一般而

言，这种情形也难以支持劳动者一方的加班费主张。

三、劳动者“值班”是否认定为加班

这种情况比较普遍，在实践中的处理也存在争议，也一直是加班费案件中的审理难点。比如，保安、安检员、监控员、巡查员等需要从事值班工作的人员，其在工作时间外的值班期间是否属于加班？最常见的是物业公司安排的在小区大门值班的保安以及企业的保安。有的小区或企业在保安值班室内放置着床，保安夜晚值班时在值班室的床上休息，有需要开门时，就醒来开个门，然后可以继续睡。你说他晚上值班是加班工作吧，他一晚上 8 个小时都在睡，需要起来开门处理的时间加起来不到半小时。你说他晚上值班不是加班吧，他又不能回家，虽然是睡觉但也得在值班室里睡。所以这种值班是否属于加班，是否应由用人单位支付加班费，存在一定的争议。

主流裁判观点认为，这种“值班”应考虑到**工作强度**的问题。如果劳动者在值班的期间其从事的劳动强度与标准工时工作时间内相同，则应认为加班。如劳动强度明显较低，且劳动者可以休息的，则不认为是加班。以上裁判思路的具体实例如下。

小区的保安每天晚上值班时可以在值班室内睡觉，仅有需要开门时从床上起来开个门，因其工作强度明显达不到标准工时工作期间的标准，故这种值班不宜认定为加班。

企业安排保安晚上值班时，值班室内没有床位可供休息，保安需要按企业要求每小时对厂区进行巡查。此种情况下，由于劳动者在值班时不能得到休息，其工作强度与正常工作期间相差不大，所以这种值班期间应认定为加班，用人单位应按值班时长支

付加班费。

在实践中也有部分裁判观点认为，即使劳动者值班的工作强度不大且可以休息，但由于劳动者值班地点是在工作场所，不能回家与家人团聚，也不能按自己的意愿休息，应认定为加班。

笔者认为，第一种观点是可行的，但避免劳动者的权益受损，建议用人单位在劳动合同或规章制度中，约定值班岗位的值班补贴。通过定额的值班补贴，一方面对劳动者值班也在工作场所的情形进行合理补偿。另一方面也避免用人单位在工作强度明显不符合标准工作要求时按加班支付加班费。

所以，你作为劳动者，所从事的工作需要值班的，如果值班的工作强度确实达不到岗位的标准工作强度，确实可以在值班时休息，建议与用人单位协商定额的值班补贴，作为值班的补偿。如果你值班的工作强度与标准工作强度差不多，无法在值班时休息，则保存好用人单位安排值班的证据以及能够反映你值班工作强度或工作内容的证据，向用人单位要求支付加班费。

《北京市高级人民法院、北京市劳动人事争议仲裁委员会关于审理劳动争议案件解答（一）》关于“56. 劳动者主张存在加班事实如何认定?”的解答中载明：下列情形中，劳动者要求用人单位支付加班工资的，一般不予支持：（1）用人单位因安全、消防、节假日等需要，安排劳动者从事与本职工作无关的值班任务；（2）用人单位安排劳动者从事与其本职工作有关的值班任务，但值班期间可以休息的。在上述情况下，劳动者可以要求用人单位按照劳动合同、规章制度、集体合同等支付相应待遇。由此可见，该指导性文件也体现了笔者前述观点。

第四节　警惕“加班审批制”

在劳动用工管理中，越来越多的用人单位实行“加班审批制”，越来越多的劳动合同中会约定有“加班审批条款”。如上所述，用人单位安排劳动者加班才支付加班费。但在实践中双方都难以明确说清楚劳动者在标准工作时间之外的工作究竟是不是用人单位安排的加班。在此情况下，加班审批制度应运而生。

加班审批制度的运行方式是：劳动者因完成工作任务需要加班的，通过书面形式或钉钉等办公软件的形式提出加班申请，经上级主管或一定层级的管理人员审批后，劳动者再从事加班工作。这样一来，劳动者的加班系用人单位经审核后需要安排加班的情形，应计付加班费。同理，用人单位需要安排劳动者加班的，需要通过书面形式或钉钉等各类办公系统向劳动者作出“加班通知”“加班安排”，劳动者凭可以留存证据的前述通知进行加班。发生加班费争议的，也可以通过以上证据查明实际的加班事实。

笔者个人是赞同用人单位普遍实行加班审批制的。如果用人单位与劳动者都诚信地运行该制度，可以切实避免关于加班事实和加班费方面的争议。用人单位能清楚地掌握其安排或审批同意劳动者加班的情况，劳动者也可以凭手里的加班审批材料或加班通知自己核算加班费是否足额发放。

但是，该制度在运行中也开始出现一些问题。比如，用人单位通过在劳动合同中约定或以规章制度规定的方式，明确了单位实行加班审批制度。但员工提交加班申请呢，用人单位故意不批准，又通过口头方式或其他不容易让员工留存证据的方式要求员工加班。员工加班后向用人单位要求支付加班工资的，用人单位以单位有明确的加班审批制度，而员工的加班未履行加班审批程序为由，拒绝支付加班费。这种情况下，双方对加班费是否应当支付引发争议。由于此类争议有权威的案例予以明确，现结合案例来说明。

人力资源社会保障部和最高人民法院于2021年6月30日共同发布了《第二批劳动人事争议典型案例》（以下简称第二批典型案例），该批案例共包括十个针对加班费争议的案例。该批案例中有案例回应了前述问题。

［**权威案例**］

第二批典型案例之三：用人单位未按规章制度履行加班审批手续，能否认定劳动者加班事实

基本案情：吴某于2019年12月入职某医药公司，月工资为18000元。某医药公司加班管理制度规定："加班需提交加班申请单，按程序审批。未经审批的，不认定为加班，不支付加班费。"吴某入职后，按照某医药公司安排实际执行每天早9时至晚9时，每周工作6天的工作制度。其按照某医药公司加班管理制度提交了加班申请单，但某医药公司未实际履行审批手续。2020年11月，吴某与某医药公司协商解除劳动合同，要求某医药公司支付加班费，并出具了考勤记录、与部门领导及同事的微信聊天记录、工作会议纪要等。某医药公司虽认可上述证据的真实性但以无公司审批手续为由拒绝支付。吴某向劳动人事争议仲裁委员会申请仲裁。

申请人请求：请求裁决某医药公司支付2019年12月至2020年11月加班费50000元。

处理结果：仲裁委员会裁决某医药公司支付吴某2019年12月至2020年11月加班费50000元。某医药公司不服仲裁裁决后起诉，一审法院判决与仲裁裁决一致，某医药公司未上诉，一审判决已生效。

案例分析：本案的争议焦点是某医药公司能否以无公司审批手续为由拒绝支付吴某加班费。《中华人民共和国劳动法》第四十四条规定："有下列情形之一的，用人单位应当按照下列标准支付高于劳动者正常工作时间工资的工资报酬：（一）安排劳动者延长工作时间的，支付不低于工资的百分之一百五十的工资报酬；（二）休息日安排劳动者工作又不能安排补休的，支付不低于工资的百分之二百的工资报酬；法定休假日安排劳动者工作的，支付不低于工资的百分之三百的工资报酬。"《工资支付暂行规定》第十三条规定："用人单位在劳动者完成劳动定额或规定的工作任务后，根据实际需要安排劳动者在法定标准工作时间以外工作的，应按以下标准支付工资：……"从上述条款可知，符合"用人单位安排""法定标准工作时间以外工作"情形的，用人单位应当依法支付劳动者加班费。本案中，吴某提交的考勤记录、与部门领导及同事的微信聊天记录、工作会议纪要等证据形成了相对完整的证据链，某医药公司亦认可上述证据的真实性。某医药公司未实际履行加班审批手续，并不影响对"用人单位安排"加班这一事实的认定。故仲裁委员会依法裁决某医药公司支付吴某加班费。

典型意义：劳动规章制度对用人单位和劳动者都具有约束

力。一方面，用人单位应严格按照规章制度的规定实施管理行为，不得滥用优势地位，侵害劳动者合法权益；另一方面，劳动者在合法权益受到侵害时，要注意保留相关证据，为维权提供依据。仲裁委员会、人民法院应准确把握加班事实认定标准，纠正用人单位规避法定责任、侵害劳动者合法权益的行为。

从上述案例来看，用人单位未按规章制度履行加班审批手续，结合查明劳动者的加班事实，用人单位仍应支付加班费。

第五节　加班证据的收集与整理

［**相关法条**］

《最高人民法院关于审理劳动争议案件适用法律问题的解释（一）》

第四十二条：劳动者主张加班费的，应当就加班事实的存在承担举证责任。但劳动者有证据证明用人单位掌握加班事实存在的证据，用人单位不提供的，由用人单位承担不利后果。

第四十四条：因用人单位作出的开除、除名、辞退、解除劳动合同、减少劳动报酬、计算劳动者工作年限等决定而发生的劳动争议，用人单位负举证责任。

［**通俗解读**］

从上述司法解释第四十四条可见，基于用人单位在劳动关系建立、劳动用工管理、薪酬计算发放方面的主导地位，在劳动者与用人单位存在劳动关系的情况下，用人单位对双方争议的事实承担了很多的举证责任。理由也很简单，劳动者只要证明其与用人单位存在劳动关系，至于我在你公司干了多久了，什么时候入职的，相关入职材料由公司保管。对于我工资为什么减少，是你公司在计算发放，当然应由公司举证证明减少工资是有合法事由的。至于用人单位开除、辞退员工，用人单位要举证证明该员工存在应该予以开除、辞退的情形。所以，一般情况下，劳动者只要证明双方存在劳动关系，很多争议的举证责任就归于用人单位一方了，一旦用人单位无有效证据予以证明，则要承担不利后果。比如，劳动者提出，我之前几个月工资都是 8000 元/月，怎么这个月变成 6800 元了。用人单位需要举证证明劳动者有几天事假不计薪，有几天病假应按病假工资计算，算下来就是 6800 元。用人单位要是无法证明工资为什么少了，那劳动仲裁机构、人民法院很可能就要认定为用人单位存在欠薪。

但是，如果加班事实的举证责任也归于用人单位一方，就乱套了。试想，劳动者提出，我这半年来共有休息日加班 8 天，延时加班 166 小时，要求用人单位支付对应的加班费。如果将举证责任归于用人单位，需要用人单位举证证明我没有加班，否则就认可我主张的加班事实。用人单位心想，没有的事实我怎么举证证明？肯定无法证明。就像抖音有一个视频，买家和卖家说没有收到货，卖家让买家通过视频或图片证明她没有收到货，可买家手里就没有货，怎么证明没收到货？最后买家分别站在家门口、客厅、取快递的地方拍了一段双手空空的视频发给卖家。换言之，让一方证明没有的事实有些强人所难了。因此，加班事实无法直接分配到用人单位一方。所以，上述司法解释第四十二条就明确了关于加班事实的举证规则，即劳动者主张加班费的，应当由劳动者提交证据证明加班事实的存在，或者提交证据证明用人单位掌握加班事实存在的证据。

［**维权提示**］

那么，劳动者具体如何就加班事实承担举证责任，或者说收集整理关于加班事实的证据有哪些注意事项呢。笔者有以下几点建议。

一、加班事实的证据收集

如前所述，加班事实的证据一方面需要证明你存在延长工作时间工作或在休息日、法定节假日工作的情形。另一方面要证明你这些延时工作或在休息日、节假日工作属于用人单位安排的加班。

证明劳动者存在延长工作时间工作或在休息日、法定节假日工作的常见证据有：考勤表、钉钉打卡记录以及其他考勤软件的考勤记录，该部分证据通过打印、截图、拍照等方式可以取得。当然，为了增加证据效力，可以通过录屏并刻录成光盘的方式提交，也可以通过公证方式增加证据效力。

证明用人单位安排加班的常见证据有：用人单位管理人员通过微信安排加班的通知、用人单位发布的书面加班通知、用人单位发布的工作时间制度（如有的公司直接在考勤制度中规定：本公司实行单休/本公司实行六天工作制）、用人单位通过办公软件通知加班的截图等。以上证据可以通过下载通知文件、对加班安排进行拍照、截图等方式进行保存。为了增加证据效力，也可以通过拍摄视频的方式进行取证，拍摄时注意确保证据的完整性。如公司在办公系统内发布的加班安排，员工通过工作电脑打开系统阅读通知。在拍摄时可以从公司办公场所开始拍摄，然后打开内部办公系统网络，按照网址、首页、加班通知文件名称、通知内容这样层层递进的顺序进行拍摄，以上操作可以印证用人单位安排加班的通知的真实性。有的员工在拍照取证或截图取证时，就截取一张加班通知内容的照片，无头无尾，甚至就只有一句话“本周六全员加班”。这加班通知是谁发的？什么时候发的？在什么平台发的？完全看不出来。加上用人单位一方提出是员工在电脑上自行制作形成的“加班通知”，并对该证据的真实性、关联性不予认可，导致这样的证据难以被劳动仲裁机构或人民法院采纳。

二、加班事实的证据整理

为什么有的劳动者提出的加班费主张在劳动仲裁或诉讼中难以得到支持？其中一个原因就是劳动者不会对证明加班事实的证据进行整理。

当前，劳动争议呈现爆发的态势，劳动仲裁机构与人民法院都面临劳动争议案件数量的激增，导致“案多人少”的矛盾十分突出。特别是一些经济发达地区的劳动仲裁机构，劳动仲裁立案后到排期开庭都要等到半年之后，一些仲裁员和法官一天要审理2—5件劳动争议案件，要撰写2—5件劳动争议的裁决书或判决书。劳动争议案件，虽然标的金额不大，但证据往往较多，法律适用的争议也较多，毕竟仲裁员和法官的精力也有限。试想，你提交一堆钉钉截图或考勤截图，显示某月某日几点几分打卡上班，几点几分打卡下班，密密麻麻一大串，然后自己都没统计清楚究竟是要求哪几个月的加班工资，都是哪一类的加班工资，每日延时加班了多少分钟，合计每月加班了多少小时，法定节假日又是哪些节假日加了班，周末加班又是哪几日，……只提交一堆截图，再自己估计一个加班费金额，就要求用人单位支付加班费110000元，然后要求仲裁机构或法院支持你的加班费主张。你想想，如果你是仲裁员或法官，你怎么办？

加班费争议在劳动争议案件中一直属于较难处理的案件。为什么难？第一难是认定是不是用人单位安排的加班难，也就是认定加班事实是否存在较难。好不容易认定有加班事实了，又会面临第二难，认定加班时长。对于加班时长的认定，其难度从易到难分别是：法定节假日工资、休息日工资、延时加班工资。毕竟法定节假日一年就十多天，休息日也从日历中可查，但延时加班计算起来就十分不易了。

比如，考勤记录显示该员工周一至周六期间的上下班打卡时间分别为：周一 8:55—18:32、周二 8:17—19:48、周三8:25—20:47、周四 8:30—21:02、周五 8:29—20:59、周六 8:22—17:30。请问，该劳动者本周延时加班多少天，休息日加班多少天？这还是简化版，大多数考勤记录显示是时－分－秒，你没看错，打卡时间精确到秒，如果将秒也计入，你再要求几年的加班费，那么仲裁员光是天天计算你一个人的加班时长都要忙上十天，其他案件还办不办。你可以用更多的时间专注整理好自己的加班费诉求，但一年要办理几百件甚至上千件劳动争议的仲裁员或法官，能否有足够的时间来整理？

所以，劳动者主张加班费时，无论是对劳动者还是承办案件的仲裁员、法官而言都是一项体力活。劳动者一方是否完整地整理了加班证据，是否清晰地制作了加班费统计表格，对于加班费最终是否能得到仲裁机构或法院的支持，显得十分重要。如何在整理好加班证据的情况下做好加班时长的统计，笔者建议劳动者通过统计整理以下加班费计算表格提交仲裁庭或法庭，以便迅速查明加班事实与加班时长（详见表3－1、表3－2）。

表3－1　延时加班统计表

案件信息	案号：□□□□□□□□，张三与A公司劳动争议案				
统计说明	以下统计数据来自本人提交的考勤表、钉钉考勤记录等印证本人加班事实的证据。其中延时加班时间统计到分钟				
2023年3月		2023年4月		……	
日期	加班时长	日期	加班时长		
3月1日	55分钟	4月1日	35分钟		
3月2日	37分钟	4月2日	无加班		
3月3日	85分钟	4月3日	65分钟		
3月4日	无加班	4月4日	无加班		
3月5日	71分钟	……	……		
……	……	4月30日	49分钟		
3月31日	49分钟				
当月小计	955分钟 即15.9小时	当月小计	837分钟 即13.9小时		
合计说明	1. 以上统计可见，本人于2023年3月至2024年1月期间共延时加班□□□小时，折算为□□日（□□□小时÷8小时/日） 2. A公司应支付本人延时加班工资□□□□□□元（延时加班共计□□日×本人日工资□□元×150%）				

表 3－2 休息日、法定节假日加班统计表

案件信息	案号：□□□□□□□□，张三与 A 公司劳动争议案
统计说明	以下统计数据来自本人提交的考勤表、钉钉考勤记录等印证本人加班事实的证据
休息日加班且未调休的日期	法定节假日加班日期
2023 年 3 月□日（周六）	2023 年 5 月 1 日（劳动节）
2023 年 4 月□日（周六）	2023 年□月□日（□□节）
2023 年 4 月□日（周日）	……
2023 年 5 月□日（周六）	
……	
以上合计，共有休息日加班□天	以上合计，共有法定节假日加班□天
合计说明	1. 本人应得休息日加班费□□□□元（加班□天×本人日工资□□元×200%） 2. 本人应得法定节假日加班费□□□□元（加班□天×本人日工资□□元×300%）

在证明加班的证据前面附上这样的统计表，可以让仲裁庭或法庭尽快查明加班事实与加班费，以便于劳动者的加班费诉求得到支持。

三、加班费请求事项的表述

在《仲裁申请书》或《起诉状》中，经常见到这样的加班费主张：

比如，（1）裁决被申请人支付申请人加班工资 125300 元；（2）……

再比如，（1）判令被告支付原告 2023 年至 2025 年的延时加班工资、休息日加班工资、法定节假日加班工资共计 97655 元；（2）……

以上关于加班费的仲裁申请事项以及诉讼请求事项的表述都存在表述不规范、不清楚的问题。无论是仲裁请求还是诉讼请求，一定要表述清楚准确，以便仲裁庭与法庭进行评判。

首先，“加班费”和“加班工资”两个词语哪个更为准确？

《劳动合同法》第三十一条规定，用人单位安排加班的，应当按照国家有关规定向劳动者支付加班费。第八十五条规定，“……（三）安排加班不支付加班费的；……”《最高人民法院关于审理劳动争议案件适用法律问题的解释（一）》第三十五条规定，劳动者与用人单位就解除或者终止劳动合同办理相关手续、支付工资报酬、加班费、经济补偿或者赔偿金等达成的协议，在《劳动合同法》以及相应的司法解释中，都表述为“加班费”，而非“加班工资”。人力资源和社会保障部与最高人民法院于2021年6月30日联合发布的第二批劳动人事争议典型案例，该批案例共有十个关于加班的案例，案例中均表述为“加班费”，而非“加班工资”。但发布前述案例的通知中也载明了“为贯彻落实……，明确工时及加班工资法律适用标准，……”因此，从法律体系上看，表述为加班费更为准确。当然，你表述为加班工资，仲裁庭与法庭也清楚其实就是主张加班费。

其次，提出关于加班费的请求事项时，尽量明确所主张加班费的种类、要求支付的起止期间、计算方法。

试想，你如果在仲裁申请中要求裁决“被申请人支付申请人加班工资125300元”。请问，你主张的究竟是延时工作加班费、休息日加班费还是法定节假日加班费？你都没有弄清楚自己主张的加班费是哪一类加班的费用，那你提出的加班费金额125300元是怎么来的？是自己估出来的？随便提出的？这种“大而化之”且模糊不清的加班费主张，容易让仲裁员或法官产生“是自己随便‘蒙’了一个加班费事项”的第一印象。这种“蒙”出来的加班费，怎么能支持？换言之，这种模糊不清的请求事项，容易让裁判者看到后形成的第一印象就是“随便写的”且“没指望得到支持”的请求。

所以，建议加班费的仲裁申请或诉讼请求这样提出：

仲裁请求事项：

1. 裁决被申请人支付申请人2023年2月1日至2024年1月31日期间的延时加班费□□□□元（计算方式：日工资□□元×延时加班共计□□天×150%）；

2. 裁决被申请人支付申请人2023年2月1日至2024年1月31日期间的休息日加班费□□□□元（计算方式：日工资□□元×休息日加班共计□□天×200%）；

3. 裁决被申请人支付申请人2023年度的法定节假日加班费□□□□元（计算方式：日工资□□元×法定节假日加班共计□天×300%）；

4. ……

诉讼请求事项同上，只不过将“被申请人”改写为“被告”，将“申请人”改写为“原告”。

通过提出明确的加班费申请事项，加上整理清晰的加班费证据，很大程度上能帮助你提出的加班费请求事项得到劳动仲裁机构或人民法院的支持。

第六节　加班费的实务争议及重点案例

除了加班费的举证难、计算难，造成加班费支持比例低的原因还有一点，即加班费本身在司法实务中就存在诸多争议事项。各地劳动仲裁机构、人民法院对加班费的争议事项都有不同的观点，造成裁判尺度和认定标准的不统一。当然，最高人民法院与人力资源和社会保障部也在努力统一裁判尺度。现就结合当前的重要案例，对涉及加班费案件在实践中常见的争议点进行解读。

一、加班费是否适用关于劳动报酬的特殊仲裁时效?

可能有劳动者提出疑问：加班费是不是劳动报酬还有争议吗？我上班时间干活得到的报酬是劳动报酬，我加班干活得到的报酬就不是劳动报酬吗?

加班费是不是劳动报酬涉及仲裁时效的认定。如果加班费是劳动报酬，则适用于特殊仲裁时效，即从劳动者离职之日才开始计算仲裁时效，意味着劳动者只要在离职后一年内申请仲裁加班费，可以要求用人单位支付整个在职期间的加班费。俗称可以让劳动者对用人单位进行“秋后算账”的特殊仲裁时效。而加班费如果不属于劳动报酬，则适用一般仲裁时效，从劳动者知道或应当知道之日起计算仲裁时效，那劳动者基本上只能主张自申请仲裁之日起倒推一年之内的加班事实所对应的加班费。

一种观点认为：加班费属于劳动报酬，应适用特殊仲裁时效。

持这种观点主要有两点依据：一是从常理判断，加班费本质上是劳动者进行加班劳动所取得的报酬，自然应认定为劳动报酬。二是依据国家统计局于 1990 年 1 月 1 日发布的《关于工资总额组成的规定》第四条之规定："工资总额由下列六个部分组成：（一）计时工资；（二）计件工资；（三）奖金；（四）津贴和补贴；（五）加班加点工资；（六）特殊情况下支付的工资。"即国家统计局在统一工资收入的口径时将加班工资都纳入工资总额了，那加班工资自然属于劳动报酬。既然属于劳动报酬，自然以劳动报酬的标准适用特殊仲裁时效。该观点也得到相应的权威案例支撑。

［**权威案例**］

第二批典型案例之十：加班费的仲裁时效应当如何认定

基本案情：张某于 2016 年 7 月入职某建筑公司从事施工管理工作，2019 年 2 月离职。工作期间，张某存在加班情形，但某建筑公司未支付其加班费。2019 年 12 月，张某向劳动人事争议仲裁委员会申请仲裁，请求裁决某建筑公司依法支付其加班费，某建筑公司以张某的请求超过仲裁时效为由抗辩。张某不服仲裁裁决，诉至人民法院。张某请求判决某建筑公司支付加班费 46293 元。

裁判结果：一审法院判决某建筑公司支付张某加班费 18120 元。张某与某建筑公司均未提起上诉，一审判决已生效。

案例分析：本案争议焦点是张某关于加班费的请求是否超过仲裁时效。《劳动争议调解仲裁法》第二十七条规定："劳动争议申请仲裁的时效期间为一年。仲裁时效期间从当事人知道或者应当知道其权利被侵害之日起计算。……劳动关系存续期间因拖欠劳动报酬发生争议的，劳动者申请仲裁不受本条第一款规定的仲裁时效期间的限制；但是，劳动关系终止的，应当自劳动关系终止之日起一年内提出。”《劳动法》第四十四条规定：“有下列情形之一的，用人单位应当按照下列标准支付高于劳动者正常工作时间工资的工资报酬……”《关于工资总额组成的规定》第四条规定：“工资总额由下列六个部分组成：……（五）加班加点工资；……”仲裁时效分为普通仲裁时效和特别仲裁时效，在劳动关系存续期间因拖欠劳动报酬发生劳动争议的，应当适用特别仲裁时效，即劳动关系存续期间的拖欠劳动报酬仲裁时效不受“知道或者应当知道权利被侵害之日起一年”的限制，但是劳动关系终止的，应当自劳动关系终止之日起一年内提出。加班费属于劳动报酬，相关争议处理中应当适用特别仲裁时效。本案中，某建筑公司主张张某加班费的请求已经超过了一年的仲裁时效，不应予以支持。人民法院认为，张某与某建筑公司的劳动合同于2019年2月解除，其支付加班费的请求应自劳动合同解除之日起一年内提出，张某于2019年12月提出仲裁申请，其请求并未超过仲裁时效。根据劳动保障监察机构在执法中调取的工资表上的考勤记录，人民法院认定张某存在加班的事实，判决某建筑公司支付张某加班费。

典型意义：时效是指权利人不行使权利的事实状态持续经过法定期间，其权利即发生效力减损的制度。作为权利行使尤其是救济权行使期间的一种，时效既与当事人的实体权利密切相关，又与当事人通过相应的程序救济其权益密不可分。获取劳动报酬权是劳动权益中最基本、最重要的权益，考虑劳动者在劳动关系存续期间的弱势地位，法律对于拖欠劳动报酬争议设置了特别仲裁时效，对于有效保护劳动者权益具有重要意义。

另一种观点认为：加班费不属于劳动报酬，应适用一般仲裁时效。

持这种观点的依据主要来自《劳动合同法》第八十五条："用人单位有下列情形之一的，由劳动行政部门责令限期支付劳动报酬、加班费或者经济补偿；劳动报酬低于当地最低工资标准的，应当支付其差额部分；逾期不支付的，责令用人单位按应付金额百分之五十以上百分之一百以下的标准向劳动者加付赔偿金：（一）未按照劳动合同的约定或者国家规定及时足额支付劳动者劳动报酬的；（二）低于当地最低工资标准支付劳动者工资的；（三）安排加班不支付加班费的；……"

该观点认为，既然《劳动合同法》将加班费与劳动报酬、经济补偿并列，说明两者之间不存在包含关系，即在《劳动合同法》的体系中，劳动报酬的概念不包含加班费。如果劳动报酬中包含加班费，那法条表述时就不用将两者进行并列。因此，该观点坚持认为加班费不属于劳动报酬，不应适用专属于保护劳动报酬的特殊仲裁时效。如成都地区的劳动争议裁判尺度，近年来一直保持该观点。

同理，《劳动合同法》第三十八条规定："用人单位有下列情形之一的，劳动者可以解除劳动合同：（一）未按照劳动合同约定提供劳动保护或者劳动条件的；（二）未及时足额支付劳动报酬的；……"从对《劳动合同法》进行体系解释的角度来看，既然《劳动合同法》第八十五条将劳动报酬与加班费并列，说明劳动报酬并不包含加班费，那《劳动合同法》第三十八条中的劳动报酬也不包含加班费。换言之，由于加班费不属于劳动报酬，所以用人单位未及时足额支付加班费不属于“未及时足额支付劳动报酬”的情形，劳动者以用人单位未及时足额支付加班费为由提出解除劳动合同的，不符合《劳动合同法》第三十八条所规定的应支付的解除劳动合同的经济补偿的情形。当然，反对此观点的理由也有，其主要是认为《劳动合同法》第八十五条将加班费与劳动报酬、经济补偿并列，是为了对“不支付加班费”的情形单独列出来进行强调，而不能就此理解为加班费就不属于劳动报酬的范围。

需要说明的是，在实践中，第一种观点虽然认为加班费属于劳动报酬，应适用特殊仲裁时效。但在用人单位未及时足额支付加班费是否属于“未及时足额支付劳动报酬”的问题上又存在分歧了。

一种观点认为，首先，从常理上判断，加班费属于劳动报酬，而《劳动争议调解仲裁法》第二十七条第四款规定：“劳动关系存续期间因拖欠劳动报酬发生争议的，劳动者申请仲裁不受本条第一款规定的仲裁时效期间的限制；……”且《劳动争议调解仲裁法》的法条中也没有出现将“加班费”与“劳动报酬”进行并列的情形，由此可见，至少在《劳动争议调解仲裁法》的体系解释中，将加班费视为劳动报酬并无不当，故适用《劳动争议调解仲裁法》判断仲裁时效时，加班费应认定为劳动报酬并适用特殊仲裁时效。但由于《劳动合同法》第八十五条中将“加班费”与“劳动报酬”进行并列表述，基于对《劳动合同法》的体系解释，加班费不应视为劳动报酬，故《劳动合同法》第三十八条所规定的“未及时足额支付劳动报酬”不包含未及时足额支付加班费的情形。其次，由于加班费涉及结算，结算周期有长有短，并不像标准月薪那样有相对固定的金额和发放时间，如果以认定月薪的标准来认定用人单位是否存在“未及时足额支付加班费”的情形，将出现大量“未及时足额支付加班费”的情形，不利于劳动关系的稳定。

另一种观点认为，既然加班费属于劳动报酬，那不仅应该适用劳动报酬专属的特殊仲裁时效，用人单位未及时足额支付加班费导致劳动者以此为由被迫离职的，用人单位也应支付经济补偿。

以上裁判观点都有相应的理由。这也是劳动争议裁判尺度难以统一的原因。劳动者在掌握了前述裁判观点形成原因的前提下，通过关注本地的案例或劳动仲裁机构与人民法院发布的意见，就可以知晓本地的认定标准。

二、劳动者与用人单位签署自愿加班的“奋斗者协议”是否还可以要求用人单位支付加班费?

近年来,职场开始出现让劳动者签署放弃部分权益的“奋斗者协议”，比如自愿加班且放弃加班费，自愿不休年休假且放弃未休年休假工资等。其实，此类“奋斗者协议”都涉及协议条款是否应认定为无效的问题。

［**权威案例**］

第二批典型案例之二：劳动者与用人单位订立放弃加班费协议后，能否再主张加班费

基本案情：张某于 2020 年 6 月入职某科技公司，月工资 20000 元。某科技公司在与张某订立劳动合同时，要求其签订一份协议作为合同附件，协议内容包括“我自愿申请加入公司奋斗者计划，放弃加班费”。半年后，张某因个人原因提出解除劳动

合同，并要求支付加班费。某科技公司认可张某加班事实，但以其自愿订立放弃加班费协议为由拒绝支付。张某向劳动人事争议仲裁委员会申请仲裁。

申请人请求：请求裁决某科技公司支付2020年6月至12月加班费24000元。

处理结果：仲裁委员会裁决某科技公司支付张某2020年6月至12月加班费24000元。

案例分析：本案的争议焦点是张某订立放弃加班费协议后，还能否主张加班费。《劳动合同法》第二十六条规定："下列劳动合同无效或者部分无效：……（二）用人单位免除自己的法定责任、排除劳动者权利的；……"《最高人民法院关于审理劳动争议案件适用法律问题的解释（一）》第三十五条规定："劳动者与用人单位就解除或者终止劳动合同办理相关手续、支付工资报酬、加班费、经济补偿或者赔偿金等达成的协议，不违反法律、行政法规的强制性规定，且不存在欺诈、胁迫或者乘人之危情形的，应当认定有效。前款协议存在重大误解或者显失公平情形，当事人请求撤销的，人民法院应予支持。"加班费是劳动者延长工作时间的工资报酬，《劳动法》第四十四条、《劳动合同法》第三十一条明确规定了用人单位支付劳动者加班费的责任。约定放弃加班费的协议免除了用人单位的法定责任、排除了劳动者权利，显失公平，应认定无效。本案中，某科技公司利用在订立劳动合同时的主导地位，要求张某在其单方制定的格式条款上签字放弃加班费，既违反法律规定，也违背公平原则，侵害了张某工资报酬权益。故仲裁委员会依法裁决某科技公司支付张某加班费。

典型意义：崇尚奋斗无可厚非，但不能成为用人单位规避法定责任的挡箭牌。谋求企业发展、塑造企业文化都必须守住不违反法律规定、不侵害劳动者合法权益的底线，应在坚持按劳分配原则的基础上，通过科学合理的措施激发劳动者的主观能动性和创造性，统筹促进企业发展与维护劳动者权益。

从上述案例体现的裁判尺度来看，约定放弃加班费的协议免除了用人单位的法定责任、排除了劳动者权利，显失公平，应认定无效。劳动者如果从事了用人单位安排的加班，仍可以要求用人单位支付加班费。

笔者认为，近年来对劳动者要求加班费的支持力度明显加大。互联网上关于“996”的讨论也起到了推波助澜的作用。其实如果严格执行加班费的支付标准，用人单位安排员工加班是不划算的，是亏本的。比如，用人单位把三个人的活交给两个人干，就得向两个人支付两个人的正常工资 + 这两个人的加班费，而加班费的计付标准是上浮的。当用人单位可以逃避加班费的支付，导致用人单位向两名员工支付的加班费少于一个人的正常工资的时候，用人单位总有让员工加班的冲动。当用人单位无法逃避加班费的支付，导致用人单位支付的加班费多于一个员工的正常工资的时候，用人单位就有意愿再招一个人，让三个人干三个人的活了。所以，严格执行加班费的裁判规则，加大对加班的保护力度，实际上发挥了促进就业的作用。

三、劳动者利用社交媒体“隐形加班”是否应认定为加班?

［**权威案例之一**］

人民法院案例库案例：李某艳诉北京某科技公司劳动争议案

入库编号：2024－18－2－490－002

裁判要旨：1. 关于“隐形加班”的认定标准。对于用人单位安排劳动者在非工作时间、工作场所以外利用微信等社交媒体开展工作，劳动者能够证明自己付出了实质性劳动且明显占用休息时间，并请求用人单位支付加班费的，人民法院应予支持。

2. 关于加班费数额。利用社交媒体加班的工作时长、工作状态等难以客观量化，用人单位亦无法客观掌握，若以全部时长作为加班时长，对用人单位而言有失公平。因此，在无法准确衡量劳动者“隐形加班”时长与集中度的情况下，对于加班费数额，应当根据证据体现的加班频率、工作内容、在线工作时间等予以酌定，以平衡好劳动者与用人单位之间的利益。

裁判理由：虽然双方在合同中约定实行“不定时工作制”，但北京某科技公司未进行“不定时工作制”审批。李某艳的工作岗位为“产品运营”，李某艳主张的加班为利用微信、钉钉等社交媒体与客户及员工的沟通，从在案证据来看，李某艳往往以微信等作为工作媒介进行沟通，从李某艳提供的微信记录等证据特别是李某艳提交的《假期社群官方账号值班表》分析，北京某科技公司在部分工作日下班时间及休息日安排李某艳工作。

随着经济发展及互联网技术的进步，劳动者的工作模式越来越灵活，可以通过电脑、手机随时随地提供劳动，不再拘束于用人单位提供的工作地点、办公工位，特别是劳动者在非工作时间、工作场所以外利用微信等社交媒体开展工作等情况并不少见，对于此类劳动者“隐形加班”问题，不能仅因劳动者未在用人单位工作场所进行工作来否定其加班，而应虚化工作场所概念，综合考虑劳动者是否提供了实质工作内容来认定加班情况。

对于利用微信等社交媒体开展工作的情形，如果劳动者在非工作时间使用社交媒体开展工作已经超出一般简单沟通的范畴，劳动者付出了实质性劳动或者使用社交媒体工作具有周期性和固定性特点，明显占用了劳动者休息时间的，应当认定为加班。本案中，虽然北京某科技公司称值班内容就是负责回复休息日客户群中客户偶尔提出的问题，并非加班，但根据聊天记录内容及李某艳的工作职责可知，李某艳在部分工作日下班时间、休息日等利用社交媒体工作已经超出了简单沟通的范畴，且《假期社群官方账号值班表》能够证明北京某科技公司在休息日安排李某艳利用社交媒体工作的事实。该工作内容具有周期性和固定性的特点，有别于临时性、偶发性的一般沟通，体现了用人单位管理用工的特点，应当认定为加班，北京某科技公司应支付加班费。对于加班费数额，法院综合考虑李某艳加班的频率、时长、内容及其薪资标准，酌定北京某科技公司支付李某艳加班费3万元。

［**权威案例之二**］

最高人民法院与人力资源和社会保障部、全国总工会共同发布的涉欠薪纠纷典型案例中涉及线上加班费应结合劳动者加班频率、时长、工资标准、工作内容等因素认定——李某诉某文化传媒公司劳动争议案

基本案情：李某于2020年4月入职某文化传媒公司，担任短视频运营总监，双方签订了期限自2020年4月8日至2023年4月7日的劳动合同，约定了3个月的试用期，试用期工资标准为每月2万元。李某在2020年4月8日至2020年5月28日任职期间，在非工作时间完成了回复设计方案、方案改进等工作。2020年5月28日，某文化传媒公司以李某试用期不符合录用条

件为由解除劳动关系，未支付李某加班费。李某认为某文化传媒公司存在未支付加班费等违法行为，申请劳动争议仲裁。后李某不服仲裁裁决，提出要求某文化传媒公司支付延时加班费19670.50元、双休日加班费26331元等诉讼请求。

裁判结果：审理法院认为，加班费数额应当综合劳动者岗位工作情况、用人单位业务特点及报酬给付标准等予以认定。因李某的工作无须在用人单位工作场所完成，且工作时间较为分散，难以量化考勤和进行科学的统计，审理法院根据李某提交的微信内容、自述公司的考勤时间及工资标准，酌情确定某文化传媒公司支付延时加班费1万元；根据微信内容等确定李某存在3天休息日到岗事实，判令某文化传媒公司支付休息日加班工资5517.24元。

典型意义：“线上加班”发生在非工作时间、非工作地点，工作安排及成果提交由线下转向线上，具有居家化、碎片化特点，不同于传统意义上在用人单位的加班，存在用人单位难以对劳动者进行实时监督管理、劳动者亦难以举证证明其加班时长等难题。本案中，人民法院在认定“线上加班”加班费时，以劳动者提供的劳动占用其休息时间为认定标准，综合考虑劳动者的加班频率、时长、工资标准、工作内容等因素，酌情认定劳动者的加班费，依法保护劳动者的合法权益。

在网络越来越发达的当今社会，劳动者提供劳动的场所并不一定固定在一个工作场所内。线上办公、线上完成工作成果的情况越来越多。各种网络即时通讯软件的发达，导致劳动者随时随地都可能接收到用人单位的工作安排。劳动者非工作日线上工作、碎片化工作其实也是一种加班劳动。不能因为是线上工作就不认定为加班，也不能因为加班时间碎片化无法计算就不支持劳动者的加班费诉求。

上述全国性的权威案例就明确了，线上工作也应认定为加班。加班时长和加班费金额难以计算的，可以结合加班频率、工资标准、工作内容等信息酌情认定加班费。从这种裁判尺度来看，国家对劳动者的加班费保护力度是越来越大了。作为劳动者，学会收集、整理用人单位安排你加班的证据，对维护自身合法权益十分重要。

第四章 劳动者的福利待遇

第一节　想说爱你不容易的带薪年休假

［**相关法条**］

《中华人民共和国劳动法》

第四十五条：国家实行带薪年休假制度。

劳动者连续工作一年以上的，享受带薪年休假。具体办法由国务院规定。

《职工带薪年休假条例》

第二条：机关、团体、企业、事业单位、民办非企业单位、有雇工的个体工商户等单位的职工连续工作 1 年以上的，享受带薪年休假（以下简称年休假）。单位应当保证职工享受年休假。职工在年休假期间享受与正常工作期间相同的工资收入。

第三条：职工累计工作已满 1 年不满 10 年的，年休假 5 天；已满 10 年不满 20 年的，年休假 10 天；已满 20 年的，年休假 15 天。

国家法定休假日、休息日不计入年休假的假期。

第四条：职工有下列情形之一的，不享受当年的年休假：

（一）职工依法享受寒暑假，其休假天数多于年休假天数的；

（二）职工请事假累计 20 天以上且单位按照规定不扣工资的；

（三）累计工作满 1 年不满 10 年的职工，请病假累计 2 个月以上的；

（四）累计工作满 10 年不满 20 年的职工，请病假累计 3 个月以上的；

（五）累计工作满 20 年以上的职工，请病假累计 4 个月以上的。

第五条：单位根据生产、工作的具体情况，并考虑职工本人意愿，统筹安排职工年休假。

年休假在 1 个年度内可以集中安排，也可以分段安排，一般不跨年度安排。单位因生产、工作特点确有必要跨年度安排职工年休假的，可以跨 1 个年度安排。

单位确因工作需要不能安排职工休年休假的，经职工本人同意，可以不安排职工休年休假。对职工应休未休的年休假天数，单位应当按照该职工日工资收入的 300% 支付年休假工资报酬。

《企业职工带薪年休假实施办法》

第三条：职工连续工作满 12 个月以上的，享受带薪年休假（以下简称年休假）。

第四条：年休假天数根据职工累计工作时间确定。职工在同一或者不同用人单位工作期间，以及依照法律、行政法规或者国务院规定视同工作期间，应当计为累计工作时间。

第五条：职工新进用人单位且符合本办法第三条规定的，当年度年休假天数，按照在本单位剩余日历天数折算确定，折算后不足 1 整天的部分不享受年休假。

前款规定的折算方法为：（当年度在本单位剩余日历天数 ÷ 365 天）× 职工本人全年应当享受的年休假天数。

第六条：职工依法享受的探亲假、婚丧假、产假等国家规定的假期以及因工伤停工留薪期间不计入年休假假期。

第八条：职工已享受当年的年休假，年度内又出现条例第四条第（二）、（三）、（四）、（五）项规定情形之一的，不享受下一年度的年休假。

第十条：用人单位经职工同意不安排年休假或者安排职工年休假天数少于应休年休假天数，应当在本年度内对职工应休未休年休假天数，按照其日工资收入的 300% 支付未休年休假工资报酬，其中包含用人单位支付职工正常工作期间的工资收入。

用人单位安排职工休年休假，但是职工因本人原因且书面提出不休年休假的，用人单位可以只支付其正常工作期间的工资收入。

第十一条：计算未休年休假工资报酬的日工资收入按照职工本人的月工资除以月计薪天数（21.75 天）进行折算。

前款所称月工资是指职工在用人单位支付其未休年休假工资报酬前 12 个月剔除加班工资后的月平均工资。在本用人单位工作时间不满 12 个月的，按实际月份计算月平均工资。

职工在年休假期间享受与正常工作期间相同的工资收入。实行计件工资、提成工资或者其他绩效工资制的职工，日工资收入的计发办法按照本条第一款、第二款的规定执行。

第十二条：用人单位与职工解除或者终止劳动合同时，当年度未安排职工休满应休年休假的，应当按照职工当年已工作时间折算应休未休年休假天数并支付未休年休假工资报酬，但折算后不足1整天的部分不支付未休年休假工资报酬。

前款规定的折算方法为：（当年度在本单位已过日历天数÷365天）×职工本人全年应当享受的年休假天数－当年度已安排年休假天数。

用人单位当年已安排职工年休假的，多于折算应休年休假的天数不再扣回。

第十八条：本办法中的“年度”是指公历年度。

［**通俗解读**］

劳动法规体系对带薪年休假的规定是逐步细化的。先是由《劳动法》（法律）规定了国家实行带薪年休假制度。再由《职工带薪年休假条例》（行政法规）对带薪年休假制度进行明确。再由《企业职工带薪年休假实施办法》（部门规章）结合企业经营特点进一步对企业安排带薪年休假进行细化。

对于带薪年休假，劳动者需要清楚以下要点。

一、享受带薪年休假的条件

《劳动法》第四十五条明确了“劳动者连续工作一年以上”就享受带薪年休假。在这里，劳动者与用人单位都容易存在一个误区，认为这个连续工作1年是指在当前这个用人单位工作1年。其实不是，劳动者在不同的用人单位累计工作满1年后，就开始享受年休假了。比如，张三大学毕业后，于2022年11月5

日入职A公司，之后张三于2024年5月31日从A公司离职并于2024年6月5日入职B公司。由于张三在A公司已经连续工作满1年了，故张三自入职B公司时就已经达到了累计工作时间1年以上的标准，就应当享受每年5天的带薪年休假。其理由在于：《职工带薪年休假条例》第三条规定，职工累计工作已满1年不满10年的，年休假5天。该法条明确了职工累计工作满1年就开始享受年休假。《企业职工带薪年休假实施办法》第四条规定，年休假天数根据职工累计工作时间确定。职工在同一或者不同用人单位工作期间，以及依照法律、行政法规或者国务院规定视同工作期间，应当计为累计工作时间。该法条明确了职工在不同用人单位的工作期间应计入前述“累计工作时间”。直白点说，如果员工已有1年以上的工作年限，该员工之后入职新的用人单位，自入职起就按其工作年限的长短享受一定天数的年休假了。在实践中，社保缴纳记录很容易看出劳动者的累计工作年限。如果从社会保险缴纳记录上看，劳动者都有十多年的缴纳记录了，用人单位还认为该劳动者要入职本公司满1年后才能享受年休假，这是错误的认识。

还要注意的是，《企业职工带薪年休假实施办法》第四条规定，“依照法律、行政法规或者国务院规定视同工作期间，应当计为累计工作时间”。此处的视同工作期间指的是劳动者依法应视同工龄的期间。比如，劳动者之前有服兵役的情形，该劳动者在部队工作的期间，应当计入其累计工作时间。

二、享受带薪年休假的天数

这个很清楚，按职工的累计工作年限分三段计算：

1. 职工累计工作已满1年不满10年的，年休假5天。

2. 职工累计工作已满10年不满20年的，年休假10天。

3. 职工累计工作已满20年的，年休假15天。

口诀：1至10年休5天，10至20年休10天，20年以上休15天。

劳动者要切记：

1. 以上累计工作时间的计算是按员工在不同工作单位的时间合并计算，即俗称的“工龄”，并不需要入职一家新用人单位后重新计算。

2. 常见的用于证明自己工作年限的证据有：上一家或上上一家用人单位为你开具的《解除（终止）劳动合同证明》（俗称离职证明）、为你发放工资的转账记录、与你签订的劳动合同等。以上材料没有的，最简单的办法是：你可以从社会保险官方网站上或社会保险行政窗口打印社会保险缴纳记录用来证明自己的累计工作年限，一般从养老保险的累计缴纳月份处可以看出你的累计工作时间，按此时间可以推算出你从何时开始享受多少年休假天数。

三、哪些情况不享受带薪年休假

1. 职工依法享受寒暑假，其休假天数多于年休假天数的。这个主要针对学校等教育机构的职工。

2. 职工请事假累计20天以上且单位按照规定不扣工资的。劳动者要注意的是，该情形其实是要符合二个条件：一是劳动者在当年度已请事假累计达20天以上；二是用人单位在劳动者请事假期间也没有扣发工资，而是按正常的工作标准向劳动者发放了工资。道理也很好理解，你作为员工，一年请了 20 天以上的事假办自己的私事，比法律规定的最长的年休假天数都长，用人单位还不扣工资，这就相当于给你享受了比法定年休假还长的休假了。但是在实践中，大多数用人单位对于员工请事假时都不计发事假期间的工资，所以如果请事假不计发工资，劳动者即使请事假累计达 20 天以上，还是要安排年休假的。换言之，用人单位在职工请事假的情况下，依然不扣发工资而正常计薪，本身也是一种福利。你如果都享受了 20 天以上的“带薪休事假”了，还来要求享受带薪年休假，有点过分了。

3. 职工累计工作满 1 年不满 10 年，请病假累计 2 个月以上的；职工累计工作满 10 年不满 20 年，请病假累计 3 个月以上的；职工累计工作满 20 年以上，请病假累计 4 个月以上的。这个也好理解，用人单位在病假期间也要按法律规定发放病假工资，按工作年限享受了一定期间的病假就不能再享受带薪年休假了。

四、哪些情况不计入带薪年休假

前述规定明确：国家法定休假日、休息日（一般为周六、周日）、探亲假、婚丧假、产假、工伤职工享受的停工留薪期间不计入年休假的假期。

国家法定休假日、休息日不计入年休假。比如，你于 2024 年 4 月 4 日至 10 日请休 5 天年休假，那就是指 2024 年 4 月 4 日、5 日、8 日、9 日、10 日共 5 天，因 2024 年 4 月 6 日、7 日是休息日，不计入年休假。

婚丧假、产假不计入年休假。比如，你于 2024 年 5 月请了 3

天婚假，但并不影响你按工作年限于 2024 年享受规定的年休假天数。

五、带薪年休假的统筹安排原则

1. 年休假由用人单位“根据生产、工作的具体情况，并考虑职工本人意愿，统筹安排职工年休假”。

为什么劳动争议的裁判观点不容易统一？从这个法条可见一斑。职工的带薪年休假究竟是按职工的意愿来请休还是按用人单位的安排来执行？法条原文就是由用人单位根据生产、工作的具体情况统筹安排，并考虑职工本人意愿。

“考虑”本身就很难出现在具体的法律条文中。用人单位统筹安排的前提下“考虑”职工意愿，本质上何时安排职工休年休假的决定权在用人单位一方。比如，张三想要每年 4 月份春暖花开之际休上 10 天年休假，公司又想在每年 11 月份业务淡季时统筹安排员工休年休假。张三向用人单位提出想在每年 4 月份休年休假。公司表示经“认真考虑”后，还是安排张三于每年 11 月份休年休假。那公司考虑张三的意愿了吗？公司说考虑了。“考虑”你的意愿，又不是一定依照你的意愿。你提出你的意愿，我考虑了你的意愿，但考虑之后我还是有我的统筹安排。

其实，这种规定也体现了劳动法规的特色，也不能怪法规起草者，这本身就是两难之局。如果完全按照劳动者提出请休时间的意愿，完全有可能在用人单位业务最繁忙、人手最缺乏之时出现职工请休年休假，甚至是众多职工一起请休年休假。如果法条规定必须按劳动者的请休年休假意愿来批准年休假，用人单位的正常经营或业务运转必然受到一定的影响。所以年休假的安排规

则是：以“用人单位统筹安排”为原则，适当“考虑职工意愿”。

在实践中，有的用人单位（特别是生产性企业）会在春节前后集中安排年休假。

比如，春节放假是7天，用人单位通知，本公司于春节期间连续放假15天，超出国家规定放假7天的放假天数，则是本公司集中安排全公司员工休年休假。

再比如，员工提前30天提出离职，用人单位在收到员工的离职申请后安排员工在后面的工作日内将该年度应休未休的年休假休完，以免离职结算时还要向离职员工支付未休年休假工资。

用人单位以上这些做法是可行的，毕竟年休假以“用人单位统筹安排”为原则。

当然，其实大多数用人单位在安排员工休年休假时，都会考虑尽量依照员工的意愿。从笔者所审理的大量的劳动争议案件中可见，大多数年休假都是由员工在钉钉等办公软件中提出年休假申请，用人单位经审批同意，然后休年休假，这种安排流程实际上是完全按员工请休年休假的意愿安排年休假。这也是用人单位内部和谐劳动关系的表现。让员工能在春暖花开时去旅行，让员工能在寒暑假期间去亲子陪伴，这何尝不是增加用人单位凝聚力之举。

2. 年休假在1个年度内可以集中安排，也可以分段安排。

意思很明确，比如你的工作年限累计已达10年以上，每年享受年休假10天。该年休假可以一次性连休10天，也可以这个月先休5天，下个月再休5天，还可以这个月休3天，下个月休3天，几个月后再休4天，即集中连续休完和分段休完都是可以的。

3. 年休假一般不跨年度安排，但用人单位因生产或工作特点确有必要跨年度安排职工休年休假的，可以跨1个年度安排。

从字面意思可以理解，原则上当年的年休假当年休完，但用人单位因生产或工作特点需要跨年度安排，可以跨1个年度安排。直白点讲，2023年未休完的年休假，用人单位也可以在2024年给你安排休了。

4. 单位确因工作需要不能安排职工休年休假的，经职工本人同意，可以不安排职工休年休假。

年休假本质上是一种福利，用人单位因工作需要不能安排休年休假且职工本人同意不休年休假的，用人单位确实可以不安排。比如网传的“奋斗者协议”，其实就是用人单位不想安排员工休年休假，让员工于协议中放弃享受年休假，这可不可以？是可以的。但问题是，员工同意用人单位不安排年休假等于放弃未休年休假工资吗？不是的！所以“奋斗者协议”的相关条款是有效还是无效，区别就在这里。如果“奋斗者协议”约定员工放弃享受年休假，但用人单位按法定标准向员工支付未休年休假工资，约定有效。因为《职工带薪年休假条例》第五条第三款规定了“单位确因工作需要不能安排职工休年休假的，经职工本人同意，可以不安排职工休年休假”。但如果“奋斗者协议”约定员工放弃享受年休假，还约定用人单位无须向员工支付未休年休假工资的，则约定很可能被认定为《劳动合同法》第二十六条所规定的“用人单位免除自己的法定责任、排除劳动者权利”的情形。其理由在于：《企业职工带薪年休假实施办法》第十条规定，<u>用人单位经职工同意不安排年休假</u>或者安排职工年休假天数少于应休年休假天数，应当在本年度内对职工应休未休年休假天数，按照其日工资收入的300%支付未休年休假工资报酬。也就是说，员工可以因为用人单位的需要而同意不享受年休假，但用人单位还是应该按应休未休的年休假天数依法支付员工未休年休假的工资报酬。

5. 单位安排职工休年休假，但职工因本人原因书面提出不休年休假的，单位不支付年休假工资。这种情况在实践中很少，但有些劳动者对年休假陷入认识误区后会做出前述行为。有的劳动者认为，我就是想要未休年休假工资，你用人单位安排我休我都不休，只要我坚持不休年休假，你用人单位就得向我支付未休年休假工资。这就是部分劳动者对年休假制度的错误认识。劳动者要认识到，用人单位因工作原因不能安排你休年休假，你同意不休年休假，用人单位要支付你未休年休假工资。但用人单位安排你休，你自己拒绝休年休假的，用人单位则无须向你支付年休假工资。换言之，**“你同意用人单位不安排年休假”**与**“你拒绝用人单位安排的年休假”**是两码事，虽然最终都是没有休年休假，但后者无须支付未休年休假工资。

在实践中，有的劳动者在提前30天提出离职后，用人单位在离职前安排劳动者休完当年度的年休假，劳动者却表示拒绝，拒绝理由是用人单位“突击”安排休年休假，是为了“规避”支付未休年休假的责任。劳动者要清楚，双方都要解除劳动关系了，年休假本就是由用人单位根据工作需要进行安排的，劳动者都要离职了，在本单位的工作期间不超过30天了，用人单位在此期间安排劳动者休年休假有什么错？所以，在用人单位安排劳动者享受年休假的情况下，劳动者意图以拒绝休年休假来获得未休年休假工资是不行的。其理由在于：《企业职工带薪年休假实施办法》第十条第二款规定，用人单位安排职工休年休假，但是职工因本人原因且书面提出不休年休假的，用人单位可以只支付其正常工作期间的工资收入。

六、年休假天数以及未休年休假工资如何计算

（一）关于员工应享受的年休假天数的计算

首先，按员工的累计工作年限得出每年应享受的天数。

比如，张三在入职A公司时在之前的用人单位已累计工作满6年，那么张三每年享受年休假5天。李四入职A公司时在之前的用人单位已累计工作满12年零3个月，那么张三每年享受年休假10天。

计算年休假天数时，如果是整年，很好计算。如果张三是新入职员工，李四是年中离职的，那他们二人入职当年或离职当年应享受的年休假天数如何计算？

关于新入职员工于入职当年的年休假计算办法。《企业职工带薪年休假实施办法》第五条规定为：（当年度在本单位剩余日历天数÷365天）×职工本人全年应当享受的年休假天数。

比如，张三于2024年5月30日入职A公司。张三的社保缴纳记录可以印证，张三在入职A公司时在之前的用人单位已累计工作满6年，即张三享受每年5天的年休假。经查，自张三入职之日，2024年度剩余日历天数为216天（2024年5月30日至12月31日）。按上述公式进行计算：张三入职时2024年度剩余日历天数为216天÷365天×张三整年应享受的年休假天数5天=2.96天。

这里要注意哦，当计算出来的天数非整数时，并非四舍五入哦！

劳动者容易出现的误区是，当计算结果非整数时，都按四舍五入来。比如这个计算结果 2.96 天，认为应该是 3 天，其实不对。《企业职工带薪年休假实施办法》第五条明确规定，“折算后不足 1 整天的部分不享受年休假”。所以非整年情况下计算年休假天数的原则并非“四舍五入”，而是“零头不算”。因此，按上述计算结果，张三于 2024 年新入职 A 公司当年应享受的年休假为 2 天。

关于离职员工于离职当年的年休假计算办法。《企业职工带薪年休假实施办法》第十二条规定为：（当年度在本单位已过日历天数 ÷ 365 天）× 职工本人全年应当享受的年休假天数 − 当年度已安排年休假天数。

比如，李四于 2024 年 5 月 30 日从 A 公司离职。李四的社保缴纳记录可以印证，李四于 2023 年度就已累计工作满 12 年，即李四享受每年 10 天的年休假。经查，截至李四离职之日，李四在 2024 年度已过日历天数为 151 天（2024 年 1 月 1 日至 5 月 30 日）。按上述公式进行计算：李四离职时其在 2024 年度已过日历天数为 151 天 ÷ 365 天 × 李四整年应享受的年休假天数 10 天 = 4.14 天。与新入职员工计算当年度年休假一样，《企业职工带薪年休假实施办法》第十二条明确规定，“折算后不足 1 整天的部分不支付未休年休假工资报酬”。因此，按上述计算结果，李四于 2024 年 5 月 30 日从 A 公司离职当年，应享受的年休假为 4 天。如果 A 公司已安排李四享受了 1 天年休假，则在离职结算时应向李四支付 3 天未休年休假工资。当然，A 公司也可以将双方协商解除劳动关系的日期推后4天，安排李四在离职前将应享受的年休假享受了，这样就不用支付未休年休假工资。

（二）关于员工未休年休假工资金额的计算

按《企业职工带薪年休假实施办法》第十条、第十一条之规定，在“用人单位经职工同意不安排年休假”或者“安排职工年休假天数少于应休年休假天数”的情况下，都应当向职工支付“应休未休年休假工资报酬”。其具体计算方式是：职工在用人单位支付其未休年休假工资报酬前12个月剔除加班工资后的月平均工资 ÷ 月计薪天数21.75天 × 职工应休未休年休假天数 ×200%。

劳动者在计算上述“应休未休年休假工资报酬”（以下简称未休年休假工资）要注意两点：

一是支付未休年休假工资前12个月平均工资。这个月平均工资在计算时是要剔除加班工资的，且如果在该公司的工作时间不足12个月，则按实际工作月份数平均计算。

二是一定要注意《企业职工带薪年休假实施办法》第十条规定未休年休假工资为“按照其日工资收入的300%支付”的后面一句话是“其中包含用人单位支付职工正常工作期间的工资收入”。什么意思呢？直白地举例说明：你月平均工资为21750元，于2023年的应休年休假天数是5天，用人单位未安排你休这5天年休假，依照规定是按日工资的300%给你支付这5天的未休年休假工资，但由于300%的工资中包含了你这5天正常工作期间的工资，故用人单位只需按200%的标准向你支付未休年休假工资，即21750元 ÷21.75天 ×5天 ×200% =10000元。这就是为什么依照《企业职工带薪年休假实施办法》第十条“按照其日工资收入的300%支付未休年休假工资报酬，其中包含用人单位支付职工正常工作期间的工资收入”的规定，最终在计付未休年休假工资金额时要按200%计算的原因。

当然，有些劳动者可能还是不理解，举例细一点就明白了。还是如上例：张三的月工资标准为21750元，按每月21.75个计薪日计算，张三的日薪为1000元。张三本来决定2024年5月的最后一周（5月27日至5月31日）请休5天年休假，但A公司表示业务繁忙，让张三别休了，工作要紧，张三也同意了。所以张三于2024年5月还是干满了全月，即本来张三准备休年休假的5月27日至5月31日也正常上了班，A公司也向张三正常支付了张三于2024年5月27日至5月31日正常工作期间的工资收入。由于计付未休年休假工资的“日工资收入的300%”中包含了正常工作期间的工资收入，实际上A公司通过正常支付工资时已支付了100%，所以再计付张三的未休年休假工资时只需将剩余未支付的200%进行计付。

七、年休假争议中常见的几个误区

（一）有的公司因为在春节期间是业务淡季，故公司在春节长假期间，发出放假通知，要求全公司员工休息更长的假期，并将多出的假期明确为统一安排的年休假，这种做法可不可以？

如上所述，这是可以的。公司为了经营需要统一安排年休假并不违法。但劳动者也需要注意两点：

一是这种统一安排年休假的方式需要公司进行明确通知。比如发出书面放假通知对统一安排年休假进行明确，或通过微信、电子邮件的方式向员工明确。如果公司并未明确该部分超出法定春节假期的放假是安排员工的年休假，事后又说是年休假，主流裁判观点是不能将多出的假期认定为用人单位安排的年休假。

二是要注意公司在春节假期之外加放假期的情形下是否对加放假期的工作日进行计薪。因为法定节假日、年休假都应正常计薪发放工资。如果公司主张多出春节假期的放假是统一安排的年休假，那就应该按正常标准计发工资。加之春节假期系法定节假日也应该计薪。如果春节法定假期之外多放的假期是用人单位统一安排的年休假，那么用人单位在整个春节放假及安排年休假期间都应该按正常工资标准向劳动者计发工资。如果公司声称的“年休假期间”未按正常工资标准计薪，就印证了春节法定假期之外多出的假期并不是公司安排的年休假。劳动者通过比较春节放假当月的月工资与正常工作月份的月工资就可以看出是否正常计薪，通过工资条也能看出是否正常计薪。如果在公司声称的“安排年休假”期间没有计薪，那公司所称的“安排年休假”的说法便不能成立。

（二）用人单位未支付未休年休假工资，劳动者对未休年休假工资申请劳动仲裁，是按普通仲裁时效还是按特殊仲裁时效？

之前章节学习过，普通仲裁时效是从劳动者知道或应当知道其权利受损害之日起计算，而针对劳动报酬的特殊仲裁时效是从劳动者离职之日开始起算。直白地说，普通仲裁时效要求劳动者要及时提出，“权利不主张则过期作废”，而特殊仲裁时效则是允许劳动者在离职后进行“秋后算账”。所以，劳动争议事项是否属于劳动报酬，适用哪一种仲裁时效规则，对劳动者主张权利的影响极大。

比如，张三于2012年1月1日入职A公司，张三在入职A

公司前就有 10 年以上的工作年限，依法每年应享受 10 天年休假。但张三自入职起就一直没有享受过年休假。2024 年 12 月 31 日，张三从 A 公司离职。张三离职后，春节期间经学法律的朋友提醒才知道可以向用人单位要求支付未休年休假工资。故张三于 2025 年 3 月 1 日申请了仲裁，要求 A 公司支付 2012 年 1 月至 2024 年 12 月期间应休年休假 130 天（10 天/年 ×13 年）但未安排休年休假的未休年休假工资 260000 元（21750 元 ÷21.75 天 ×130 天 ×200%）。

当前的主流裁判观点认为，带薪年休假本质上是一种福利，用人单位未安排员工休年休假而应向员工支付的“未休年休假工资”虽有“工资”二字，但并不能因概念中有“工资”二字就认定为劳动报酬。比如“未签订书面劳动合同的二倍工资”也有工资二字，但该款项明显就不是劳动报酬，而是对用人单位“未签订书面劳动合同”这一违法行为的惩罚金额。同理，“未休年休假工资”是在用人单位未安排年休假情况下，对劳动者未享受该法定福利的补偿，不具有劳动报酬的属性，不能认定为劳动报酬。故要求支付未休年休假工资的争议不应参照劳动报酬适用特殊仲裁时效。按此逻辑推理，前例中的张三于 2013 年 1 月 1 日就知道自己未享受 2012 年度的年休假，于 2014 年 1 月 1 日就知道自己未享受 2013 年度的年休假，……以此类推，实际上张三每年年初都知道自己上年度未享受年休假。如果按普通仲裁时效，从张三知道或应当知道之日起算，张三于 2025 年 3 月 1 日才申请仲裁，以张三申请仲裁的时间倒推一年，即 2024 年 3 月 2 日，由于年休假按“年度”为单位安排。故张三于 2024 年 1 月 1 日之前的未休年休假工资的主张已超过一年的仲裁时效，只能裁决 A 公司支付张三 2024 年度未休年休假工资 20000 元（21750 元 ÷21.75 天 ×10 天 ×200%）。

当然，也有部分观点认为，国家统计局发布的《关于工资总额组成的规定》第四条规定，工资总额由下列六个部分组成："……（六）特殊情况下支付的工资。"第十条规定："特殊情况下支付的工资。包括：（一）根据国家法律、法规和政策规定，因病、工伤、产假、计划生育假、婚丧假、事假、探亲假、定期休假、停工学习、执行国家或社会义务等原因按计时工资标准或计时工资标准的一定比例支付的工资；……"依据前述规定，未休年休假工资属于"特殊情况下支付的工资"，也属于工资总额的范围。既然属于工资总额的范围就属于劳动报酬，既然属于劳动报酬就应该适用特殊仲裁时效，即从劳动者离职之日起算仲裁时效。按此种认定思路，前例中的张三于 2024 年 12 月 31 日离职，于 2025 年 3 月 1 日申请仲裁，故其在职期间被欠付的未休年休假工资均未超过仲裁时效。

2023 年 12 月发布的《最高人民法院关于审理劳动争议案件适用法律问题的解释（二）（征求意见稿）》第五条规定："劳动者主张用人单位支付未休年休假工资报酬、加班费的仲裁时效适用劳动争议调解仲裁法第二十七条第四款规定的，人民法院应予支持。"前述条文中的"劳动争议调解仲裁法第二十七条第四款规定的"就是指针对欠付劳动报酬时允许劳动者从终止劳动关系之日起算的特殊仲裁时效。从前述征求意见稿来看，最高人民法院倾向于将劳动者主张用人单位支付未休年休假工资报酬的仲裁时效按特殊仲裁时效处理，这有利于劳动者，将大大增加用人单位不安排年休假的补偿成本。当然，笔者从看到该征求意见稿时就感觉与当前主流的裁判观点不一致，可能会引起一定的争议。当然，该司法解释的征求意见稿至今未正式发布，可能正式发布后的内容与征求意见稿又不一致。笔者认为，前述条文中将加班费争议适用劳动报酬的特殊仲裁时效争议不大，但将未休年休假工资报酬也适用特殊仲裁时效会面临较大的争议。

第二节　让用人单位最头疼的医疗期

［**相关法条**］

《中华人民共和国劳动合同法》

第四十条：有下列情形之一的，用人单位提前三十日以书面形式通知劳动者本人或者额外支付劳动者一个月工资后，可以解除劳动合同：

（一）劳动者患病或者非因工负伤，在规定的医疗期满后不能从事原工作，也不能从事由用人单位另行安排的工作的；……

第四十二条：劳动者有下列情形之一的，用人单位不得依照本法第四十条、第四十一条的规定解除劳动合同：……（三）**患病或者非因工负伤，在规定的医疗期内的；**……

［**关联规定**］

《企业职工患病或非因工负伤医疗期规定》

第二条：医疗期是指企业职工因患病或非因工负伤停止工作治病休息不得解除劳动合同的时限。

第三条：企业职工因患病或非因工负伤，需要停止工作医疗时，根据本人实际参加工作年限和在本单位工作年限，给予三个月到二十四个月的医疗期：

（一）实际工作年限十年以下的，在本单位工作年限五年以下的为三个月；五年以上的为六个月。

（二）实际工作年限十年以上的，在本单位工作年限五年以下的为六个月；五年以上十年以下的为九个月；十年以上十五年以下的为十二个月；十五年以上二十年以下的为十八个月；二十年以上的为二十四个月。

第四条：医疗期三个月的按六个月内累计病休时间计算；六个月的按十二个月内累计病休时间计算；九个月的按十五个月内累计病休时间计算；十二个月的按十八个月内累计病休时间计算；十八个月的按二十四个月内累计病休时间计算；二十四个月的按三十个月内累计病休时间计算。

第五条：企业职工在医疗期内，其病假工资、疾病救济费和医疗待遇按照有关规定执行。

《关于贯彻执行〈中华人民共和国劳动法〉若干问题的意见》

第五十九条：职工患病或非因工负伤治疗期间，在规定的医疗期间内由企业按有关规定支付其病假工资或疾病救济费，病假工资或疾病救济费可以低于当地最低工资标准支付，但不能低于最低工资标准的80%。

《劳动部关于贯彻〈企业职工患病或非因工负伤医疗期规定〉的通知》

一、关于医疗期的计算问题

1. 医疗期计算应从病休第一天开始，累计计算。如：应享受三个月医疗期的职工，如果从1995年3月5日起第一次病休，那么，该职工的医疗期应在3月5日至9月5日之间确定，在此期间累计病休三个月即视为医疗期满。其它依此类推。

2. 病休期间，公休、假日和法定节日包括在内。

二、关于特殊疾病的医疗期问题

根据目前的实际情况，对某些患特殊疾病（如癌症、精神病、瘫痪等）的职工，在24个月内尚不能痊愈的，经企业和劳动主管部门批准，可以适当延长医疗期。

《劳动部关于实行劳动合同制度若干问题的通知》

第二十二条：劳动者患病或者非因工负伤，**合同期满终止劳动合同的，用人单位应当支付不低于六个月工资的医疗补助费；**对患重病或绝症的，还应适当增加医疗补助费。

《劳动部办公厅关于对劳部发〔1996〕354号文件有关问题解释的通知》

第二条：《通知》第22条"劳动者患病或者非因工负伤，合同期满终止劳动合同的，用人单位应当支付不低于六个月工资的医疗补助费"是指合同期满的劳动者终止劳动合同时，医疗期满或者医疗终结被劳动鉴定委员会鉴定为5—10级的，**用人单位应当支付不低于六个月工资的医疗补助费。**鉴定为1—4级的，应当办理退休、退职手续，享受退休、退职待遇。

［**通俗解读**］

一、医疗期本质上是对劳动者的"解雇保护期"

《企业职工患病或非因工负伤医疗期规定》第二条明确规定，医疗期是指企业职工因患病或非因工负伤停止工作治病休息不得解除劳动合同的时限。直白地说，劳动者患病或非因工负伤时，按其工作年限可以享受停止工作进行医疗的期间，且该期间用人单位不得“轻易”解雇，这就是医疗期。之所以不能“轻易”解雇，是因为即使劳动者处于医疗期，用人单位只是不得因为《劳动合同法》第四十条（无过错辞退）、第四十一条（用人单位裁员）等解雇处于医疗期的劳动者。但劳动者如果出现了《劳动合同法》第三十九条（劳动者过错）的情形，用人单位照样可以解雇处于医疗期的员工。

劳动者要明白一个概念，《劳动合同法》第三十九条是悬在劳动者头上的“惩戒之剑”。不管你与用人单位签订的是否是无固定期限劳动合同，不管你是处于法定医疗期还是处于“三期”（女职工），一旦出现了《劳动合同法》第三十九条规定的过错情形，用人单位都是可以解除劳动关系的。

另外，劳动者要注意，医疗期只是针对劳动者“因患病”或“非因工负伤”，也就是因自身原因生病或受伤了，不是职业病，也不是因工负伤。如果劳动者经鉴定为职业病或因工负伤，则属于工伤的范围。工伤职工享受的是“停工留薪期”，而职工在停工留薪期内，《工伤保险条例》规定“原工资福利待遇不变，由所在单位按月支付”。所以，劳动者要清楚，医疗期概念只适用于“因患病”和“非因工负伤”。

二、医疗期的长短与劳动者累计工作年限以及在本单位工作年限相关

其实，也可以将“医疗期”理解为与工作年限长短挂钩的“可安心休病假”的福利，在这个可休病假期间内，用人单位不得以《劳动合同法》第三十九条之外的理由解雇员工。医疗期

期限长短取决于劳动者累计的工作年限和在当前用人单位的工作年限。《企业职工患病或非因工负伤医疗期规定》第三条规定，企业职工因患病或非因工负伤，需要停止工作医疗时，根据本人实际参加工作年限和在本单位工作年限，给予 3 个月到 24 个月的医疗期。具体见表 4－1。

表 4－1　医疗期计算详情

<table>
<tr><th colspan="2">员工实际累计工作年限</th><th>员工在本单位的工作年限</th><th>员工应享受的医疗期</th></tr>
<tr><td colspan="2" rowspan="2">10 年以下</td><td>5 年以下</td><td>3 个月</td></tr>
<tr><td>5 年以上</td><td>6 个月</td></tr>
<tr><td colspan="2" rowspan="5">10 年以上</td><td>5 年以下</td><td>6 个月</td></tr>
<tr><td>5 至 10 年期间</td><td>9 个月</td></tr>
<tr><td>10 至 15 年期间</td><td>12 个月</td></tr>
<tr><td>15 至 20 年期间</td><td>18 个月</td></tr>
<tr><td>20 年以上</td><td>24 个月</td></tr>
<tr><td>说明</td><td colspan="3">1. 累计工作年限是指员工在不同用人单位工作的累计工作年限。
2. 本单位工作年限是指员工在当前工作单位的工作年限。</td></tr>
</table>

从上述医疗期计算表可见，同样的累计工作年限，在当前公司工作时间越长，享受的医疗期越长。体现了员工可享受的医疗期与员工为该用人单位提供劳动的年限成正比。换言之，劳动贡献越大，享受的医疗期越长。

对于经常“跳槽”的劳动者，其享受的医疗期就不会太长。比如张三，即使有 23 年的累计工作年限，但由于张三入职当前公司的工作年限仅 3 年，故其享受的医疗期仅为 6 个月。而与张三一起毕业的李四，23 年来一直在这个公司工作，故李四可享受的医疗期为24个月。

三、员工享受的医疗期可以连续计算也可分段计算

劳动者与用人单位的人事管理人员都容易出现这样的常见误区，即医疗期是不是累计到表4－1的医疗期时限就可以解雇员工了？比如，张三按其工作年限，应享受6个月的医疗期。张三因患病需要手术，于2023年3月5日向A公司请休病假至7月5日，后来张三于2023年7月6日回公司上班至2024年6月15日，自2024年6月16日又请休病假至8月31日。A公司认为张三的第一次病假达4个月，第二次病假为2.5个月，已达到医疗期满的情形。A公司以张三“不能从事原工作也不能从事另行安排的工作”为由将张三辞退。那A公司的计算医疗期的方法有没有问题？

其实A公司的计算方式是不对的。按照《企业职工患病或非因工负伤医疗期规定》，医疗期3个月的按6个月内累计病休时间计算；6个月的按12个月内累计病休时间计算；9个月的按15个月内累计病休时间计算；12个月的按18个月内累计病休时间计算；18个月的按24个月内累计病休时间计算；24个月的按30个月内累计病休时间计算。用表格展示更为清楚（表4－2）：

表4－2 医疗期对应的累计病休时间

医疗期时长	对应的累计病休时间计算期间
3个月	6个月
6个月	12个月
9个月	15个月

续表

医疗期时长	对应的累计病休时间计算期间
12 个月	18 个月
18 个月	24 个月
24 个月	30 个月

从上述内容可知，医疗期内员工请休病假的时间可以累计计算，但需要从员工开始请休病假之日起的一定期限内累计。如果员工在这个期限内请休病假时间未达到其应享受的医疗期，则劳动者在该期限内仍享受解雇保护。该员工应享受的医疗期从下一计算周期重新计算。

再打个可能不太恰当的比方，方便劳动者与用人单位共同理解清楚。员工的医疗期如同驾驶证的扣分，在一个扣分周期内扣完 12 分，重新考证（可以解雇）。如果一个扣分周期其未扣完 12 分，在下个周期内驾驶证分归为满分，重新计扣（重新计算）。

如前例：张三应享受 6 个月的医疗期，对应的累计病休计算期间为 12 个月。张三于 2023 年 3 月 5 日开始因手术请休病假，故计算张三医疗期的起算时间自 2023 年 3 月 5 日起 12 个月，即 2023 年 3 月 5 日至 2024 年 3 月 4 日。不管张三在此期间内请休了多少次病假，如果在前述期间内累计起来达到 6 个月，则张三的医疗期满。如果张三请休的病假在前述期间内累计起来未达到 6 个月，则张三仍处于医疗期内。从 2024 年 3 月 5 日起，张三进入下一个计算期间，之前的病假时间相当于“清零”，在下一个计算期间重新计算张三的病假累计天数是否达到医疗期。由于前面例子中张三于 2023 年 3 月 5 日至 2024 年 3 月 4 日的计算期间内，休病假的时间为 2023 年 3 月 5 日至 7 月 5 日，其享受的医疗期未满 6 个月。故张三在 2023 年 3 月 5 日至 2024 年 3 月 4 日的计算期间内仍享受解雇保护。

通过以上的表格展示及举例说明，劳动者应该明白医疗期的计算方法了。其实，除非员工本身想以患病为由大量请休病假，如果医疗期只是住院的时间，以现有的医疗技术，一个员工 6 个月内有 3 个月在住院，12 个月内有 6 个月在住院，15 个月内有 9 个月在住院，……那这身体只怕是真的难以胜任工作了。所以实践中，更多的患病员工是被医疗期保护了，很少见医疗期满后因无法从事工作而被辞退的情形。

四、医疗期内的病假工资如何计算？

《关于贯彻执行〈中华人民共和国劳动法〉若干问题的意见》明确规定，职工患病或非因工负伤治疗期间，在规定的医疗期间内由企业按有关规定支付其病假工资或疾病救济费，病假工资或疾病救济费可以低于当地最低工资标准支付，但不能低于最低工资标准的 80%。当然，这是国家统一规定的下限，各地对病假工资还有一些规定，但肯定不能低于国家规定的下限。

比如，《深圳市员工工资支付条例》第二十三条规定，员工患病或者非因工负伤停止工作进行医疗，在国家规定的医疗期内的，用人单位应当按照不低于本人正常工作时间工资的 60% 支付员工病伤假期工资，但是不得低于本市最低工资标准的 80%。也即，在深圳市，医疗期内请休病假的，病假工资按本人工资的 60% 计发，如果你的工资标准很低，按本人工资的 60% 计发少于深圳市最低工资的 80%（国家规定的下限），则按深圳市最低工资的 80% 计发。如前例，如果张三的月工资标准为 20000 元，那么按深圳的标准，张三4个月病假期间，公司应按12000元/月（20000元/月×60%）的标准向张三计发病假工资。

再比如，上海则规定医疗期内的病假工资计算模式与在本单位的连续工龄挂钩：连续工龄不满2年的按本人工资的60%计发，连续工龄满2年不满4年的按本人工资70%计发，……连续工龄满8年及以上的按本人工资的100%计发。

所以，关于病假工资的计算方式各省、市、区有不同的规定，按当地的标准主张权利即可。《关于贯彻执行〈中华人民共和国劳动法〉若干问题的意见》第五十九条规定的医疗期间内由企业按“有关规定”支付其病假工资或疾病救济费中的“有关规定”就是各地的规定。“但不能低于最低工资标准的80%”是全国统一的托底规定，如果劳动者所在的省、市、区没有关于病假工资的具体规定，那至少得按国家规定来执行。总体来看，越是经济发达地区，规定的病假工资支付标准越高。

五、你可能不知道的“医疗补助费”

［**权威案例**］

人民法院案例库案例：杨某诉某科技公司劳动争议纠纷案——违法解除劳动关系赔偿金和病假工资、医疗补助费应一并支持

入库编号：2023－16－2－490－008

裁判要旨：1. 残疾人劳动者医疗期内的合法权益应依法保护。用人单位在医疗期内违法解除劳动合同并已支付赔偿金，劳动者主张医疗期内的病假工资及**医疗补助费**的，人民法院应予支持。

2. 用人单位未为劳动者缴纳城镇职工基本医疗保险，劳动者自行参加新型农村合作医疗保险并主张用人单位补足医疗费报销差额的，人民法院应予支持。

裁判理由：综合检察机关的抗诉意见和当事人的诉辩意见，再审的主要争议是：（1）杨某主张的2015年7月24日以后剩余医疗期内的病假工资是否应予支持；（2）杨某主张的医疗补助费等是否应予支持；（3）杨某主张的医疗保险报销差额是否应予支持。

1. 关于杨某主张的2015年7月24日以后剩余医疗期内的病假工资是否应予支持的问题。《劳动合同法》并未明确用人单位支付违法解除劳动关系赔偿金后是否还需支付病假工资。首先，病假工资属于劳动者保护性给付，违法解除劳动合同赔偿金属于惩罚性的法律责任。其次，依照《劳动合同法》第四十五条、《广东省工资支付条例》第二十四条第一款等规定，病假工资是劳动者应当获得的工资待遇，用人单位在医疗期内应当向劳动者支付病假工资，劳动合同合法终止的情况下，劳动者尚可获得病假工资，对于用人单位在医疗期内违法解除劳动关系导致劳动合同提前终止的，用人单位亦应对劳动者因此丧失的病假工资承担赔偿责任。根据《企业职工因病或非因公负伤医疗期规定》第三条的规定，杨某享有9个月的医疗期，再审改判某科技公司向杨某支付2015年6月29日至2016年3月28日共9个月的医疗期内病假工资10872元。

2. 关于杨某主张的医疗补助费等是否应予支持的问题。《劳动合同法》对于医疗补助费并无相关规定，该项费用是为保障劳动者继续治疗疾病而赋予单位的一项社会责任和法定责任。司法实践中，适用医疗补助费的情形主要是劳动合同解除时或者劳动合同终止时。依照现有的关于适用医疗补助费的规定，用人单位在无过错解除劳动关系以及劳动合同期满终止的情况下尚需支付医疗补助费，根据“举轻以明重”的原则，在用人单位违法解除劳动关系的情况下，亦不应免除其支付医疗补助费的责任。且赔偿金与医疗补助费的性质和功能不同，现有法律规定亦未明确赔偿金可覆盖医疗补助费。结合杨某患病的具体情况及大部分劳动能力丧失的司法鉴定意见，再审改判酌定某科技公司向杨某支付相当于6个月工资的医疗补助费。

3. 关于杨某主张的医疗保险报销差额是否应予支持的问题。依照《社会保险法》第二十三条第一款等规定，用人单位和劳动者必须依法参加医疗保险，缴纳医疗保险费，否则用人单位应向劳动者赔偿未为其办理社会保险手续，且社会保险经办机构不能补办导致其无法享受社会保险待遇而遭受的损失。杨某主张的本可在东莞市享受的职工基本医疗保险与其已享受的新型农村合作医疗保险之间的报销差额，属于因某科技公司未为其办理社会保险手续所遭受的损失，再审予以支持。再审经向广东省某市社会保险基金管理中心调查并经该中心核算，改判某科技公司向杨某补足两种类型医疗保险报销差额损失9954.77元。

在实践中，很多劳动者、用人单位都不知道“医疗补助费”这个概念。确实，现行《劳动合同法》全文都没有这个概念了。这个费用是原劳动部发布的部门规章所规定的为了保障劳动者离职后能继续治疗疾病而赋予单位的一项社会责任。

关于医疗补助费，先是由《劳动部关于实行劳动合同制度若干问题的通知》第二十二条规定为“劳动者患病或者非因工负伤，合同期满终止劳动合同的，用人单位应当支付不低于六个月工资的医疗补助费；对患重病或绝症的，还应适当增加医疗补助费”。之后，《劳动部办公厅关于对劳部发〔1996〕354 号文件有关问题解释的通知》第二条又规定，《通知》第 22 条“劳动者患病或者非因工负伤，合同期满终止劳动合同的，用人单位应当支付不低于六个月工资的医疗补助费”是指合同期满的劳动者终止劳动合同时，医疗期满或者医疗终结被劳动鉴定委员会鉴定为 5—10 级的，用人单位应当支付不低于 6 个月工资的医疗补助费。鉴定为 1—4 级的，应当办理退休、退职手续，享受退休、退职待遇。前一文件规定了患病或者非因工负伤的劳动者因合同期满终止劳动合同的，应支付不低于 6 个月的医疗补助费，后一文件则规定需要于医疗期满后被劳动鉴定委员会鉴定为 5—10 级才有医疗补助费。所以在实践中是否必须经鉴定为 5—10 级才能享受医疗补助费存在争议。前述人民法院案例库的入库案例则明确，虽然前述文件规定患病或者非因工负伤的劳动者因“合同期满终止劳动合同”的情况下应支付医疗补助费，根据“举轻以明重”的原则，用人单位违法解除劳动合同，劳动者符合享受医疗补助费条件的，用人单位也应当支付医疗补助费。劳动者如遇到上述情况，可以先提出医疗补助费的请求，至于是否需要进行劳动能力鉴定才可享受，按当地的政策办理即可。

第三节　用来“画大饼”的年终奖

在实践中，年终奖又可称为年度绩效奖金、年度考核奖励等。也有员工把所谓的年底“十三薪”称为年终奖。总之年终奖，名称多多，只要用人单位高兴，把它称为什么都行。笔者为便于论述，将其统称为“年终奖”吧。其特征就是在劳动者的月工资报酬之外由用人单位在年底或次年初支付的一笔奖金。

近年来，劳动争议中关于年终奖的争议越来越多，且此类案件争议大、审理难，更多依靠仲裁员或法官的内心认定来裁判。

有的劳动者认为，以前的年度都发了年终奖，为何今年就没有年终奖了，那就是用人单位克扣劳动报酬。

有的用人单位则认为，去年因为公司业绩大好，老板想着与大家同甘共苦，所以年底额外发了一笔钱。今年业绩不好，公司也足额发放了工资，怎么能因为之前发过一笔年终奖就成了以后年年都要发年终奖了？

为什么年终奖争议裁判难，主要是因为年终奖在实务中很难准确定义。年终奖究竟是劳动报酬还是额外福利？在审理年终奖的案件时，只要通过查明的事实能够定义本案中的年终奖是否属于劳动报酬的组成部分，那就好裁判了。在实践中，年终奖主要有以下几种类型。

一、有明确约定名目和金额的年终奖（约定奖励）

笔者称这类年终奖为约定奖励。一般表现形式为用人单位向员工发放的《入职通知书》《录用通知书》等书面文件中载明：本公司拟录用你任职×××岗位。您的年薪为××××××元，其中每月固定发放的部分为××××××元，即每月发放×××××元，年终考核奖励××××××元。或者明确：全年“十五薪”，年度享受相当于3个月工资的绩效奖金。

到了年底，公司不想支付这个年终奖了，开始找出诸多理由，比如：

你表现不佳，你的产出达不到公司向你支付年终绩效的标准。

公司业绩不好，所以全员取消绩效奖金。

录用通知是说了有年底考核奖励，但你今年考核分为59分，属于D等，所以没有奖励。

劳动者面临这种情形，心里会想，你用人单位发给我的《录用通知》中明确了我的年薪金额，我就是冲着这个薪酬标准才入职你们公司的。虽然年薪分为了两部分，一部分按月发放，另一部分年底发放，但我作为员工对自己的薪酬是有预期的、有标准的。你需要录用我时，说年薪是多少多少，辛苦干了一年了，你用人单位又找理由不发年底应发那部分，那岂不是在入职时为我“画大饼”？

笔者认为，这类明确约定为劳动者整体薪酬一部分的年终绩效奖金，应该归类为劳动报酬的范围。《最高人民法院关于审理劳动争议案件适用法律问题的解释（一）》第四十四条规定，因用人单位作出的开除、除名、辞退、解除劳动合同、<u>减少劳动报酬</u>、计算劳动者工作年限等决定而发生的劳动争议，<u>用人单位负举证责任</u>。而认定为劳动报酬性质的年终奖，如果用人单位要减发该部分年终奖，则由用人单位举证证明不发、减发的理由。而用人单位要证明员工“表现不佳、考核不合格”是相当难的。比如要证明“表现不佳”，这是一个主观评判，难以找到客观标准，表现怎么样才算“佳”与“不佳”？但凡是主观评价，都是难以用证据证明的。再比如要证明“考核不合格”，就需要用人单位先证明双方约定的考核标准是什么？员工哪些行为未达到考核标准？按一系列逻辑链推理下来也很难证明。除非员工真的存在很明显的消极怠工、工作严重失职等情形。用人单位想将已有明确约定的年终奖扣减掉，在证明合法性、合理性上十分困难。

二、有明确约定名目但无具体金额的年终奖（酌定奖励）

笔者称这类年终奖为酌定奖励。一般表现形式为用人单位向员工发放的《入职通知书》《录用通知书》或薪酬确认文件中载明员工月薪为××××元，年底经考核享受年终奖。但文件中没有明确关于年终奖的金额。之后，用人单位也确实向劳动者实际发放了几千元到几万元不等的年终奖。然后到了某一年底，用人单位宣布这一年因公司经营业绩不佳、利润下滑等，不再发放年终奖。劳动者则表示不服，认为公司老板开着豪车，公司的经营利润也没有亏损。因此，双方对年终奖是否发放，发放多少产生争议。

对于这一类在明确薪酬的文件中约定的年终奖金，一般而言也是归类为劳动报酬范围，只不过属于具体金额约定不明且发放金额确实会上下浮动的劳动报酬。由于双方对于年终奖有约定，故用人单位决定不发或少发，应就不予发放的理由承担举证责任。但实践中，由于涉及薪酬的文件中连金额都没有明确的约定，不予发放或具体应减发的情形和计算办法更无明确的约定，所以用人单位难以举证证明其不予发放的理由。如果之前年度有实际发放，在实践中，裁判人员解决金额约定不明或确实存在奖金金额上下浮动情形的年终奖争议，一般是将已实际发放年度的奖金金额或近三年实际发放的年终奖进行平均计算，得出平均年度奖金金额作为双方所争议年度的奖金发放标准。如果员工之前没有实际发放，裁判人员可能会参照相同或相似岗位员工所发放的金额酌情认定。

比如，最高人民法院的微信公众号于 2024 年 5 月 10 日发表的《年终奖连续发了五年，说不给就不给？法院这样判了》一文载明一个案例。其基本案情是：高先生于 2015 年 3 月入职北京某公司，担任驻厂员，月工资标准 3 万元。双方签订的劳动合同中约定，“**年终奖是否发放由公司根据整体经营状况、员工个人工作表现等因素自主决定**”。每年 3 月前后北京某公司发放上一年度年终奖，高先生**接连五年陆续领取了 2016 年至 2020 年年终奖**。2022 年北京某公司以“年终奖发放属于企业自主经营权、公司经营困难”为由，告知高先生不再发放 2021 年度年终奖，双方产生争议后诉至法院。诉讼中，北京某公司未就年终奖的核算或企业经营状况提供任何证据。北京市海淀区人民法院一审审理认为：首先，北京某公司已连续五年向高先生发放年终奖，作为负有管理责任的用人单位，北京某公司应当就年终奖的具体发放条件、发放标准以及核算方式承担举证责任，但北京某公司并未就此提交证据，应承担不利后果。进而，北京某公司以经营困难为由主张无须支付年终奖，**但未就所主张的经营亏损情况提交证据，应承担举证不能的法律后果**。最终法院参照 2020 年年终奖发放数额，判令北京某公司向高先生支付 2021 年年终奖 2.5 万元。该案宣判后，北京某公司不服提起上诉。二审判决驳回上诉，维持原判。目前，判决已发生法律效力。从该案可见，现行法律法规并未硬性规定用人单位应否设定、如何设定年终奖等，用人单位与劳动者对年终奖发放标准或条件有约定的，则应从约定；若无约定或约定不明，则应依据用人单位内部经民主程序制定的规章制度、既往发放惯例、发放条件的相关要素是否成就等，对应否发放年终奖进行综合评定。

当然，在实践中，如果用人单位确有证据证明经营困难，裁判人员也可能结合企业经营状况酌定一个较低的年终奖金额，甚至认为由于双方并无具体的年终奖金额约定且企业确实处于亏损状态，认可企业不用支付年终奖。如果用人单位对劳动者进行了内容恰当、过程完备、结果透明的绩效考核，而考核结果显示不应支付年终绩效奖金的，也可以认定用人单位无须向劳动者支付年终绩效奖金。比如以下权威案例。

［**权威案例**］

人民法院案例库案例：曾某诉某网络科技公司劳动争议案

入库编号：2023-07-2-490-003

裁判要旨：劳动者的年终奖与可量化的业绩挂钩，虽然在形式上被称为“年底三薪”或者“年终奖”，但实质上属于“绩效工资”的范畴，即根据绩效考核薪酬制度的规定将工资中绩效部分在年终结合用人单位效益予以发放。用人单位对员工进行内容恰当、过程完备、结果透明的绩效考核的，考核结果可以作为年终绩效奖金是否发放以及发放数额的依据。

裁判理由：法院生效裁判认为，曾某上诉主张双方之间的劳动合同系由某网络科技公司提出，双方协商一致解除，但曾某提供的证据仅能证明双方曾就劳动合同的解除进行协商，不能证明在其申请仲裁前双方已就劳动合同解除的时间等具体内容达成一致。在某网络科技公司并未向曾某送达解除劳动合同通知书的情况下，曾某提出解除劳动合同的仲裁请求并向某网络科技公司发送离职声明，应认定双方之间的劳动合同最终由曾某提出解除。因曾某解除劳动合同的理由不符合《劳动合同法》第三十八条规定的法定情形，对曾某要求某网络科技公司支付解除劳动合同经济补偿金的上诉请求不予支持。

曾某上诉主张年终奖是其固定收入，但对此其未提交有效证据予以证明，且某网络科技公司向曾某出具的录用通知书显示，根据个人绩效确定奖金系数，故年终奖并非曾某的固定收入，对其该项上诉理由不予采信。曾某上诉主张某网络科技公司给其"D"的年终评价不符合其真实表现，年终奖的评定依据掌握在某网络科技公司手中，某网络科技公司应就其不予支付年终奖的依据进行举证。某网络科技公司提交的绩效考核管理截屏显示其考核体系较为完备，某网络科技公司结合其细化的考核标准对曾某作出的考核评价，属于其行使用工管理权的范畴。在考核结果"D"对应的奖金系数为0的情况下，法院对曾某要求网络科技公司支付"年底三薪"的上诉请求不予支持。

三、无任何约定但之前年度发放过的年终奖（临时福利奖励）

笔者称这类年终奖为临时福利奖励。由于双方没有关于年终奖的约定，更没有关于年终奖金额的约定，所以不宜以劳动报酬的标准来要求用人单位必须发放。这种年终奖金，一般而言，是用人单位在当年完成过重大项目或有重大盈利时，管理层临时决定在约定的劳动报酬之外向劳动者发放的奖金。这种临时性决定发放的奖励，难以适用劳动报酬的认定规则。一般情况下只能视为用人单位在特定情形下发放的具有福利性质的奖励。劳动者也不能因为享受过一次这样的奖励就要求以后每年都必须发放该种奖励。

比如，A 公司签了一个有较大盈利但完成时间紧迫的软件开发项目，集中 8 名员工组成项目组，让项目组员工必须在年底前完成这个项目，之后因员工如期完成了项目任务。到了年底，基于项目组员工给公司全年业绩的贡献，公司管理层决定拿出一定比例的利润作为奖励金发放给参与项目组的员工，项目组员工每人得到了 10 万元左右的年终奖。这种情况下，来年不一定还有这样的项目，所以员工不能因用人单位发放过一次这样的年终奖就要求之后每年必须发放年终奖。

四、每月扣发一部分月薪到年底考核后以年终奖形式发放（累计扣发奖励）

笔者称这类年终奖为累计扣发奖励。一般表现形式为，从劳动者按月发放的月薪中扣留一定比例的金额，在年底考核后再发放，即平时只向劳动者发放一定比例的月薪，剩余比例的月薪作为年度绩效奖金在年底集中发放。这种形式的年终奖是标准的劳动报酬，而且如果双方没有协商一致，用人单位的此种扣留月薪于年底再发放的行为，可能被认定为未及时足额支付劳动报酬。

五、有明确约定名目和金额但约定离职员工不享受的年终奖（忠诚奖励）

笔者称这类年终奖为忠诚奖励。这类年终奖约定清楚，其他员工也都发了，双方一般在劳动仲裁或诉讼中对年终奖金额或计算标准并无太大争议。用人单位往往依据劳动合同约定或规章制度规定的“年终奖发放前离职的员工不再享受年终奖”等条款拒绝支付已离职员工的年终奖。由于双方有明确约定，离职员工不再享受未实际发放的年终奖。故这种情况下，用人单位拒付年终奖的情形较为普遍。

其实用人单位的这种做法是不可行的。其逻辑在于，这种情形与前述第一种约定年终奖相似，既然双方对年终奖有约定，那就可以认定年终奖属于劳动报酬的一部分，适用劳动报酬的审理规则。既然是劳动报酬，就不存在劳动者离职后就可以不发了。换言之，劳动者离职是正常的解除劳动关系，并无违法之处。用人单位以劳动者在未发年终奖前离职为由拒付年终奖，属于排除劳动者权利的约定，应认定为无效。

再直白地说，就相当于用人单位规定，员工在未发工资前离职的，工资就不发了。用人单位自己静下来想想都知道不合法。而有明确约定的年终奖与工资有什么区别呢，都是劳动报酬，只是名称不一样而已。所以即使有前述“年终奖发放前离职的员工不再享受年终奖”的约定或规定，用人单位仍应按双方的约定标准向员工支付年终奖。

而且，以上裁判观点有权威的案例予以指引，劳动者应予知晓。

［**权威案例**］

最高人民法院指导案例183号：房某诉中美联泰大都会人寿保险有限公司劳动合同纠纷案

裁判要点：年终奖发放前离职的劳动者主张用人单位支付年终奖的，人民法院应当结合劳动者的离职原因、离职时间、工作表现以及对单位的贡献程度等因素进行综合考量。**用人单位的规章制度规定年终奖发放前离职的劳动者不能享有年终奖，但劳动合同的解除非因劳动者单方过失或主动辞职所导致，且劳动者已经完成年度工作任务，用人单位不能证明劳动者的工作业绩及表现不符合年终奖发放标准，年终奖发放前离职的劳动者主张用人单位支付年终奖的，人民法院应予支持。**

基本案情：房某于2011年1月至中美联泰大都会人寿保险有限公司（以下简称大都会公司）工作，双方之间签订的最后一份劳动合同履行日期为2015年7月1日至2017年6月30日，约定房某担任战略部高级经理一职。2017年10月，大都会公司对其组织架构进行调整，决定撤销战略部，房某所任职的岗位因此被取消。双方就变更劳动合同等事宜展开了近两个月的协商，未果。12月29日，大都会公司以客观情况发生重大变化、双方未能就变更劳动合同协商达成一致，向房某发出《解除劳动合同通知书》。房某对解除决定不服，经劳动仲裁程序后起诉要求恢复与大都会公司之间的劳动关系并诉求2017年8—12月未签劳动合同二倍工资差额、2017年度奖金等。大都会公司《员工手册》规定：年终奖金根据公司政策，按公司业绩、员工表现计发，前提是该员工在当年度10月1日前已入职，若员工在奖金发放月或之前离职，则不能享有。据查，大都会公司每年度年终奖会在次年3月左右发放。

裁判结果：上海市黄浦区人民法院于2018年10月29日作出（2018）沪0101民初10726号民事判决：（1）大都会公司于判决生效之日起7日内向原告房某支付2017年8月至12月期间未签劳动合同双倍工资差额人民币192500元；（2）房某的其他诉讼请求均不予支持。房某不服，上诉至上海市第二中级人民法院。上海市第二中级人民法院于2019年3月4日作出（2018）沪02民终11292号民事判决：（1）维持上海市黄浦区人民法院（2018）沪0101民初10726号民事判决第一项；（2）撤销上海市黄浦区人民法院（2018）沪0101民初10726号民事判决第二项；（3）大都会公司于判决生效之日起7日内支付上诉人房某2017年度年终奖税前人民币138600元；（4）房某的其他请求不予支持。

裁判理由：法院生效裁判认为，本案的争议焦点系用人单位以客观情况发生重大变化为依据解除劳动合同，导致劳动者不符合员工手册规定的年终奖发放条件时，劳动者是否可以获得相应的年终奖。对此，一审法院认为，大都会公司的《员工手册》明确规定了奖金发放情形，房某在大都会公司发放2017年度奖金之前已经离职，不符合奖金发放情形，故对房某要求2017年度奖金之请求不予支持。二审法院经过审理后认为，现行法律法规并没有强制规定年终奖应如何发放，用人单位有权根据本单位的经营状况、员工的业绩表现等，自主确定奖金发放与否、发放条件及发放标准，但是用人单位制定的发放规则仍应遵循公平合理原则，对于在年终奖发放之前已经离职的劳动者可否获得年终奖，应当结合劳动者离职的原因、时间、工作表现和对单位的贡献程度等多方面因素综合考量。本案中，大都会公司对其组织架构进行调整，双方未能就劳动合同的变更达成一致，导致劳动合同被解除。房某在大都会公司工作至2017年12月29日，此后两日系双休日，表明房某在2017年度已在大都会公司工作满一年；在大都会公司未举证房某2017年度工作业绩、表现等方面不符合规定的情况下，可以认定房某在该年度为大都会公司付出了一整年的劳动且正常履行了职责，为大都会公司做出了应有的贡献。基于上述理由，大都会公司关于房某在年终奖发放月之前已离职而不能享有该笔奖金的主张缺乏合理性。故对房某诉求大都会公司支付2017年度年终奖，应予支持。

第四节 “三期”女职工的保护

[**相关法条**]

《中华人民共和国劳动法》

第五十九条：禁止安排女职工从事矿山井下、国家规定的第四级体力劳动强度的劳动和其他禁忌从事的劳动。

第六十条：不得安排女职工在经期从事高处、低温、冷水作业和国家规定的第三级体力劳动强度的劳动。

第六十一条：不得安排女职工在怀孕期间从事国家规定的第三级体力劳动强度的劳动和孕期禁忌从事的劳动。对怀孕七个月以上的女职工，不得安排其延长工作时间和夜班劳动。

第六十三条：不得安排女职工在哺乳未满一周岁的婴儿期间从事国家规定的第三级体力劳动强度的劳动和哺乳期禁忌从事的

其他劳动，不得安排其延长工作时间和夜班劳动。

第六十四条：不得安排未成年工从事矿山井下、有毒有害、国家规定的第四级体力劳动强度的劳动和其他禁忌从事的劳动。

《女职工劳动保护特别规定》

第五条：用人单位不得因女职工怀孕、生育、哺乳降低其工资、予以辞退、与其解除劳动或者聘用合同。

第六条：女职工在孕期不能适应原劳动的，用人单位应当根据医疗机构的证明，予以减轻劳动量或者安排其他能够适应的劳动。

对怀孕7个月以上的女职工，用人单位不得延长劳动时间或者安排夜班劳动，并应当在劳动时间内安排一定的休息时间。

怀孕女职工在劳动时间内进行产前检查，所需时间计入劳动时间。

第七条：女职工生育享受98天产假，其中产前可以休假15天；难产的，增加产假15天；生育多胞胎的，每多生育1个婴儿，增加产假15天。

女职工怀孕未满4个月流产的，享受15天产假；怀孕满4个月流产的，享受42天产假。

第八条：女职工产假期间的生育津贴，对已经参加生育保险的，按照用人单位上年度职工月平均工资的标准由生育保险基金支付；对未参加生育保险的，按照女职工产假前工资的标准由用人单位支付。

女职工生育或者流产的医疗费用，按照生育保险规定的项目和标准，对已经参加生育保险的，由生育保险基金支付；对未参加生育保险的，由用人单位支付。

第九条：对哺乳未满1周岁婴儿的女职工，用人单位不得延长劳动时间或者安排夜班劳动。

用人单位应当在每天的劳动时间内为哺乳期女职工安排1小时哺乳时间；女职工生育多胞胎的，每多哺乳1个婴儿每天增加1小时哺乳时间。

第十一条：在劳动场所，用人单位应当预防和制止对女职工的性骚扰。

［**通俗解读**］

“三期”女职工的保护问题，也是实践中容易产生劳动纠纷的环节。何为“三期”女职工？“三期”女职工是指处于孕期、产期、哺乳期的女性员工。前述孕期、产期很好理解，那哺乳期指的是什么？哺乳期是指哺乳未满1周岁婴儿的时间。“三期”女职工保护的具体要求：

1. 处于“三期”的女职工，有解雇保护且不得因其怀孕、生育、哺乳而降薪。

2. 怀孕满7个月的女职工直至哺乳期结束，都不能再安排加班和夜班了。如果是轮班制也不能轮夜班。

3. 女职工请假去产检耽误的时间也算劳动时间，工资照发。

4. 女职工哺乳期间，每天要安排1小时的哺乳时间，也称为“哺乳假”。每多哺乳1个婴儿就多加1小时。比如，某女职工生育了双胞胎，那么她孩子满1周岁前的哺乳期内，每天要安排2小时的哺乳假。如果你公司的工作时间是上午9点至下午6点，公司应在工作时间内安排2小时给孩子喂奶的时间。在实践中，落实“哺乳假”的方式有多种。比如，“三期”女职工离家近，可以中午给予“三期”女职工应享受的哺乳假小时数，让女职工可回家哺乳。“三期”女职工离家远，可以按应享受的哺乳假小时数让“三期”女职工提前下班。

5. 女职工产假期间，缴纳了生育保险则由生育保险基金支付生育津贴，未参加生育保险由用人单位按女职工产假前工资标准支付产假工资。

实践中，用人单位在“三期”女职工保护上容易出现两种相反的做法：

一种是漠视“三期”女职工的权益，对怀孕女职工调岗降薪的，通过各种手段逼迫“三期”女职工离职的情形时有发生。

另一种是对“三期”女职工不敢管，甚至个别用人单位发展到怕承担责任而尽量不招用女职工的情形。

“三期”女职工也容易出现两种相反的心态：

一种是觉得怀孕了，休产假了，单位降薪甚至是停发薪酬也认了，毕竟自己未为用人单位提供劳动。

另一种是觉得怀孕了，用人单位拿自己没有办法了，在遵守规章制度方面也不注意了。

其实，产生这些行为还是因为双方都在“三期”女职工保护问题上存在一些认识上的误区。

误区之一：用人单位绝对不能解除与“三期”女职工的劳动关系。

《劳动合同法》第三十九条规定了“过失性辞退”，第四十条规定了“无过失性辞退”，第四十一条规定了“经济性裁员”，即用人单位可以单方面解除劳动合同的情形有以上三大类。《劳动合同法》第四十二条明确规定用人单位不得依据《劳动合同法》第四十条、第四十一条的规定解除与“三期”女职工的劳动合同。所以，用人单位是可以依据《劳动合同法》第三十九条的规定解除与“三期”女职工的劳动合同。换言之，女职工即使处于法律给予一定解雇保护的“三期”，也不是出现重大过失仍不可解雇的“挡箭牌”。

具体而言，用人单位不可以解除“三期”女职工劳动关系的四种情形：

1. 劳动者患病或者非因工负伤，在规定的医疗期满后不能从事原工作，也不能从事由用人单位另行安排的工作的。

2. 劳动者不能胜任工作，经过培训或者调整工作岗位，仍不能胜任工作的。

3. 劳动合同订立时所依据的客观情况发生重大变化，致使劳动合同无法履行，经用人单位与劳动者协商，未能就变更劳动合同内容达成协议的。

4. 用人单位进行经济性裁员的。

用人单位可以解除“三期”女职工劳动关系的六种情形：

1. 在试用期间被证明不符合录用条件的。

2. 严重违反用人单位的规章制度的。

3. 严重失职、营私舞弊、给用人单位造成重大损害的。

4. 同时与其他用人单位建立劳动关系，对完成本单位的工作任务造成严重影响，或者经用人单位提出，拒不改正的。

5. 以欺诈、胁迫的手段或者乘人之危，使用人单位在违背真实意思的情况下订立或者变更劳动合同的。

6. 被依法追究刑事责任的。

以上各种情形概括起来就是：“三期”女职工本身没有什么过错的，在劳动用工中确实受到较大的保护力度。用人单位即使经营困难需要裁员，也要先保留“三期”女职工。也不能以客观情形发生变化、不胜任工作等原因辞退“三期”女职工。但这种保护的前提是“三期”女职工能够在劳动关系存续期间认真遵守规章制度，不存在违法违规的行为。

误区之二：“三期”女职工劳动合同期满时必须续签劳动合同。

根据《劳动合同法》第四十五条的规定，当劳动合同期满，如果正逢女职工处于“三期”时，劳动合同要自动顺延至相应情形消失时再行终止。也就是说，如果用人单位与“三期”女职工签署的劳动合同期满之日正逢女职工处于“三期”，双方并不需要续订书面劳动合同，只是将劳动合同的期满之日进行顺延，顺延到“三期”期满。正常情况下就是顺延到哺乳期满，即“三期”女职工的孩子满1周岁之时。“三期”期满后，用人单位依然可以以劳动合同期满为由终止双方的劳动合同。

误区之三：用人单位与“三期”女职工协商解除劳动合同或降薪都不行或者“三期”女职工有权对已签订的协议反悔。

法律对“三期”女职工的保护主要体现在禁止用人单位在女职工处于“三期”时因部分法定情形而单方面作出解除劳动合同或降薪的行为，但并不禁止双方协商达成协议的行为，即双方协商解除合同、协商降薪并不违法。“三期”女职工也不能就已达成协议的事项以自己处于“三期”为由反悔。当然，这里的协商肯定是双方自愿地协商达成一致，而不能存在欺诈、胁迫或乘人之危的情形。如果存在欺诈、胁迫或乘人之危的情形，“三期”女职工依然有权申请撤销或主张认定为无效。

第五节　出差、公务费用的借支与报销

劳动者在职期间，出差报销、公务费用借支等事宜不可避免。近年来，这类在劳动合同履行上发生的争议越来越多。主要分为两种情况：

一种是用人单位因安排劳动者从事公务或出差，提前以“挂账”的方式向劳动者借支费用，劳动者完成出差或公务后却未及时完成报销“冲账”，用人单位要求劳动者退还借支款项或“备用金”而发生纠纷。

另一种是劳动者因执行公务或出差，垫付了差旅费用，事后找用人单位报销未果，或劳动者离职时尚有差旅费用没有报销，因用人单位拒绝支付报销费用而发生纠纷。

关于劳动者因履行职务行为向用人单位借支款项挂账未及时报销冲账，用人单位要求劳动者返还借支款项以及劳动者垫付了差旅费用要求报销是否属于劳动争议。当前主流观点认为：无论是劳动者因履行职务在用人单位借款“挂账”发生的纠纷，还是劳动者要求用人单位报销差旅费用的纠纷，都不属于劳动争议的受理范围。比如，2015 年 9 月发布的《深圳市中级人民法院关于审理劳动争议案件的裁判指引》载明，职工履行职务在单位借款挂账发生的纠纷，一方以劳动争议或以其他理由向人民法院起诉的，裁定不予受理；已受理的，裁定驳回起诉。

该裁判的主要理由在于：

首先，1999 年 4 月 5 日施行的《最高人民法院关于职工执

行公务在单位借款长期挂账发生纠纷法院是否受理问题的答复》载明："吉林省高级人民法院：你院吉高法（1998）144 号《关于职工执行公务在单位借款长期挂账发生纠纷法院是否受理问题的请示》收悉。经研究，同意你院审判委员会倾向性意见，即刘某受单位委派，从单位预支 15000 元处理一起交通事故是职务行为，其与单位之间不存在平等主体间的债权债务关系，人民法院不应作为民事案件受理。刘某在受托事项完成后，因未及时报销冲账与单位发生纠纷，应由单位按其内部财会制度处理。"从最高人民法院的上述答复内容可见，借支款项未及时报销冲账发生的纠纷，涉及单位内部财会制度，并非平等主体间的债权债务关系，故不应作为民事案件受理。

其次，无论是劳动仲裁机构还是人民法院，对于劳动者要求报销或冲账的费用是否属于完成工作任务而支出的费用？住宿、餐饮的等级是否符合用人单位规定的报销标准（比如，不同职级的工作人员有不同的差旅标准）？相关的发票及报销凭证是否符合单位的报销要求；等等。这些都无法核实和认定，都涉及用人单位内部的财会制度，故此类纠纷不应作为民事案件处理。比如，用人单位借支款项给劳动者出差办理公务事宜，劳动者完成工作任务后提交各种发票进行报销冲账，用人单位可能因员工任务未完成好，就指出员工产生住宿费用的酒店超过了公司规定的酒店星级标准不能报，高铁票是员工利用出差之机顺道去附近的城市旅游产生的费用不能报，还有这个餐饮费用金额也超标了不能报，总之以各种理由认为劳动者提交的票据不能报销冲账，仍要求劳动者退回借支款项怎么办？劳动者自行垫付费用出差后回公司报销也是一样，如果劳动者提交的发票中有虚假或并非因出差产生的费用，也只能由单位根据其报销财会制度进行审核。

因此，从整体上看，无论是劳动者借支挂账还是垫付出差费用而产生关于报销费用的争议，一般不认为是平等主体间的债权债务关系，不宜作为劳动争议案件处理。但是，如果双方就借支款项应退还金额或差旅费用应报销金额进行了对账或结算，那就属于将费用报销的事宜转化为双方之间因履行劳动合同而产生的债权债务关系，一方不履行债务，另一方则可以通过劳动仲裁或诉讼方式解决。

那怎么完成对账或结算呢？很简单，劳动者与用人单位双方对劳动者借支款项后应退还金额或劳动者垫付差旅费用后应报销金额进行了确认就行。这种确认的形式有多种多样。

比如，你作为员工垫付了出差费用后，回公司提交了报销单据，填写了报销审批表，相关的财务人员、管理人员均已完成审批。这种情况下，你提交已完成了审批的报销单可以印证你们已对报销款项完成了认定结算。

再比如，你离职时与公司进行了离职结算，《离职结算单》上之财务栏写明“借支款项为×××××元，已冲账××××元，应退还××××元”或“未付报销费用××××元”等，这种结算情形即属于在离职结算中对报销款项进行的确认，因此形成了具体的债权债务关系。

所以，作为职场员工，在处理出差或执行公务时，要注意两点：

1. 如果系借支款项完成公务事宜，要注意及时冲账报销，完成冲账报销后留存相关的证据。

2. 如果是垫付出差费用，要及时提交费用单据申请报销，尽快将报销费用完成认定结算。在离职交接时，要注意将借支费用或报销费用与用人单位结算清楚。

第五章 劳动合同的变更与续订

第一节 劳动合同的变更

［**相关法条**］

《中华人民共和国劳动合同法》

第三十五条：用人单位与劳动者协商一致，可以变更劳动合同约定的内容。变更劳动合同，应当采用书面形式。

变更后的劳动合同文本由用人单位和劳动者各执一份。

《最高人民法院关于审理劳动争议案件适用法律问题的解释（一）》

第四十三条：用人单位与劳动者协商一致变更劳动合同，虽未采用书面形式，但已经实际履行了口头变更的劳动合同超过一个月，变更后的劳动合同内容不违反法律、行政法规且不违背公序良俗，当事人以未采用书面形式为由主张劳动合同变更无效的，人民法院不予支持。

［**通俗解读**］

笔者在长期办理劳动争议案件中发现一个规律，即用人单位与劳动者最容易在三个时间节点发生劳动争议：一是股东（老板）变更之时，二是调岗调薪之日，三是解聘离职之后。在实务中，最常见的变更劳动合同情形就是调岗和调薪。

不少用人单位也抱怨，调岗调薪实在太难，本来变更工作岗位是用工自主权，为什么那么多限制？调薪也是，为什么薪酬只能涨不能降。涨薪也是变更薪酬就没人说要协商一致才行，降薪就必须协商一致？笔者也理解这种抱怨，调岗调薪是变更劳动合同中最为常见的情形。可以说，用人单位与劳动者因变更劳动合同引发争议，90% 以上就是因为调岗调薪。当前，用人单位单方面调岗调薪确实面临较大的法律风险，主要体现在用人单位容易因调岗调薪造成“调岗不成反赔偿，调薪不成反补偿”的局面。

所谓“调岗不成反赔偿”，常见的情况是用人单位单方面决定对员工进行调岗，员工认为是单方面变更劳动合同，不予接受，拒绝到新岗位工作。用人单位又觉得是合法的用工安排，然后以员工不到调整后的新岗位工作系旷工为由单方面解聘员工，最终仲裁机构或法院认定调岗不合法，员工不接受变更工作岗位的行为不应认定为旷工，故用人单位以旷工为由辞退员工系违法解除劳动合同，应向员工支付赔偿金。

所谓“调薪不成反补偿”，常见的情况是用人单位单方面降薪，员工不同意，然后以用人单位未及时足额支付劳动报酬为由，提出解除劳动合同，再要求用人单位支付欠付的工资及经济补偿金。结果是用人单位降薪不成反而向员工赔上一笔经济补偿金。

当然，在这里也要明确一点，用人单位单方面进行调岗与调薪虽然都属于变更劳动合同，但二者还是有一定的区别。最直观的区别在于：用人单位调岗比调薪容易。

一、关于用人单位单方面调岗的判断与应对

变更工作岗位，即俗称的调岗，具有双重属性。虽属于变更劳动合同，但也属于企业用工自主权的范围。在实践中，有的企业单方面调岗行为被劳动仲裁机构或法院认定为违法，员工不必服从调岗安排，未到调整后的新岗位工作也不构成旷工，企业以旷工为由解雇劳动者系违法解除劳动合同。也有的企业的单方面调岗行为被认定为行使用工自主权的合法调岗，员工不服从调岗，不到调整后的新岗位工作应认定为旷工，企业辞退员工合法。那同样是调岗，怎么判断用人单位是合理行使用工自主权的合法调岗，还是未经双方协商一致的违法变更劳动合同？

（一）劳动者如何判断用人单位的调岗行为是否合理合法

2023 年 12 月 12 日发布的《最高人民法院关于审理劳动争议案件适用法律问题的解释（二）（征求意见稿）》第二十条规定："劳动者因用人单位单方调整工作岗位、工作地点发生的劳动争议，用人单位对调整工作岗位、工作地点的合法性负举证证明责任。劳动者主张调整工作岗位、工作地点违法，有下列情形之一的，人民法院应予认定：（一）不符合劳动合同的约定或者用人单位规章制度规定的；（二）非出于用人单位生产经营客观需要的；（三）劳动者的工资及其他劳动条件存在不利变更且未提供必要协助或者补偿措施的；（四）劳动者客观上不能胜任调整后的工作岗位的；（五）存在歧视性、侮辱性等情形的；

（六）违反法律、行政法规等规定的。用人单位违法调整工作岗位、工作地点，劳动者以用人单位不提供劳动条件为由，要求解除劳动合同并支付经济补偿的，人民法院应予支持。”从前述司法解释征求意见稿可以看出人民法院对用人单位违法调岗的认定标准。

结合常见的调岗情形，用人单位合理调岗与非法调岗的区别可以从以下三个方面进行判断：

一看双方在劳动合同中是否存在关于工作岗位和单方面调岗的约定。

越来越多的用人单位在与劳动者签订劳动合同时，会约定涉及工作岗位以及用人单位单方调岗的条款。比如，A公司与张三签订的劳动合同中约定，张三的工作岗位为销售岗，工作地点为成都。还约定A公司可以因经营需要，单方面调整张三的岗位，张三承诺应予服从。在这种约定下，A公司将张三从位于成都市武侯区的销售部门调整到位于成都市都江堰市的销售部门工作，A公司这种变更工作岗位的行为，既未改变双方于劳动合同中约定的工作地点（调整前后的工作地点都在成都市辖区内），也未改变张三的工作岗位性质（调整前后的工作岗位都是销售类工作），加上双方约定了A公司因经营需要可以单方面调岗，故A公司的上述调岗行为应认定为合法。但如果A公司将张三从销售岗位调整为保安，即使工作地点不变，除非张三也同意这种调岗，以及这种将员工调整到工作内容明显不一样的工作岗位的情形，用人单位要证明其合理性，否则极可能认定调岗行为违法。

二看调岗是否同时存在“调地”的情形，即是否在变更工作岗位的同时变更了工作地点。

一般情况下，调岗只是在公司内部进行，不涉及工作地点的变更。特别是小微企业，办公场所就那么一个，即使调岗，也还是在这个工作地点工作。但有一些大型公司，其调整员工工作岗位时可能会涉及工作地点的远距离变更。而员工长期从事工作的地点，与员工的生活息息相关。比如员工在成都市安家，员工肯定会尽量在家庭所在的区域找工作，或至少在同城找工作。员工在成都干得好好的，公司将员工的工作岗位从成都的工作岗位调整到杭州的工作岗位，这就不仅仅是工作岗位的变更，还进行了工作地点的变更。从日常生活经验可知，工作地点的变更，必然增加员工的通勤成本、生活成本。本来员工就是为了在家庭所在地工作，实现工作家庭两不误。用人单位这种跨地区单方面调岗，势必造成员工“背井离乡”，员工难以同意。所以，如果调岗涉及工作地点的变更，劳动仲裁机构与法院一般都会结合用人单位的经营规模大小、员工的职位高低、工作地点的约定范围等三个要素来认定用人单位变更工作岗位和工作地点的合理性。

所谓结合用人单位的经营规模大小来认定合理性，即用人单位的规模越大，其调岗行为可能涉及的工作地点变更的范围也越大。比如，一个全国连锁的大型公司，跨省调动并不违反常理。反之，一个本地的小微企业，突然安排员工去外省“开拓业务”，其调岗合法性就需要谨慎认定了。

所谓结合员工的职位高低来认定合理性，即劳动者的职位越高，其调岗行为可以变更的工作地点范围越大。比如，你作为一个国内互联网大企业的管理者，年薪几十万元甚至上百万元，跨省调整工作岗位很正常，且你享受的薪酬福利水平可以覆盖工作地点变更增加的生活成本。反之，你作为一个行政文员，就拿几千元的月薪，从成都办公室调整到上海办公室工作，可有必要？这种调岗行为是否合理就值得裁判者谨慎考量。

所谓结合工作地点的约定范围来认定合理性，即看双方劳动合同约定的工作地点范围是否合理，调岗是否超出了约定的工作地点范围。比如，双方约定了工作地点在成都，用人单位在成都市主城区之间调岗并调整工作地点，结合成都四通八达的地铁公交网，并不显著增加劳动者的通勤时间及通勤成本，一般应认定为合理。但由于成都市范围较大，如果变更的工作地点超出主城区的范围，则需要结合劳动者职位高低或工作职责是否需要调岗来综合认定调岗的合理性。

但这里要注意的是，有的用人单位要一些“小聪明”。比如，有的用人单位想，我把工作地点约定的范围扩大一点，比如将工作地点不约定为“成都市”这么明确的范围，而是将工作地点约定为“四川省”或“全国”，那岂不是可以将员工在全省、全国范围内调岗了？不听话的员工调配到省外的冷门地区工作，岂不是可以通过调岗“威慑”员工服从管理或逼迫看不顺眼的员工离职？

其实，双方关于工作地点的约定应该与用人单位的经营规模相适应。公司是一个跨国大企业，世界五百强，那约定工作岗位为“亚洲”“欧洲”都不过分，人家的业务确实遍布世界，你作为一个世界五百强企业的高管，各国之间飞来飞去都很正常。可是你一个十几二十人的本地小微企业，以为约定工作地点为全国就可以全国调岗了？是不是过分了。试想，如果可调岗的工作地点范围完全按约定的工作地点范围来认定，那干脆约定工作地点为“太阳系”，安排员工去火星开拓市场，不到岗工作就是旷工岂不是更为方便逼迫员工离职？

以上还真不是笔者杜撰，实践中这样的情形还不少。比如笔者见过在劳动合同中约定工作地点为“全国”，然后其部门经理与公司股东、执行董事开会吵架后收到通知，调整该部门经理到新疆阿克苏地区去担任销售经理，主要负责“当地市场开发”。被调岗的部门经理陈述，公司在阿克苏地区没有什么业务，只是因为公司接受“抵债”得到了当地一个废旧厂房，所以想以调整工作地点的方式逼其离职。还有本地一个小企业，经营确实遇到了困难，本地的办公场所租期到了不想再续租，导致本地已无办公场所，企业想“免费”裁员不支付经济补偿。也不知听哪个“大聪明”出的主意，在办公场所因租期到期被清退前几天，向全体员工发布通知，要求全体员工到黄山出差，不服从安排出差到黄山的，按旷工处理，旷工三天直接予以辞退。更让人惊奇的是，在微信工作群的聊天记录中，该公司管理人员还通知员工出差时要自带被褥、床单、洗漱用品。有员工在微信工作群内问为什么出差还要打包带上被褥、床单、洗漱用品，这是出差还是拉练？全体员工出差去干什么？出差时间是多久？公司管理人员在微信工作群内一概不回答员工的问题，只说出差时间长短不定，要服从安排，不服从安排就按旷工辞退。但凡具有一定社会阅历的人，都能看出来这种情形就是为了逼迫员工离职。

三看调岗是否具有合理性，即是否存在侮辱性、报复性调岗（俗称穿小鞋）的情形。

在实践中，最容易引发劳动争议的调岗就是这类因用人单位内部矛盾而导致的惩罚性、侮辱性、报复性调岗。比如，某员工与管理人员发生口角冲突，公司出于惩戒这个员工的目的，将员工调整到很偏远的工作地点去上班，或者将员工的岗位调整到更低层次的岗位，这种调岗明显具有报复性。再比如，你本来应聘的是财务岗位，公司单方面将你调整到客服岗位，让你天天接打电话，让你的财务专业技能无法发挥。还比如，将怀孕的女职工调整到需要值夜班的岗位，或者人家明明是行政内勤岗位，在其怀孕后调整到跑外勤的销售岗位，这种调岗也会被认定为不合理。

［**权威案例**］

人民法院案例库案例：上海某品牌管理有限公司诉姚某劳动合同纠纷案

入库编号：2023－07－2－186－011

裁判要旨：

1. 用人单位为了用工便利，在劳动合同中约定工作地点为全国或服从公司安排等。对此类情形，应结合实际用工岗位和工作内容等要素进行综合判断，如劳动者为总经理等公司高级管理人员，因其负责的公司业务范围广，可以将工作地点约定的范围适当扩大。**如劳动者仅为普通工作人员，则应当对工作地点的范围作适当限制**。

2. 用人单位变更劳动者工作地点超出劳动合同约定范围的，属于变更劳动合同。《劳动合同法》规定，用人单位变更劳动合同应当与劳动者协商一致。判断用人单位异地变更劳动者的工作地点是否属于合理变更时，应以符合用人单位生产经营的合理需要，对劳动者劳动报酬、其他劳动条件未作不利变更等作为判断标准。

3. 在用人单位单方变更劳动者工作地点对劳动者造成不利

影响的情况下，劳动者拒绝去新的工作地点上班，用人单位以旷工为由解除劳动合同属于违法解除。

裁判理由：

1. 某管理公司与姚某的劳动合同中约定的工作地点无效。某管理公司站在用工便利角度，在劳动合同中约定的工作地点为“服从公司安排”，属于工作地点约定不明，系无效约定。姚某的工作岗位系普通营业员，应当认定以劳动合同实际履行地长沙为姚某的工作地点。

2. 某管理公司不可单方变更姚某的工作地点。劳动合同实际履行地为长沙，姚某的工作地点变更范围应当以长沙市为限，超出长沙市变更姚某的工作地点，属于变更劳动合同内容，根据《劳动合同法》规定，某管理公司若变更劳动合同内容需与姚某协商一致，否则不可单方变更。

3. 某管理公司异地变更姚某的工作地点缺乏合理性。某管理公司在某商城专柜撤柜后，将姚某调至上海专柜工作，但姚某的职位系营业员，又是湖南本地人，长期工作生活均在长沙。某管理公司在未与其协商一致的前提下，要求姚某至远离其经常居住地的上海工作，且未对姚某来沪后的工作生活进行妥善安排，某管理公司异地变更姚某工作地点缺乏合理性。

4. 双方就工作地点变更未达成一致，姚某拒绝去新的工作地点上班，不构成旷工。本案中，某管理公司与姚某就变更工作地点未达成一致，本质为就变更劳动合同内容未达成一致。在某管理公司异地变更姚某工作地点明显不合理的前提下，姚某拒绝去新的工作地点上海工作，并不存在旷工的主观恶意。某管理公司未能妥善安排姚某新的合理工作地点，某管理公司由此认定姚某旷工显然不合理，据此解除与姚某之间的劳动合同之行为欠妥。故法院判决支持姚某要求某管理公司支付违法解除劳动合同赔偿金的请求。

（二）劳动者在调岗问题上要清楚的要点

1. 工作岗位的调整属于变更劳动合同约定的内容，一般情况下是要求双方协商一致。

2. 用人单位与劳动者在劳动合同中约定了用人单位具有单方面调岗权的，用人单位可以按约定单方面对劳动者进行调岗。但即使有单方调岗权的约定，用人单位也应当举证证明调岗行为具有合理性。

3. 审查调岗合理性的主要标准是：看调整后的工作岗位是否属于与原工作岗位相似的工作岗位，是否导致劳动者的薪酬待遇发生变化；看调岗所导致的工作地点变更是否合理，是否显著增加劳动者的生活成本、通勤成本；看劳动者的职位高低，看是否存在"穿小鞋"式调岗。

4. 即使双方没有在劳动合同中约定用人单位享有单方调岗权，用人单位在不变更工作地点、不导致薪酬变化的情况下将员工在相似岗位范围内调岗，是用人单位的用工自主权，属于合理调岗，劳动者应予服从。比如，都是行政内勤人员，因另一名员工辞职或请假，公司为了补充岗位，将你从总经办调整到人力资源办，工资待遇与工作场所不变，且两个岗位都属于行政类工作，故此类调岗是公司正常的工作安排，建议劳动者对这种合理调岗予以服从。

5. 用人单位在劳动合同中载明的工作地点范围应与劳动者的工作岗位层次及企业经营规模相适应。如果约定工作地点的范围过大，也应结合劳动者实际工作地点确定工作地点可变更的范围。换言之，即使用人单位在约定的工作地点范围内进行调岗，如果用人单位约定的工作地点被认定为过于宽泛，也可能认定为不合理调岗。

6. 劳动者接到用人单位的调岗通知后，到调整后的岗位报到工作满 1 个月，依据《最高人民法院关于审理劳动争议案件适用法律问题的解释（一）》第四十三条之规定，可以视为劳动者以实际行为接受了用人单位关于调岗的变更劳动合同行为。

7. 笔者建议，如果你所从事的原岗位确实因用人单位的机构调整或业务调整被取消，用人单位对包括你在内的员工统一进行调岗且不远距离变更工作地点和工资标准的，你还是尽量考虑接受。一方面，由于用人单位的经营或业务调整导致你当前从事的岗位被取消，是用人单位适应市场变化的自主经营权，且调岗并不针对你一个人，所以一般不存在报复性调岗。另一方面，原岗位被取消，即使你坚持拒绝调岗，最终的结果可能还是双方解除劳动合同，你就只能争取经济补偿金或赔偿金了，但稳定的就业始终比一笔补偿金重要。所以，面对这种情形，劳动者可以接受调岗，但要求用人单位书面承诺调岗后不得降低薪酬，实现调岗但保证不降薪。有此保证，作为劳动者，没有必要就单纯岗位的变更而与用人单位“闹僵”。

（三）对用人单位不合理调岗的正确应对

你作为劳动者，如果用人单位未与你协商一致单方面调整你的工作岗位，你认为调岗的同时违法变更劳动合同约定的工作岗位或工作地点，你拒绝接受，那么较为正确的应对步骤是：

1. 收到用人单位单方面发出的调岗通知书后，应判断用人单位的此次调岗行为是否合法合理，是否在调岗的同时变更了工作地点或劳动报酬，是否改变了你的工作性质，是否存在“穿小鞋”式调岗，你本人是否愿意接受。

2. 如果调岗行为变更了工作地点、劳动报酬或存在报复性调岗等不合法不合理的情形，导致你不同意用人单位单方面调岗，你应立即通过书面形式向用人单位提交《不同意单方面调岗告知书》，**表明你不同意调岗的态度以及不同意调岗的理由**。至于书面材料的送达要求，建议多管齐下，通过 EMS 邮寄、当面送达、电子邮件、微信发送公司高级管理人员等多种方式，送达你书写的《不同意单方面调岗告知书》。

3. 向用人单位送达你不同意调岗的告知书后，即使不到新的岗位工作，**也要继续按时到原工作岗位工作**。在实践中，部分劳动者会出现这样的应对错误：劳动者虽然不接受用人单位对其单方面调岗的行为，拒绝到调整后的新岗位工作，但也不去原工作岗位工作，这很容易被认定为旷工。其理由在于：即使之后的劳动仲裁或诉讼认定用人单位单方面调岗违法，不能将劳动者未到新岗位工作认定为旷工，但作为劳动者的你既然不到新岗位工作，那你也未到原工作岗位工作总应该认定为旷工吧。你不去调整后的新岗位，也不到原工作岗位工作，这种情况怎么也得认定为旷工，而用人单位以你旷工为由解除劳动合同就是合法解除了。所以，劳动者要牢记，拒绝去变更后的新岗位工作后，一定要按时到原工作岗位工作。

4. 当然，笔者也清楚，在实践中，一旦双方因用人单位单方面调岗而劳动者拒绝调岗发生争议，用人单位一般会通过各种手段阻止劳动者到原工作岗位工作。比如，会安排新的员工占据原工作岗位进行工作，甚至撤销原工作岗位、删除原工作岗位考勤权限或门禁权限等，逼迫劳动者接受用人单位的单方面调岗到新岗位工作。此时，劳动者若遇到用人单位通过删除原工作岗位考勤权限或门禁权限等方式阻挠你到原工作岗位上班的情形，建议劳动者还是要坚持一周以上到原工作岗位打卡考勤上班，如不能通过门禁或考勤，要通过录视频、拍照等方式记录用人单位取消你考勤权限、门禁权限等导致你无法到岗工作的事实。以上取证行为，最好持续取证三至七天，且每次取证后，通过微信、短信、电子邮件等方式，要求用人单位提供工作岗位和劳动条件。以上视频、照片、通知截图都是证据，一定要妥善保存好。

5. 三至七天的取证完毕后，此时的决定权在劳动者一方。

决定离职：你可以向用人单位书面提交《解除劳动合同通知书》，以用人单位未提供劳动条件和工作岗位为由，通知用人单位解除劳动合同，并要求支付经济补偿金。自通知到达用人单位后，双方劳动关系解除，你不用每天再拍照打卡。

较真到底：即使用人单位通过取消你门禁、考勤导致你无法进行原工作岗位的工作，你坚持每天上下班时间通过录视频方式表示你完成了上下班打卡，至于用人单位阻止你进入工作岗位，那是用人单位的过错。只要用人单位没有通知你解除劳动关系，你又每天上下班打卡，那劳动关系依然存在，在双方劳动关系存续的情况下，用人单位仍负有向你缴纳社会保险和支付劳动报酬的义务。至于用人单位抗辩称你实际未提供劳动，你可以提交你每天到原工作岗位拍视频记录你上下班打卡的证据，表明你积极主动履行岗位劳动，但用人单位却阻止你履行，过错在用人单位一方。只要用人单位未书面通知你解除劳动关系而停止发放工资或停止缴纳社保，你可以通过投诉、仲裁的方式追索劳动报酬或要求缴纳社保。如此坚持，直至用人单位以旷工或其他理由书面通知解除劳动关系。这种单方面解除，在你坚持不犯错，按时上下班打卡的情况下，一般会认定为违法解除。

笔者在此也感慨，发生劳动争议时，用人单位与劳动者会出现一些“僵持”行为。这种“僵持”情形有点无解，基本上是“谁坚持到最后谁就能获益最大、谁沉得住气谁立于不败之地”。但发生这种“僵持”情形的成因和过错一般都在用人单位一方。引发“僵持”行为的最常见的情形有：

1. 公司因想单方面辞退某员工，又不想支付任何经济补偿。然后公司想出什么招呢？坚持不向员工出具解除劳动关系的任何通知，先是删除该员工的门禁权限、考勤权限、办公系统权限，逼迫员工无法进入公司，或者进入公司也无法完成考勤，或完成考勤也无法打开办公系统工作。

2. 宣布员工所在部门停工停产，或拆除工作设备，让员工实际上无班可上。

3. 宣布给某员工放长假，不让其再来上班，然后按最低工资标准给员工发放工资，员工拿最低工资标准无法养家，只能离职另找工作。

4. 宣布某员工绩效不佳，需要离岗培训，然后让员工每天到人力资源部报到培训，培训期间迟到、早退或不来的，以旷工处理。所谓培训，也就是让员工每天抄书、做题、考试、发呆，看员工能忍得了多久。员工忍不住了，不来参加培训，那就按旷工处理。

面对上述情形，这时员工一般会有两种处理方式：一是员工一气之下离开公司，公司也就不管不问，或者一段时间后以员工旷工为由解除劳动关系，这时公司相当于免除了支付经济补偿金或赔偿金的责任。二是员工发现无法进入公司或无法工作后，先拍照取证，再依据《劳动合同法》第三十八条之规定，以公司未提供劳动合同约定的劳动条件为由通知公司解除劳动关系，此时公司大不了支付经济补偿金。要知道，双方劳动合同期满终止，公司不与员工续签劳动合同也是要支付经济补偿金的。公司通过这种逼迫手段让员工提出离职，也只是支付经济补偿金，反而达到了在劳动合同期限内提前解除劳动合同的目的。所以，对用人单位来讲，如果没有合法事由，单方面向劳动者出具解除劳动合同通知风险极大，反而通过强硬手段“逼迫离职”的违法成本不高。

所以，以上各种招式，本质上就是以各种理由逼迫员工离岗，然后离岗员工在离岗后处理不当的，以员工旷工或违纪为由予以合法辞退。如果员工忍受不了，大不了以用人单位出现《劳动合同法》第三十八条的情形为由提出离职，那用人单位也只用支付经济补偿金。

劳动者遇到这种情况真的就无计可施了吗？就只能以用人单位不提供劳动条件为由提出解除劳动关系吗？

办法是有的，但是需要劳动者有相当强大淡定的心理、相当沉得住气的心态，即前述“较真到底”的办法。你用人单位想辞退我，坚持不出具解除劳动合同的通知，那我也坚持不提出解除劳动合同。你取消我的办公系统，我每天坚持按时上下班，坚持来工位工作，坚持每隔一小时向主管或老板询问工作安排；你取消考勤，我也每天坚持上下班进行拍照打卡。反正你用人单位不提出解除劳动关系，双方的劳动关系还在存续，我只要每天按时上下班，你不安排具体工作是你的事，我的工资得发，我的社保得缴，到了发工资时少发了工资或停缴了社保，那就向劳动监察、社保部门投诉，或只就欠发劳动报酬申请劳动仲裁。一边投诉、仲裁少发的劳动报酬，一边继续上下班。你用人单位不嫌我烦，我也不嫌用人单位让我闲。你用人单位既要辞退我，又不愿意出具书面解除劳动合同通知，想逼我主动离职，我偏不让此计谋得逞。

当然，有的用人单位更狠，会以员工扰乱办公秩序为由报警。所以劳动者注意，按时上下班，跟正常上班一样工作，不要主动争吵或扰乱公司办公秩序。如果用人单位报警赶人，那打开手机录像，询问公司一个问题，你还是不是公司员工？公司是不是已经辞退我了？如果我还是公司员工，出现在公司办公场所不是很正常吗？如果公司当着警察的面说公司已经辞退你了，已经解除劳动关系了，那行，收拾东西走人。

以上的应对方法确实很无奈，无论是对于劳动者还是用人单位，都是不体面、不诚信的做法，笔者并不建议。但这种不诚信与不体面的僵持局面，大部分是用人单位先以不体面、不诚信的做法逼迫员工离岗、离职导致的。笔者在办案过程中确实看到用人单位以这种逼迫离岗的方式迫使劳动者主动离职，以达到在劳动合同期限内单方面辞退而不用被认定为违法解除劳动合同的情形。老实的劳动者连经济补偿金都拿不到，求助了专业律师的劳动者通过书面通知被迫离职的方式拿到了本就应得的经济补偿金。只有个别劳动者通过这种方法，破解了用人单位规避违法解除劳动合同的目的。

不可否认，在实践中，部分用人单位的管理者与劳动者在解除劳动合同的问题上，各自绞尽脑汁，花样百出。整个解除劳动合同的过程中，用人单位想招逼员工离岗、设法让员工违规。员工则偷偷录音录像、硬着头皮取证。双方的每句话、每个行为可谓是步步惊心，堪比宫斗大剧。双方如此耗尽心力，弄得己方与对方都筋疲力尽，再进行一场旷日持久的“一裁二审”劳动争议解决程序，无非是用人单位一方为了辞退员工不支付经济补偿或赔偿，员工一方则一心想要违法解除劳动合同的2N赔偿。有时，笔者看到有的用人单位与劳动者在协商解除劳动合同时，用人单位一方坚持一分钱的经济补偿金都不给，劳动者坚持赔偿金一分钱不能少，笔者费尽心力调解，双方都很执拗，坚决不让步，坚持将诉讼进行到底。然后双方在长达两年的时间里，从争吵、取证、仲裁、保全到一审、二审，一路走下来，保全费、差旅费、律师费出了不少，双方都筋疲力尽，最后往往还两败俱伤。

其实，劳动者可能会从新闻或短视频中看到，笔者在实务工作中也能感受到，总体而言，外资企业、高新技术企业、大部分正常经营的企业以及高薪劳动者一般不会因为劳资双方解除劳动合同发生争议，更不会引发劳动争议仲裁或诉讼。为什么？因为这些企业会在协商解除劳动合同时主动提出支付法定的经济补偿金，甚至是高出法定标准的经济补偿金（如N+3）。这些劳动者也不会与企业纠缠，双方都平和地协商解除劳动合同。在解除之际，企业会祝劳动者前程似锦，劳动者也会祝企业未来商祺。为什么能如此和谐，因为这些企业与劳动者，都想图个“分手体面”，都会图个“念头通达”，不会在解除劳动关系的事宜上相互“拉扯”，耗费如此多的精力与时间。他们有这个精力与时间，可以获得更多的正向收益。

在此，笔者也通过本书以及本书的姐妹篇《开公司，你得懂点劳动法》一书，建议劳动者与用人单位都明白这样的道理：劳动关系本质上需要双方有合作的基础，这个基础包括用人单位与劳动者之间的相互信任、相互理解、相互欣赏。说直白点，劳资关系如同恋爱关系，双方继续保持下去，不说有多喜欢对方，至少得双方都能“看得惯”对方。如果一方不想和另一方待一起，如同俗话所说的“强扭的瓜不甜”，强留的岗位也会不睦。

所以，如果用人单位想与员工解除劳动关系，不要费尽心力去“找各种茬、想各种招”了，格局大一点、体面一点，就按《劳动合同法》第三十六条的规定，主动与员工协商解除劳动合同，主动向劳动者提出按法定标准支付经济补偿金。甚至本着一种“没有功劳也有苦劳”的态度，考虑到这个员工对单位的贡献，给他 N＋1、N＋2 又有何妨？

对于劳动者来讲，用人单位主动找你协商解除劳动合同，你先要有一种“此处不留爷、自有留爷处”的心态。如果用人单位愿意依法给你支付经济补偿金，甚至考虑到你在职期间的贡献在 N 的基础上＋1、＋2、＋3，建议就接受这种平和的“分手”吧，各自体面又安好。

二、关于用人单位单方面调薪的判断与应对

相比于调岗，调薪是否合法的认定就严格多了。此处说的调薪，其实一般是指降薪。虽然涨薪与降薪都属于变更劳动报酬，但笔者办理过上万件劳动争议案件，还没有遇到一件劳动者对用

人单位单方面涨薪提出异议，认为用人单位的涨薪属于未与其协商一致的变更劳动合同，不认可用人单位的涨薪行为并要求将涨薪再降回来的案件。所以，实践中所称的调薪一般是指用人单位单方面对劳动者进行降薪。对于调薪，劳动者要清楚以下几个要点：

1. 调薪是劳动合同最核心的变更。

在劳动关系中，打工人最关心的是什么，肯定是薪酬待遇。正因为劳动报酬涉及劳动者最基本、最核心的权益，所以在理论上，法律对劳动报酬的保护力度最大。比如，法律规定欠薪经劳动行政部门责令支付而用人单位仍不支付的，用人单位就要向劳动者加付 50%—100% 的赔偿金。但是在实务中，欠薪问题出现后，因劳动行政部门很少责令用人单位支付，导致欠薪不仅不用加付赔偿金，也一般不会计付利息。这些矛盾问题在之前关于薪酬的章节分析过，不再赘述。但整体而言，除了加付赔偿金制度在实践中落实得不好，劳动法规在仲裁时效的起算、变更条件的限制、欠薪后果的承担等方面均体现了对劳动者劳动报酬的保护力度。

2. 调薪不适用以“实际履行超过一个月”来推定有效。

这是实践中时常发生的争议。笔者每次面对这个争议问题，在调解时、在裁判文书中都要给用人单位一方进行较详细的讲解或回应。

依照《劳动合同法》第三十五条之规定，用人单位与劳动者协商一致才可以变更劳动合同约定的内容，而且要求变更劳动合同应当采用书面形式。从法条原意来看，用人单位调整变更劳动者的工作岗位、工作地点、劳动报酬等劳动合同约定内容，都需要双方协商一致才可以，而且要以书面形式进行变更。但是，在实践中也出现了一些问题。最常见的问题是，双方未书面变更但又以实际行为履行了变更内容，那这种变更是有效还是无效？比如，用人单位口头通知劳动者进行岗位调整，劳动者也接受了这个岗位调整，到调整后的新岗位去工作了，工作了大半年了，劳动者因其他事宜不满意调整后的岗位，开始提出当初的变更工作岗位是口头通知的，双方没有通过签订书面协议的方式进行变更，所以变更无效。可是，岗位变更都大半年了，原岗位都有其他员工了，新岗位业务你也熟悉了，薪酬待遇也没有变化，你作为员工又突然反悔不认可变更工作岗位了，那用人单位的正常经营肯定会受影响。

所以，为了解决这种问题，《最高人民法院关于审理劳动争议案件适用法律问题的解释（一）》第四十三条规定，用人单位与劳动者协商一致变更劳动合同，虽未采用书面形式，但已经实际履行了口头变更的劳动合同超过一个月，变更后的劳动合同内容不违反法律、行政法规且不违背公序良俗，当事人不能以未采用书面形式为由主张劳动合同变更无效。如上例，用人单位即使是口头通知员工变更工作岗位，员工要是认为没有协商一致，员工肯定不会去新岗位工作。但员工又实际去变更后的新岗位工作了，且都工作了一个月以上了，员工的实际履行行为已证明员工同意用人单位的口头变更行为，所以之后员工就不能再反悔说“未以书面形式变更劳动合同”而要求变更工作岗位的行为无效。之所以这样规定，也避免非核心劳动合同内容（如工作岗位）的变更出现反复。

但部分用人单位在理解前述司法解释的规定时出现了偏差，

甚至是代理劳动争议案件的律师也会出现认识偏差。他们认为降薪也是变更劳动合同，用人单位单方面降薪，即使没有书面约定降薪事宜，但劳动者超过一个月未提出异议，应视为降薪的变更劳动合同行为有效，降薪后少发工资是执行新的工资标准，不应认定为未足额支付劳动报酬。其实，这是对《最高人民法院关于审理劳动争议案件适用法律问题的解释（一）》第四十三条错误的理解。其理由主要有以下三点：

首先，从前述司法解释的本意来看。《最高人民法院新劳动争议司法解释（一）理解与适用》一书对前述第四十三条的释义中载明："在实践中，对于什么样的行为构成实际履行，也存在误读。本文仍以前述用人单位单方降薪的案例为例进行阐释。如果用人单位单方降薪，并按照降薪后的标准实际发放工资超过一个月，在此期间劳动者未提任何异议，能否就此认定劳动者通过实际履行认可了降薪一事？因为用人单位未举证证明就降薪与劳动者协商一致，我们也不能直接推定劳动者已经同意降薪，所以就需要考察劳动者持续超过一个月未提异议的状态能否视为其通过实际履行的方式同意了降薪，即劳动者持续超过一个月未提异议的状态能否视为其作出了同意降薪的意思表示。我们认为是不可以的。"也就是说，最高人民法院在对《最高人民法院关于审理劳动争议案件适用法律问题的解释（一）》的理解与适用中明确表述，日常所称的"克扣工资"（用人单位单方面降薪）是不适用默示同意的。道理也很简单，如果用人单位单方面扣减劳动报酬的行为超过一个月未由劳动者提出异议则视为认可，那岂非将违法行为通过一个月期限的不明示而转化成为一个合法行为？用通俗的话讲，岂不是欠薪欠一个月内是欠薪行为，欠得久一点或者劳动者忍受久一点，该违法行为就成为合法行为了？试想，如果用人单位未及时足额支付劳动报酬的行为持续一个月以上未收到劳动者的异议，就视为其默认同意减少薪酬标准？岂不是出现了“拖欠工资，欠着欠着就等于劳动者同意降薪”的情形？以此种逻辑，岂不是成了鼓励用人单位拖欠或克扣劳动报酬的行为？在这种逻辑下，我国就不可能出现超过一个月的欠薪违法行为，因为欠薪超过一个月按这种逻辑就视为劳动者同意变更劳动报酬了。所以，笔者认为，任何一个违法行为都不应该通过持续的时间够长就转化为合法行为，此为基本的法理。即使以最朴素的正义观来判断，也能得出前述结论，即减发劳动报酬不能因劳动者超过一个月未提出异议而认定为经双方协商一致变更劳动报酬标准。

其次，前述司法解释将“已经实际履行了口头变更的劳动合同超过一个月”视为有效变更的规定中还有一个前提，即“用人单位与劳动者协商一致变更劳动合同但未采用书面形式”。换言之，该司法解释还是强调了变更劳动合同需要双方协商一致，**即双方要在协商一致的基础上实际履行了变更内容**，只是因未采取书面形式载明变更内容的，前述协商一致的变更行为不因未采取书面形式而无效。再直白点说，口头协商一致也是要协商一致！**而用人单位单方面的降薪并不是口头协商一致的行为，而是单方面未足额支付劳动报酬的行为。**在这种正确的理解逻辑下，我们会发现，变更劳动报酬与变更工作地点、变更工作岗位存在明显的不同。**变更工作地点、工作岗位，需要劳动者以实际行为来体现是否同意用人单位的口头变更协商**，劳动者不同意用人单位口头协商变更的工作地点、工作岗位，肯定就不会去变更后的工作岗位、工作地点工作。也就是说，变更工作地点、工作岗位是需要劳动者以实际行为来配合的，通过劳动者的实际履行的行为可以认定双方是否口头协商一致。但劳动报酬的变更却不同，劳动者在劳动报酬的变更上处于被动的地位，用人单位这个月按约定的工资标准发10000元的月薪到劳动者银行卡上，下个月按单方面降薪后的工资标准发8000元的月薪到劳动者银行卡上，都不需要劳动者作出诸如搬到新工作岗位工作等某种具体可视化的行为来确认。简单点说，用人单位正常发工资，员工收到了不会说什么。用人单位单方面扣减了工资，员工忍受了不说什么，但不代表认可了。

最后，在实践中，大多数劳动者为了保住工作等，并不能对用人单位单方面降薪引发的未足额支付劳动报酬的行为及时提出异议，更多的是先忍受一段时间。在无法忍受时，甚至是决定离职之时才会主动要求用人单位支付欠薪。故从日常生活经验法则来看，“沉默即认可”的逻辑至少不可以适用在减少劳动报酬的情形上。

以上理由，是笔者遇到此类纠纷时，为促进调解向双方解释的思路，也是裁判思路。如果你作为劳动者，以后面对类似争议，也可以将前述分析思路作为你向仲裁庭或法庭的陈述。

3. 劳动合同约定薪酬标准与实际薪酬标准不符的，用人单位将实际执行的薪酬标准降至劳动合同约定薪酬标准的，也属于单方面调薪的行为。

之前关于劳动报酬的章节讲解过，在实践中，不少用人单位未在劳动合同中载明劳动者真实的薪酬标准。各位打工人看到这里可以看看自己手里的劳动合同，再看看自己的工资条，是不是不一样。这种在劳动合同中写一个较低工资金额已成为劳动用工领域的常态了。在实务中，劳动合同用于证明劳动关系没有问题，但用来证明工资标准很难，因为真实工资标准与约定工资标准一致的情形并不多。

举例说明：张三面试时与A公司谈妥的月薪为10000元，张三入职后，A公司的HR让张三签署的劳动合同中载明的月工资标准却是2500元（当地最低工资标准为2100元）。张三自入职三年来，A公司一直是按双方认可的真实月工资标准10000元发放工资。2024年年底，A公司经营利润下滑，A公司老板引入一个高级职业经理人来运营公司。职业经理进入A公司的第一招就是全员降薪，职业经理的操作方式是将包括张三在内的员工工资降至书面劳动合同约定的工资标准，即将张三的工资标准从原来实发的10000元/月降至劳动合同约定的2500元/月。

张三认为A公司属于未及时足额支付工资，申请了劳动仲裁。A公司的理由是《劳动合同法》第三十五条规定用人单位与劳动者协商一致才可以变更劳动合同约定的内容。公司没有变更劳动合同约定的内容，公司就是在按劳动合同约定的内容执行，有什么错？其实，这是A公司在偷换“劳动合同约定内容”概念。

立法原意中认为劳动合同约定的内容就是双方实际履行的内容，劳动合同约定的劳动报酬就是双方真实的劳动报酬。没有想到我们用人单位的“大聪明”太多，利用劳动合同基本上是用人单位提供格式合同文本的现实以及劳动者入职签约时的弱势地位，以“面试谈妥一套、合同约定一套、实际执行一套”的方式来玩“阴阳”工资标准。

所以，如之前章节所述，这种约定工资与实际工资不一致的情况可以有两种理解逻辑。第一种逻辑是：因劳动合同载明的工资2500元/月是虚假的，并未实际执行，故双方“约定的工资标准”应以双方自始实际履行的工资标准10000元/月为准。用人单位将实际工资标准变更为2500元/月，并非按劳动合同约定的工资标准执行，而是一次变更行为，应双方协商一致，否则就属于未足额支付劳动报酬。

第二种逻辑是：即使认为劳动合同载明的工资2500元/月是真实有效的，双方自入职时通过长时间按10000元/月的工资标准实际履行，且员工表示该10000元/月的实际履行工资标准是双方协商一致的，故也视为自公司按10000元/月的标准发放工资之日就已将劳动合同载明的工资标准变更为10000元/月。此时，双方已协商变更完成的工资标准为10000元/月，公司单方面再将工资标准变更为2500元/月，属于第二次变更，仍应与员工协商一致，否则就属于未足额支付劳动报酬。

其实，用最朴素的思考方式也可以得出以上结论。试想，如果允许用这种在劳动合同中约定“阴阳”劳动报酬金额的方式就可以达到用人单位随意单方面降薪的目的，你放心，经过各大短视频平台的宣传，不出一年，更多的公司都会在劳动合同的劳动报酬一栏中约定每月工资为2500元、3500元。全公司上下从经理到保洁每月都是2500元，那格式劳动合同会成为用人单位随意降薪的“终极法宝”。劳动法规则是不会允许此种情形出现的。

4. 用人单位的降薪行为实际发生后才能认定为符合《劳动合同法》第三十八条第二项“未及时足额支付劳动报酬”的

情形。

在实践中，笔者遇到过这样的案件，用人单位开会告知员工，公司今年经营困难，现金流紧张，下一步可能要实行全员降薪，具体降薪幅度正在交股东会讨论。其中一个员工对开会录了音，然后第二天就以公司未足额支付劳动报酬为由，通过电子邮件向公司发送了解除劳动合同通知书。其理由是：公司管理人员在会议上说了要单方面降薪，所以就是未足额支付劳动报酬。但事实上，截至该员工向公司提出离职之时，公司实际上尚未对其执行降薪，即未出现克扣或拖欠劳动报酬的行为。所以，该员工的离职并不符合《劳动合同法》第三十八条所规定的应由用人单位支付经济补偿金的情形。

再直白点说，《劳动合同法》第三十八条第二项所规定的“未及时足额支付劳动报酬”的情形要实际发生了，劳动者才能以此为由提出解除劳动合同，才能要求用人单位支付经济补偿金。而不是劳动者以用人单位管理人员的言论推定“之后可能发生”未足额支付劳动报酬的情形，就认为可以按这个理由提出离职并主张经济补偿金。试想，虽说公司高层正在讨论全员降薪的事项，但万一讨论的结果是不降薪呢？再试想，即使公司书面通知全公司自 2024 年 8 月起全员降薪 20%，万一公司老板于 2024 年 7 月 31 日晚上看到本书，认识到单方面降薪的后果，连夜通知财务人员不要降薪，还是按原工资标准发放呢？

因此，劳动者在处理劳动用工问题上，首要就是“沉住气”。凡事要以实际发生为准，凡事要以有证据可证明为准。公司单方面降薪执行后，从工资发放的转账记录可以清晰印证。如果公司单方面决定降薪，你可以提出异议，希望公司能意识到单方面变更劳动关系中最核心的劳动报酬是需要双方协商一致的。如果公司一意孤行，你又决定如果公司降薪你将以“未及时足额支付劳动报酬”为由提出离职并主张经济补偿金，那就不要急，待公司实际执行降薪，导致出现未足额支付劳动报酬的违法情形后，再依法维权。

第二节　用人单位变更及关联公司混同用工

［**相关法条**］

《中华人民共和国劳动合同法》

第三十三条：用人单位变更名称、法定代表人、主要负责人或者投资人等事项，不影响劳动合同的履行。

第三十四条：用人单位发生合并或者分立等情况，原劳动合同继续有效，劳动合同由承继其权利和义务的用人单位继续履行。

《最高人民法院关于审理劳动争议案件适用法律问题的解释（一）》

第二十六条：用人单位与其他单位合并的，合并前发生的劳动争议，由合并后的单位为当事人；用人单位分立为若干单位的，其分立前发生的劳动争议，由分立后的实际用人单位为当事人。

用人单位分立为若干单位后，具体承受劳动权利义务的单位不明确的，分立后的单位均为当事人。

［通俗解读］

一、用人单位的信息变更不影响其与劳动者之间的劳动关系

用人单位变更名称、法定代表人、主要负责人、股东、注册资金、经营地址、经营范围、公司类型等信息，都不影响与劳动者的劳动关系。笔者曾办理过一个一家公司收购另一家公司引发的集体劳动争议案，被收购的公司将原员工全部裁员，然后将除“统一社会信用代码”之外的公司信息全部变更了，还认为自己是“重生”了，以变更后的公司不再是原公司为由拒绝承担裁员行为所应支付的经济补偿金。显然，这种方式根本不可能逃避债务，最终还是判决该公司承担支付责任。

试想，张三欠你钱，为了逃避还你钱，他改名为李四（从随父姓改为随母姓）、家也搬了、去越南入籍、再去泰国做一个手术。那他的身份从名字、性别、国籍、住址都变了，他就不欠你钱了？人还是那个人。所以，公司变更信息并不影响其与员工之间的劳动关系以及应承担的支付责任。

二、用人单位合并或分立的，劳动合同由承继其权利和义务的用人单位继续履行

用人单位合并或分立，原劳动合同还是要继续履行，这一点容易理解。在实践中，如果遇到用人单位在与劳动者发生劳动争议后再合并分立的，劳动者如何维权？其实规则也很简单，即劳动者原用人单位与其他用人单位合并为新用人单位的，劳动者以合并后的新用人单位为被告进行维权。如果劳动者原用人单位分立成几个用人单位，劳动者向分立后的用人单位维权。如果分不

清哪个分立的单位应承受权利义务，那就将分立后的单位全部作为被告。

为方便理解，举例说明：张三于 2018 年入职 ABC 公司，ABC 公司于 2023 年 12 月分立为 A 公司、B 公司、C 公司。张三的业务属于 B 公司，所以 B 公司与张三重新签订了劳动合同，并为张三发放工资、缴纳社保。因此，B 公司系承受其劳动权利义务的单位。之后，张三于 2024 年 6 月从 B 公司离职，主张经济补偿金以及 2023 年度的未休年休假工资，此时张三应以 B 公司为被申请人。如果张三在 ABC 公司分立后，由 A 公司安排工作，B 公司发放工资并缴纳社保，分不清究竟是 A 公司还是 B 公司具体承受张三的劳动权利义务，那张三维权则以 A 公司和 B 公司为共同被申请人或共同被告。

三、关联公司混同用工应承担连带责任

在劳动用工实践中，劳动者可能会遇到关联公司混同用工的情况。这种用工方式也是部分用人单位规避用工责任的手段。比如，赵老板设立了 A 公司、B 公司，其中 A 公司只是一个空壳公司，注册资本少，也没有什么公司资产，而 B 公司才是赵老板真正用来经营的公司，公司资金充足。赵老板招聘员工后，都让员工与 A 公司签订书面劳动合同，甚至用 A 公司的银行账户为员工发放工资，让 A 公司为员工缴纳社保。当然，发放工资、缴纳社保所需款项实际来自 B 公司向 A 公司的转款。但在日常管理中，员工是为 B 公司提供劳动，完成 B 公司的业务。一旦要辞退员工或裁员，以 A 公司的名义辞退员工，员工对 A 公司申请仲裁，被裁决支付员工经济补偿金，结果进入执行程序，发

现A公司并无财产可供执行。员工显然被这种混同用工的手法给坑了。

其实，当前的主流裁判观点认为，在关联公司混同用工的情况下，混同用工的关联公司应当对员工承担连带支付责任。所以，劳动者遇到这种关联公司之间混同用工的情形，要学会辨识是不是关联公司，要学会判断是否构成混同用工，要学会如何让混同用工的关联公司承担连带支付责任，以维护自己的合法权益。

（一）关联公司的认定标准

《劳动法》和《劳动合同法》并未对公司的关联关系作出规定，但公司等企业作为劳动关系的法定主体，关联关系的判定应结合《公司法》的相关规定。所以，关联公司是公司法上的概念。《公司法》第二百六十五条规定：……关联关系，是指公司控股股东、实际控制人、董事、监事、高级管理人员与其直接或者间接控制的企业之间的关系，以及可能导致公司利益转移的其他关系。参照该规定，关联公司是指具有独立民事主体资格的公司与另一个由其控股或由其出资成立的机构之间在经营或管理上存在或多或少的联系的两个或两个以上的公司。通俗点说，多个公司之间存在股东重合、高管重合、办公场所重合或者管理控制关系的，就可以认定为关联公司。在劳动法领域，从保护劳动者权益角度出发，认定关联公司的标准应适当从宽。即使用人单位之间未达到控制的标准，但只要存在可能导致公司利益转移的关系，可能存在损害劳动者合法权益的情形，就应当认定用人单位存在关联关系。关联公司的具体认定标准及常见情形有：

1. 公司属于母、子公司或总、分公司关系。这种情形最好判断，有些子公司的规章制度都是用母公司、总公司、集团公司的版本，比如“××集团员工手册”，你作为分公司、子公司的员工，很好判断这种关联关系。

2. **投资人、股东、法定代表人重合**。这种情形通过工商查询可以识别，如企查查、天眼查等App，以及在当地的企业信用信息网站上查询。一些企业经营者会投资设立几个公司，有的公司名称相近或相似，一看都觉得是关联公司。有的公司名称不太相似，但可以通过工商登记信息查询到股东重合或法定代表人重合的情形。

3. **办公场所、高级管理人员重合**。在实践中，有些关联公司为了防止他人从工商登记中发现关联关系，虽然实际控制人是同一人或同一家庭的人，但工商登记的投资人、股东、法定代表人却并非重合的情形。这种情形虽然在工商查询中看不出端倪，但在公司实际运行中，为了节约成本，往往会出现办公场所、高级管理人员的重合。比如两公司注册登记地址或实际经营地址为同一个地址，财务人员既处理此公司的财务事宜，也处理另一公司的财务事宜。实务中典型的情形就是夫妻公司，即夫妻二人分别注册的公司，名义上是不同的公司，实质上“一套人马、两块牌子”，财务也是混同处理，二公司并未独立经营。

总之，劳动者如果与一个公司签订了劳动合同，但在具体工作中发现你从事的工作总是与另一个公司相关，或是听从另一个公司管理人员安排的工作，抑或为另一个公司提供劳动。出现这种劳动合同上的用人单位与工作中的用人单位不一致时，劳动者就可以留心二公司之间的关联关系并保留二公司对你混同用工的证据了。以防止关联公司采取以轻资产公司扛下劳动关系为重资产公司规避劳动用工成本的手段侵害劳动者的合法权益。

（二）混同用工的认定标准

劳动者还要清楚，用人单位与其他用工主体存在关联关系时，并不一定存在混同用工的情况。认定关联公司只是认定可能存在混同用工情形的前提，但并非关联公司一定会混同用工。因为即使关联公司之间，也可能保持独立用工，并不产生混同。如果关联公司之间不存在混同用工，也不用承担连带责任。“关联公司混同用工”有自己的特征，是指劳动者同时为两个或两个以上的关联公司提供劳动，难以分辨劳动者与哪家公司存在劳动关系或发现劳动者似乎与哪家用人单位都存在劳动关系，出现用工主体不明确的现象。所以，发现用人单位之间的关联关系后，还要判断是否存在混同用工的情形。常见的关联公司混同用工情况有以下几种。

1. 外派使用劳动者

外派使用劳动者的常见情形为：劳动者被签订书面劳动合同的用人单位，以外派或者借调等名义，安排到另外的关联用人单位提供劳动，其间接受上述单位的多重安排管理。此种情形下，与劳动者签订劳动合同的用人单位和实际用工的用人单位一般存在隶属关系或者是其他关联关系。如集团公司将员工派到下属子公司。再如 A 公司与 B 公司是关联公司，A 公司与张三签订劳动合同后将张三外派到 B 公司工作。

2. 交叉使用劳动者

交叉使用劳动者的常见情形为：劳动者被签订书面劳动合同的用人单位与其关联公司交叉轮流使用。劳动者这个月或上半年在完成 A 公司的工作，下个月或下半年又在完成 B 公司的工作，工资是 A 公司一直发放或 A 公司发放一段时间、B 公司发放一段时间。

3. 共同使用劳动者

共同使用劳动者的常见情形为：关联公司混同经营，劳动者既要完成与自己签订劳动合同的用人单位的工作任务，还要接受另一公司的劳动任务，即劳动者在职期间接受上述单位的双重安排、管理并交付劳动成果，劳动者完成的劳动任务基本上是同一性质的。比如 A 公司招聘的财务人员，既为 A 公司完成财务做账工作，也在 B 公司从事财务管理工作。再如销售人员，既为 A 公司营销签单，也为 B 公司营销签单。这种混同用工情况主要出现在关联公司在同一地址经营的情形，即所谓的“一套人马、两块牌子”。这种模式下，也可能出现关联公司都未与员工签订劳动合同的情况，在发工资、缴社保的问题上，或一方发工资、另一方缴社保，或由专门一方承担发工资或缴社保的事宜。

（三）关联公司混同用工的劳动关系认定及责任承担

以上关联公司之间出现混同用工后，对劳动者而言，会出现两个维权的难点。

难点之一是劳动者究竟是与哪个关联公司建立劳动关系？因为毕竟不能认定劳动者与多个用人单位之间建立了全日制劳动关系。

难点之二是欠付劳动者的工资、经济补偿金等劳动用工债务，关联公司之间应怎样承担？

关于关联公司混同用工下劳动关系认定问题，主流裁判观点认为：

1. 其中一个关联公司与劳动者订立书面劳动合同且也实际使

用过劳动者的，应认定与劳动者签订了书面劳动合同的关联公司为劳动者的用人单位。此为**“签订书面劳动合同优先认定”**原则。

2. 其中一个关联公司仅与劳动者签订了劳动合同，但劳动者实际上是为另一关联公司提供劳动，其工资、社会保险的缴纳均是由另一关联公司发放或缴纳，且签订书面劳动合同的用人单位提供证据证明劳动者并未实际按书面劳动合同履行的，也可以认定劳动者与实际提供劳动的关联公司为用人单位。此为书面劳动合同未实际履行情形下的**“按实际用工情况认定”**原则。

3. 混同用工的关联公司均未与劳动者订立书面劳动合同的，按关联公司对劳动者进行劳动用工管理的程度、工资发放记录、社保缴纳记录等情形综合认定承担劳动关系的一方。换言之，哪一个关联公司对劳动者管理得更多、哪一个关联公司给劳动者发放工资，哪一个关联公司对劳动者进行考勤、缴纳社保等情形，由劳动仲裁机构或法院结合查明的事实情况来认定劳动者与哪一个关联公司建立了劳动关系。但劳动者不要慌，不管认定你与哪一个关联公司建立了劳动关系，一旦认定为混同用工，关联公司都要承担连带支付责任，而且不影响你就劳动关系项下的合法权益进行维权。

关于关联公司混同用工下责任承担的问题，主流裁判观点认为：

在认定存在关联关系的用人单位对劳动者混同用工的情况下，对劳动者提出的具有给付内容的诉讼请求，可根据劳动者的主张，由一家用人单位承担责任，或由多家用人单位承担连带责任。直白点说，多家公司被认定对你存在关联公司混同用工的情形，不管最终认定哪一公司与你建立了劳动关系，你都可以主张混同用工的公司承担连带责任。需要注意，这个连带责任要你提出来，不能等劳动仲裁机构或法院主动给你裁判成连带责任。比如，你有证据证明A公司与B公司属于关联公司混同用工的情形，你的仲裁请求或诉讼请求应该是：请求裁决A公司和B公司**连带支付欠付申请人**的工资××××元、经济补偿金××××元、……

如《北京市高级人民法院、北京市劳动人事争议仲裁委员会关于审理劳动争议案件解答（一）》中载明，问：有关联关系的用人单位交叉轮换使用劳动者，根据现有证据难以查明劳动者实际工作状况的，如何处理？答：有关联关系的用人单位交叉轮换使用劳动者的，根据现有证据难以查明劳动者实际工作状况的，参照以下原则处理：（1）订立劳动合同的，按劳动合同确认劳动关系；（2）未订立劳动合同的，可以根据审判需要将有关联关系的用人单位列为当事人，以有关联关系的用人单位发放工资、缴纳社会保险、工作地点、工作内容，作为判断存在劳动关系的因素；（3）在有关联关系的用人单位交叉轮换使用劳动者，工作内容交叉重叠的情况下，对劳动者涉及给付内容的主张，可根据劳动者的主张，由一家用人单位承担责任，或由多家用人单位依法律规定或者当事人约定承担连带责任。

第三节　劳动合同的续订

[**相关法条**]

《中华人民共和国劳动合同法》

第十四条：无固定期限劳动合同，是指用人单位与劳动者约定无确定终止时间的劳动合同。

用人单位与劳动者协商一致，可以订立无固定期限劳动合同。有下列情形之一，劳动者提出或者同意续订、订立劳动合同的，除劳动者提出订立固定期限劳动合同外，应当订立无固定期限劳动合同：

（一）劳动者在该用人单位连续工作满十年的；

（二）用人单位初次实行劳动合同制度或者国有企业改制重新订立劳动合同时，劳动者在该用人单位连续工作满十年且距法定退休年龄不足十年的；

（三）连续订立二次固定期限劳动合同，且劳动者没有本法第三十九条和第四十条第一项、第二项规定的情形，续订劳动合同的。

用人单位自用工之日起满一年不与劳动者订立书面劳动合同的，视为用人单位与劳动者已订立无固定期限劳动合同。

第四十六条：有下列情形之一的，用人单位应当向劳动者支付经济补偿：……（五）除用人单位维持或者提高劳动合同约定条件续订劳动合同，劳动者不同意续订的情形外，依照本法第四十四条第一项（劳动合同期满）规定终止固定期限劳动合同的；……

《最高人民法院关于审理劳动争议案件适用法律问题的解释（一）》

第三十四条：劳动合同期满后，劳动者仍在原用人单位工作，原用人单位未表示异议的，视为双方同意以原条件继续履行劳动合同。一方提出终止劳动关系的，人民法院应予支持。

根据劳动合同法第十四条规定，用人单位应当与劳动者签订无固定期限劳动合同而未签订的，人民法院可以视为双方之间存在无固定期限劳动合同关系，并以原劳动合同确定双方的权利义务关系。

［**通俗解读**］

第一次固定期限劳动合同到期后，双方继续保持劳动用工关系的，都涉及劳动合同的续订问题。正常情况下，劳动者与用人单位会采取签订第二份劳动合同的方式或签订“劳动合同续订书”等方式完成劳动合同的续订。但在实践中，在前述正常的续订劳动合同之外，可能出现需要劳动者掌握应对方法的疑难问题。

一、第一次固定期限劳动合同到期后，用人单位继续用工但不办理劳动合同的续签

实践中，双方第一次固定期限劳动合同到期后，可能出现双方忘记办理劳动合同续签等情形，导致双方没有及时办理续签书面劳动合同。但劳动者照常上班工作，用人单位照常发放工资。这种情况视为双方同意以原条件继续履行劳动合同。但在这种未续签又继续用工的状态下，用人单位是否应该支付二倍工资？用人单位过了几个月“反应”过来是否可以以双方劳动合同期满而终止劳动关系？

1. 劳动合同期满后未续签但双方继续履行原劳动合同，虽然视为双方同意以原条件继续履行劳动合同，但到一个月的宽限期后，用人单位仍应向劳动者支付未签订书面劳动合同的二倍工资差额。

在实践中，用人单位总是以《最高人民法院关于审理劳动争

议案件适用法律问题的解释（一）》第三十四条所规定的“视为双方同意以原条件继续履行劳动合同”来抗辩未签订劳动合同二倍工资的支付义务。当前的主流裁判观点认为，双方同意以原条件继续履行劳动合同并不构成对未签订书面劳动合同应支付二倍工资这一法定责任的免责事由。视为双方同意以原条件继续履行劳动合同是用于解决双方在这种情况下权利义务的确定问题，但未签订书面劳动合同的客观事实仍然存在，对应的未签订书面劳动合同应支付二倍工资的法律责任也当然存在。所以，用人单位在这种情况下还是要支付二倍工资。

但劳动者要注意，主流裁判观点认为，虽然你们之间已签订过一次书面劳动合同，但续签第二次劳动合同时还是应该与新入职签订劳动合同一样给用人单位一个月的签订宽限期。如张三与A公司的劳动合同于2022年12月31日期满，双方未续签劳动合同但继续履行原劳动合同保持劳动关系。那么2023年1月1日至1月31日是A公司与张三办理续签劳动合同的宽限期，自2023年2月1日起仍未续签劳动合同，张三可以向A公司要求支付未签订书面劳动合同的二倍工资。直至2023年12月31日，因双方劳动合同到期后已满一年未续签劳动合同，参照《劳动合同法》第十四条“用人单位自用工之日起满一年不与劳动者订立书面劳动合同的，视为用人单位与劳动者已订立无固定期限劳动合同”的规定，已视为双方签订了无固定期限劳动合同，故张三在A公司劳动合同期满又一直不续签书面劳动合同的情况下，最长可以向A公司主张2023年2月1日至2023年12月31日期间共计11个月的二倍工资差额。

在前述裁判观点之外，也有例外。如《北京市高级人民法院、北京市劳动人事争议仲裁委员会关于审理劳动争议案件解答（一）》中载明，问：劳动合同期满后未订立劳动合同，劳动者仍在原用人单位继续工作，如何处理？答：劳动合同期满后未订立劳动合同，劳动者仍在原用人单位继续工作，应适用《劳动合同法》第十条、第十四条第三款、第八十二条，《劳动合同法实施条例》第六条、第七条的规定进行处理。在此情况下，因为用人单位对原劳动合同期满和继续用工的法律后果均有预期，因此不需要再给予一个月的宽限期，原劳动合同期满次日，即是用人单位应当订立劳动合同之日和承担未订立劳动合同的法律后果之日。二倍工资的计算基数应以相对应的月份的应得工资为准。劳动合同期满后仍继续工作，经用人单位通知，劳动者不续签劳动合同的，用人单位可适用《劳动合同法实施条例》第六条终止劳动关系。由此可见，北京地区的裁判观点为：对于续签劳动合同的，不再给予用人单位一个月宽限期。

2. 劳动合同期满后未续签但双方继续履行原劳动合同，满一年之后视为双方已订立无固定期限劳动合同。此时用人单位再无权以劳动合同期满而终止劳动关系。

《劳动合同法》第十四条规定，“用人单位自用工之日起满一年不与劳动者订立书面劳动合同的，视为用人单位与劳动者已订立无固定期限劳动合同”。于实践中，双方第一次固定期限劳动合同到期超过一年未续签，已视为订立了无固定期限劳动合同，故在这种情况下已不存在劳动合同期满的情形，所以用人单位也无法再以劳动合同期满而终止。如果用人单位强行终止劳动关系，则要承担单方面违法终止劳动合同的法律后果。《最高人民法院关于审理劳动争议案件适用法律问题的解释（二）（征求意见稿)》第二十四条规定，劳动合同期满后，劳动者仍在用人单位工作，用人单位未表示异议超过一个月的，人民法院可以视为双方以原条件续订劳动合同，用人单位应当与劳动者补订书面劳动合同。符合订立无固定期限劳动合同的，人民法院可以视为双方之间存在无固定期限劳动合同关系，并以原劳动合同确定双方的权利义务关系。用人单位解除劳动合同，劳动者请求用人单位依法承受解除劳动合同法律后果的，人民法院应予支持。可见该“征求意见稿”也体现了前述观点。

3. 用人单位与劳动者在劳动合同中约定劳动合同到期自动续订的，在劳动合同到期后劳动者继续工作，可视为双方订立一份与原劳动合同内容和期限相同的合同，劳动者不能向用人单位主张二倍工资。

《北京市高级人民法院、北京市劳动人事争议仲裁委员会关于审理劳动争议案件解答（一）》中载明，问：用人单位与劳动者约定劳动合同到期续延，在劳动合同到期后劳动者继续工作，并主张未签订劳动合同的二倍工资是否支持？答：因用人单位与劳动者在劳动合同中已经约定劳动合同到期续延，但未约定续延期限，在劳动合同到期后，劳动者仍继续工作，双方均未提出解除或终止劳动合同时，属于双方意思表示一致续延劳动合同，可视为双方订立一份与原劳动合同内容和期限相同的合同，故劳动者主张未签订劳动合同的二倍工资不应支持。该指导性文件体现了前述观点。要注意的是，这样的自动续订也视为劳动者与用人单位签订了第二份固定期限劳动合同，用人单位要承受双方签订了第二次固定期限劳动合同的后果。

当然，也有部分地区的裁判观点认为自动续订也需要实际完成书面签订行为，如果没能实际地书面续订，仍然视为双方没有完成劳动合同的续订。

二、第二次固定期限劳动合同到期后，用人单位与劳动者就劳动合同是否可以期满终止的争议

这个问题也属于劳动争议领域的十大谜团之一，实践中形成了两种截然相反的观点。这两种观点在相关讨论中一度被戏称为“南、北派观点”。

非主流裁判观点认为：第二次固定期限劳动合同期满后，若用人单位不愿意再与劳动者续订劳动合同，即使劳动者提出续签劳动合同。用人单位也可以以第二次固定期限劳动合同期满而终止。该终止行为系合法终止，用人单位只须支付终止劳动合同的经济补偿金。由于上海地区法院至今仍坚持此观点，所以也称为“南派观点”。

该观点的主要理由是：《劳动合同法》第十四条规定“劳动者提出续订劳动合同”或者“劳动者同意续订劳动合同”时应当订立无固定期限劳动合同的情形是“连续订立二次固定期限劳动合同①，且劳动者没有本法第三十九条和第四十条第一项、第二项规定的情形②，续订劳动合同的③”。把前述法条规定的情形展开，是三个条件，即：（1）双方已连续订立了二次固定期限劳动合同；（2）劳动者没有《劳动合同法》第三十九条（无违纪违法的行为）和第四十条第一项、第二项（无患病负伤和不能胜任工作等情形）规定的情形；（3）双方均同意续订劳动合同的。

如果用人单位不愿意再次续订劳动合同，则因为缺少双方均

同意“续订劳动合同”的意思表示，劳动合同应该期满终止。

换言之，该观点认为，从该法律条款的行文逻辑来看，连续订立二次固定期限劳动合同后，符合订立无固定期限劳动合同的条件须同时符合前述三项条件。其中第三项条件“续订劳动合同的”应理解为“双方都同意续订劳动合同的”。三个条件缺少任何一个都不能视为必须订立无固定期限劳动合同。如果用人单位一方不同意续订劳动合同则不满足“续订劳动合同的”这几个字规定的含义，所以用人单位有权以劳动合同期满终止第二次固定期限劳动合同。

主流裁判观点则认为：用人单位与劳动者连续订立二次固定期限劳动合同的，双方签订的第二次固定期限劳动合同期满，劳动者只有没有《劳动合同法》第三十九条和第四十条第一项、第二项规定的情形（没有违规违纪违法以及没有患病负伤和不能胜任工作等情形），劳动者提出要续订劳动合同的时候，用人单位必须与劳动者签订无固定期限劳动合同。如果用人单位将第二次固定期限劳动合同按劳动合同期满终止，则属于违法终止劳动合同，应向劳动者支付违法终止劳动合同的赔偿金。这种观点的核心是：在劳动者要求续订劳动合同的情况下，用人单位无权以劳动合同期满终止第二次固定期限劳动合同。由于北京地区法院以及全国大多数法院都坚持此观点，所以也称为“北派观点”。

该观点的主要理由是：根据“劳动者提出或者同意续订、订立劳动合同的，除劳动者提出订立固定期限劳动合同外，应当订立无固定期限劳动合同”的表述，“劳动者提出续订”或者“劳动者同意用人单位提出续订要求”与法条第三项条件规定“续订劳动合同的”的表述有冲突，因此可以忽视第三项“续订劳动合同的”的要件。即前述法条第三项中的“续订劳动合同的”这句话不具有逻辑含义，应当在理解法条时忽略“续订劳动合同的”这句。再直白点说，法条主干中明确“劳动者提出”续订劳动合同的，除非劳动者提出订立无固定期限劳动合同，用人单位应当订立无固定期限劳动合同。那第三项又规定了“续订劳动合同的”，这个表述明显是多余的或者不能将“续订劳动合同的”这一句理解为“双方均同意续订劳动合同的”。如果把第三项中的“续订劳动合同的”理解为“双方均同意续订劳动合同的”，那法条主干中规定的“劳动者提出或同意续订、订立劳动合同的，除劳动者提出订立固定期限劳动合同外，应当订立无固定期限劳动合同”又作何解释？换言之，法条主干的表述中要求“劳动者提出续订劳动合同，用人单位就应当续订”，如果将第三项规定的“续订劳动合同的”理解为双方续订劳动合同，明显会前后矛盾。所以，只要劳动者在第二次固定期限劳动合同到期前提出续订劳动合同，用人单位就应该与劳动者续订劳动合同，如果不理会劳动者提出的续订劳动合同要求而以劳动合同期满而终止劳动合同的，则属于违法终止劳动合同，应支付赔偿金。

从两种观点的理由来看，该法律条文可能在语法上存在一点瑕疵，造成不同的理解认定，从而导致裁判出不同的结果。笔者认为，“续订劳动合同的”这句话出现在法条中，并不是可有可无的一句话。从最朴素的观点来看，第二次固定期限劳动合同说到底也是一份固定期限劳动合同。如果第二次固定期限劳动合同用人单位无权因劳动合同期满而终止，那岂不是用人单位与劳动者双方只有一次签订固定期限劳动合同的机会。一个固定期限劳动合同到期因其中一方不同意就不能到期终止或是经另一方同意才能期满终止的固定期限劳动合同与无固定期限劳动合同有什么本质的区别？所以，笔者其实倾向于认同第一种非主流裁判观点（南派观点），但这种观点当前只有上海地区在坚持。由于笔者所在的地区以及大部分地区当前统一为按主流裁判观点（北派观点）处理，笔者在实务中也是遵守这种裁判观点。

劳动者要清楚，在第二次固定期限劳动合同到期后，主流裁判观点是有利于劳动者的。该观点实际上赋予了劳动者在第二次固定期限劳动合同到期时的选择权，由于用人单位不能单方面决定第二次固定期限劳动合同于期满终止，故用人单位实际上真正可以与你签订固定期限劳动合同的机会只有一次。你作为劳动者，在与用人单位的第二次固定期限劳动合同到期后，若还想在这个用人单位继续工作，想与用人单位签订无固定期限劳动合同，只需要向用人单位提出（最好是书面提出，以便于举证）要求续签无固定期限劳动合同，用人单位无权再以“劳动合同期满”为由终止双方的劳动合同，而是应当与你签订无固定期限劳动合同。如果用人单位强行以“劳动合同期满”终止，则属于违法终止劳动合同，你可以向用人单位要求支付违法终止劳动合同的赔偿金（2N）。

在实践操作中，劳动者注意以下几点：

1. 第二次固定期限劳动合同到期前的一段时间，有的用人单位会书面征求你的意见，你要正确理解并填写。

比如让你填写“劳动合同续签意向书”，写明双方的第二次固定期限劳动合同将于××××年××月××日到期，现征求你的意见。

意见栏有几个选择，如：

A. 同意双方劳动合同期满终止，由公司依法支付终止劳动合同的经济补偿金。

B. 要求续签固定期限劳动合同。

C. 要求续签无固定期限劳动合同。

这种是正常的征求意见，你按你的想法填写就好。现在部分地区关于第二次固定期限劳动合同期满前征求意见还规定了相关的时限要求，比如要求用人单位在期满前一个月征求劳动者的意见。所以，一般而言，用人单位会主动于第二次固定期限劳动合同快到期前征求劳动者的意见。

但个别用人单位会在征求意见时利用劳动者不知晓该部分法律规定来规避续订无固定期限劳动合同的责任。比如，公司给你发一份《劳动合同期满终止的意向书》，载明："因双方的固定期限劳动合同将于××××年××月××日到期，公司将按你的工作年限及月工资标准支付终止劳动合同的经济补偿金×××××元，前述经济补偿金将在你离职后三个月内分三期支付，你是否同意？请在相应的意见前打勾，并签字确认。

（　）同意终止劳动合同，同意公司分三期支付经济补偿金。

（　）同意终止劳动合同，但要求公司办理离职手续时一次性支付经济补偿金。"

有的劳动者一看这种选项，想着反正签订的是固定期限劳动合同，固定的期限到期终止很正常，用人单位愿意支付经济补偿金很好。所以就把考虑重心放在是同意公司分三期支付经济补偿金还是要求公司一次性支付经济补偿金上。一旦选择了以上任何一种经济补偿金方式，实际上都是同意了第二次固定期限劳动合同期满终止。要知道，第二次固定期限劳动合同到期后用人单位必须续订无固定期限劳动合同的前提是“劳动者提出要求续订无固定期限劳动合同”。如果劳动者同意终止劳动合同，那么用人单位终止第二次固定期限劳动合同并不违法，只需支付终止劳动合同的经济补偿金即可。

2. 第二次固定期限劳动合同到期前如果用人单位未征求你的意见，你可以主动向用人单位表达你是否要求续签无固定期限劳动合同。

3. 第二次固定期限劳动合同到期后，用人单位与你签订第三次固定期限劳动合同的，除非你坚持要求签订无固定期限劳动合同，否则双方还是可以第三次继续签订固定期限劳动合同的。如果你签订了第三次固定期限劳动合同，又以未签订无固定期限劳动合同为由要求用人单位支付二倍工资的，不会得到支持。其理由在于：二倍工资是惩罚不签订书面劳动合同的行为，虽然第二次固定期限劳动合同期满之后，劳动者提出要续签无固定期限劳动合同的，用人单位必须与劳动者续签无固定期限劳动合同，但劳动者在第三次固定期限劳动合同上签字确认的行为，可以认定为劳动者同意续签第三次固定期限劳动合同。而在双方签订了劳动合同的情况下，用人单位无须向劳动者支付未签订劳动合同的二倍工资。

三、正确识别用人单位规避签订固定期限劳动合同次数的行为

在实践中，正因为第二次固定期限劳动合同到期后，只要劳动者坚持要续签无固定期限劳动合同，用人单位就无法再以劳动合同期满而终止。故有的用人单位会想出各种办法避免签订第二次固定期限劳动合同。

常见的办法有：

1. 第一次固定期限劳动合同到期后，不与你续签第二次固定期限劳动合同，而是找你签一份“劳动合同变更协议书”，将第一份固定期限劳动合同中的固定期限变更为新的劳动合同期限。比如，你第一份劳动合同约定的期限为2022 年 1 月 1 日至 2024 年 12 月 31 日，到了 2024 年 12 月，该份固定期限劳动合同快到期了，马上面临签订第二次固定期限劳动合同了，然后用人单位找你签一份“劳动合同变更协议书”，将该劳动合同期限变更为2022 年 1 月 1 日至 2027 年 12 月 31 日。你看，这招高吧，原劳动合同期限为三年，到期后用人单位本想与你再续签一份三年期劳动合同。但为了规避签订第二次固定期限劳动合同，用人单位直接通过劳动合同变更协议将原三年期变更为六年期，实质上也达到了再与你保持三年劳动关系的目的，但一旦在六年期满后发生纠纷，用人单位会说，我们之间没有签订过第二次固定期限劳动合同。只签了一份劳动合同，中间只变更过合同期限而已。对于这种情况，主流裁判观点认为，为了规避劳动合同签订次数的变更劳动合同期限的行为，应认定为双方签订了第二次固定期限劳动合同。道理很简单，如果允许用人单位都这么干，那

全国就不会出现第二次以上的劳动合同了。三年到期变更为六年，六年到期再变更为九年，……以此类推，一份固定期限劳动合同能通过变更期限的手法，一直变更到用人单位不想用你为止。

2. 劳动者与用人单位的第一次劳动合同到期后，用人单位安排劳动者与其关联公司签订劳动合同。然后劳动者与关联公司的劳动合同到期后，用人单位又出面与劳动者签订劳动合同。总之，从劳动合同的用人单位主体来看，双方没有连续签订过第二次劳动合同。这种在实践中也会被认定为签订了两次固定期限劳动合同。

3. 第一次固定期限劳动合同到期后，用人单位让劳动者先办理离职手续，然后重新入职与用人单位签订劳动合同。用人单位想以此证明，劳动者重新入职后签订的劳动合同仍是第一次固定期限劳动合同，因为双方并非第一次固定期限劳动合同到期后续签的情形，而是离职后重新建立劳动关系签订的劳动合同。这种情况太明显了，在实践中，也很可能被认定为签订了第二次固定期限劳动合同。

当然，如果劳动者拒不配合先办离职手续再入职重新签订劳动合同的。用人单位可以出更狠的一招，把自己注销了，再重新注册一个公司主体来与劳动者签订劳动合同。这种狠招下，笔者认为，如果再注册的公司在股东主体、经营场所与原注销的公司高度一致的情况下，仍可以认定新注册的公司与劳动者系签订了第二次固定期限劳动合同。

《北京市高级人民法院、北京市劳动人事争议仲裁委员会关于审理劳动争议案件解答（一）》中载明，问：对用人单位存在规避签订无固定期限劳动合同和连续计算工作年限的情况，如何处理？答：用人单位存在规避《劳动合同法》第十四条规定的下列行为，劳动者订立固定期限劳动合同的次数和工作年限仍应连续计算：（1）为减少计算劳动者的工作年限，迫使劳动者与其解除或终止劳动合同后重新与其签订劳动合同的；（2）利用关联用人单位与劳动者交替变换签订劳动合同的；（3）仅就劳动合同的终止期限进行变更，用人单位无法做出合理解释的；（4）采取注销原单位、设立新单位的方式，将劳动者重新招用到新单位，且单位经营内容与劳动者的工作地点、工作内容均没有实质性变化的；（5）其他明显违反诚信和公平原则的规避行为。该指导性文件对用人单位规避第二次固定期限劳动合同的行为进行了分类细化的明确。

第四节　用人单位停工停产

［**相关法条**］

《工资支付暂行规定》

第十二条：非因劳动者原因造成单位停工、停产在一个工资支付周期内的，用人单位应按劳动合同规定的标准支付劳动者工资。超过一个工资支付周期的，若劳动者提供了正常劳动，则支付给劳动者的劳动报酬不得低于当地最低工资标准；若劳动者没有提供正常劳动，应按国家有关规定办理。

［**权威案例**］

《人力资源社会保障部、最高人民法院关于联合发布第一批

劳动人事争议典型案例的通知》

案例四：如何理解“一个工资支付周期"，正确发放未及时返岗劳动者工资待遇。

基本案情：丁某就职于某机械公司，劳动合同约定其月工资为6000元；机械公司于每月15日发放上月10日至本月9日的工资。2020年春节前，丁某返回外省家乡过节。春节延长假期间，机械公司所属地区人民政府发布通知，延迟复工时间至2月9日。2月底，机械公司复工复产，而丁某未能返岗或远程办公。机械公司线上发布通知，告知未返岗职工保留职位，将参照国家有关停工停产规定发放工资。丁某回复：“收到，谢谢公司理解。”机械公司正常发放了丁某1月1日至2月9日工资。但3月15日，丁某仅收到2月工资1540元。人事经理解释，因公司停工，2月9日停工后的第一个工资支付周期已经结束，根据国家及所属省有关规定，自2月10日起对未返岗职工发放生活费。丁某以公司未及时足额支付工资为由提出了解除劳动关系，并向劳动人事争议仲裁委员会（以下简称仲裁委员会）申请仲裁。

申请人请求：裁决机械公司支付2月10日至3月9日的工资差额4460元和解除劳动合同的经济补偿6000元。

处理结果：经调解，机械公司当庭支付丁某2020年2月10日至3月9日的工资待遇差额3227.8元。丁某撤回仲裁申请。

案例分析：本案的争议焦点是如何理解“一个工资支付周期”。

“一个工资支付周期”的性质应属缓冲期，主要目的是体现风险共担和停工停产期间对劳动者基本权益的保护，只有理解为一个时间长度，才符合相关规定的内涵。如果将“超过一个工资支付周期”理解为“跨越当前支付周期截止时间点”，则易引发用人单位停工时间相同，却仅因工资支付周期起算时间不同，而承担不同工资支付责任的问题。

本案中，机械公司实行按月支付工资的制度，工资支付周期为一个月。机械公司未复工，停工停产期间从2020年春节延长假期结束的次日（2月3日）起计算，2月底机械公司复工后丁某未返岗，经双方协商，丁某未返岗期间工资待遇参照停工停产标准支付，未返岗期间与机械公司停工期间应连续计算。因此，**2020年2月3日至3月2日为丁某未返岗的第一个工资支付周期**，2020年3月3日至3月9日则超过一个工资支付周期。故对于丁某2月10日至3月9日的工资待遇，应采取分段核算的方法，扣减机械公司已支付金额后，机械公司应支付工资待遇差额3227.8元（6000元÷21.75天×16天+1540元÷21.75天×5天-1540元）。经向双方释明“一个工资支付周期”的内涵，机械公司当庭支付丁某3227.8元工资待遇差额，双方协商同意丁某回公司继续工作，丁某也撤回了仲裁申请。

典型意义：企业出现停工停产，劳动者也存在不能及时返岗的困难。准确理解和适用“一个工资支付周期”，有利于停工停产期间工资待遇支付标准的贯彻执行，在保障劳动者基本权益的同时，也有利于促使用人单位承担起必要的社会责任，实现劳动关系双方共担风险、共渡难关。

案例五：用人单位部分停工停产的，能否按照停工停产规定支付工资待遇。

基本案情：张某为某汽车公司客户俱乐部员工，该公司业务涉及汽车零部件生产、汽车组装和车辆销售等工作。双方签订的劳动合同约定张某月工资为8000元，汽车公司每月10日发放上月4日至本月3日工资。2月3日以后，汽车公司零部件生产、汽车组装、车辆销售部门陆续复工，但因疫情防控要求客户俱乐部暂时无法对外开放，导致客户俱乐部未能同步复工复产。张某所在客户俱乐部中的10余名劳动者均处于停工状态。3月10日汽车公司按照劳动合同约定支付了张某2月工资，4月10日按照生活费标准支付了张某3月工资待遇。张某认为汽车公司恶意以停工为由降低其工资待遇，遂向仲裁委员会申请仲裁。

申请人请求：裁决汽车公司支付3月4日至4月3日工资差额6460元。

处理结果：仲裁委员会裁决驳回张某的仲裁请求。

案例分析：本案的争议焦点是汽车公司部分停工停产，能否按照停工停产规定支付张某工资待遇。

《工资支付暂行规定》第十二条规定，“非因劳动者原因造成单位停工、停产在一个工资支付周期内的，用人单位应按劳动合同规定的标准支付劳动者工资。超过一个工资支付周期的，若劳动者提供了正常劳动，则支付给劳动者的劳动报酬不得低于当地的最低工资标准；若劳动者没有提供正常劳动，应按国家有关规定办理”。可见，**上述规定只对用人单位停工停产期间劳动者能够提供正常劳动和无法提供正常劳动分别予以明确，但并未将适用条件限于用人单位的全部停工停产**。本案中，尽管汽车公司的零部件制造等部门均已复工，但因各部门工作具有相对独立性，其所依赖的复工条件并不相同，张某认为汽车公司恶意以客户俱乐部停工为由降低其工资待遇，事实依据不足。经查，汽车公司部分停工的安排并非针对张某一人，而是无差别地适用于客户俱乐部的10余名劳动者。因此，仲裁委员会对张某关于汽车公司安排部分停工存在主观恶意的主张不予采信，该公司安排张某所在部门停工，并适用《人力资源社会保障部关于妥善处理新型冠状病毒感染的肺炎疫情防控期间劳动关系问题的通知》规定支付张某工资待遇，并无不当，故依法驳回张某的仲裁请求。

［**通俗解读**］

《劳动法》《劳动合同法》并未对用人单位停工停产的问题进行明确的规定。用人单位发生“非因劳动者原因”的停工停产情形，双方如何确定劳动报酬等权利义务，主要来自《工资支付暂行规定》第十二条之规定。在理解该条规定时，劳动者要注意以下几个重点：

一、“一个工资支付周期”的正确理解

“一个工资支付周期”是按工资发放周期来确定的一个时间长度。比如，你们公司是按月发放工资（大多数用人单位都是按月发放工资），那么一个工资支付周期就是一个月。当然，如果是非全日制用工，也可能按周发放工资，那么一个工资支付周期就是一周。比如，你们公司于2024年5月16日起停工停产，由于公司是按月发放工资，那么《工资支付暂行规定》第十二条“非因劳动者原因造成单位停工、停产在一个工资支付周期内的，用人单位应按劳动合同规定的标准支付劳动者工资”中的“一个工资支付周期”就是指一个月，即2024年5月16日至6月15日。换言之，用人单位在停工停产后，无论是哪一天开始停工停产的，如果实行月薪制，都要向劳动者按之前正常工作的标准发

放一个月工资。上述人力资源社会保障部与最高人民法院共同发布的案例四就明确了前述对“一个工资支付周期”的认定标准。

为什么要出一个案例来认定这个标准呢？因为有的用人单位在停工停产期间对“一个工资支付周期”形成了一种错误的认定方式，即把“一个工资支付周期”认定为一个发放工资的固定期间，而非一个时间长度。如上例：你们公司实行月薪制，按自然月计算工资。你们公司于 2024 年 5 月 16 日起停工停产，按这种错误的认定方式，停工停产所在的“一个工资支付周期”是指 2024 年 5 月 1 日至 5 月 31 日这一个计薪周期，用人单位于 2024 年 5 月 16 日停工停产，那么用人单位只需在 2024 年 5 月 16 日至 5 月 31 日期间按正常工资标准向劳动者支付工资，而 2024 年 5 月 31 日之后属于超出一个工资支付周期。这种认定方式实际上是把一个工资支付周期固定下来，认为用人单位只需支付自停工停产之日至该固定的工资支付周期的最后一天。这种方式明显存在问题，如果实行月薪制的用人单位于 2024 年 5 月 30 日起停工停产，按这种理解，5 月 31 日是一个工资支付周期的期满，那用人单位只需支付 2024 年 5 月 30 日、31 日两天的正常工资？等于说用人单位停工停产还要挑个好日子，挑好日子明显就要少支付正常工资？法条规定的一个工资支付周期明显是因为用人单位停工停产会造成劳动者收入大幅下降而对劳动者保留的一个“降薪缓冲期”，主要目的是体现对劳动者基本权益的保护。怎么可以认定成可以由用人单位通过“挑日子”停工停产来决定缓冲期长短的情形。

二、用人单位停工停产的认定标准并不要求全部停工停产

前述案例五就明确了该认定标准。确实，对于一些大型企业来讲，会因为一些突发情况或是经营情况导致部分厂区、部分部门停工停产，而其他厂区或部门仍然在开工或工作。所以，在实践中，对用人单位停工停产是否要求全体停工停产才认定为停工停产产生了争议。按前述案例体现的认定标准以及用人单位实际的经营情形，确实不应该将全部停工停产作为停工停产的认定标准。

当然，有劳动者会担心，用人单位会不会为了裁员，人为地宣布少数员工或个别部门停工停产，以达到减发薪酬逼员工离职的目的。这种担心还真有一定的道理，在实践中，确实有这种情况。笔者称之为用人单位的“休克疗法”。个别用人单位需要裁员，但面谈不下去，员工反应激烈，有的用人单位干脆就使出了这招“休克疗法”，宣布拟裁员的部门停工停产。不过，用人单位这招真的狠，能不能达到目的难讲，先自损一千再说。面对这种情况，劳动者无须过于担心，收集证据提出异议即可。仲裁庭或法庭从双方的证据中评判用人单位对部分部门进行停工停产是出于正当原因还是有针对性的目的，如果发现是有针对性的停工停产，则会认定为用人单位未向劳动者提供劳动条件。

三、停工停产后的劳动报酬发放标准

用人单位停工停产后，员工的劳动报酬发放有三种情况：

1. 自用人单位停工停产之日起的一个工资支付周期内（一般为一个月），无论劳动者是否还提供劳动，都应当支付正常标

准的工资。

2. 超过一个工资支付周期，若劳动者提供了正常劳动（比如厂区留守人员、设备保养人员等），则双方可以重新协商劳动报酬，但不得低于当地最低工资标准。

3. 超过一个工资支付周期，若劳动者没有提供正常劳动，应按国家有关规定办理。此处的“按国家有关规定办理”是指各地方发布的关于停工停产后向停工停产员工发放生活费的相关规定。以成都市为例：原成都市劳动局《关于深化企业工资改革中若干具体问题的处理意见》规定：企业应多渠道安置富余职工，保障富余职工的基本生活，对未被组合上岗的待岗人员、厂内待业人员，可比照当地失业救济金（后称“失业保险金”）标准及按当地政府有关规定，由企业按照工资列支渠道发放生活费。《四川省失业保险条例》第二十四条规定：失业保险金的发放标准，一般按照失业人员原单位所在地同期最低工资标准的70%执行；省人民政府可根据实际情况进行调整。《四川省人力资源和社会保障厅、四川省财政厅关于调整失业保险金标准有关问题的通知》第一条规定：从2017年10月1日起，将各地月失业保险金标准由当地人民政府确定的月最低工资标准的70%调整为当地人民政府确定的月最低工资标准的80%。所以，按成都市的相关规定，企业停工停产超过一个工资支付周期，若劳动者没有提供正常劳动，应按当地最低工资标准的80%发放生活费。

四、劳动者在停工停产后再就业的劳动关系认定

用人单位停工停产后，劳动者未再提供劳动的，只能领取比最低工资标准还低的生活费。这点生活费对大多数劳动者来讲，是不够养家的。劳动者肯定得去再就业，即再找一份工作来领取工资。那这种情况下，劳动者虽然因原用人单位停工停产未再去上班，但与原用人单位仍保持劳动关系，且原用人单位也向劳动者支付了生活费。此时“闲”着的劳动者又去一个新的用人单位工作，与新用人单位是否还可以建立劳动关系？

主流裁判观点认为，法律并未禁止双重劳动关系。按《劳动合同法》第三十九条之规定，在原用人单位工作期间与其他用人单位建立劳动关系严重影响了原用人单位的工作任务或经原用人单位提出拒不改正才可以辞退员工。原用人单位都停工停产了，都不发工资只发那么一点点生活费了，劳动者去其他用人单位找个工作怎么能严重影响原公司的工作任务？原公司都停工停产了，哪还有工作任务？所以，前述情况下，是可以认定已停工停产的原用人单位与劳动者保持劳动关系的情况下，劳动者为了生活在停工停产期间与新入职的用人单位也建立了劳动关系。如果原用人单位已为劳动者缴纳了社保，新用人单位无法再缴纳社保的，不能认定新用人单位存在过错。当然，也有裁判观点认为，原用人单位虽已停工停产，但双方仍保持了劳动关系，劳动者入职新用人单位，只能建立劳务关系。笔者认同前述第一种主流裁判观点。

《北京市高级人民法院、北京市劳动人事争议仲裁委员会关于审理劳动争议案件解答（一）》也倾向于第一种主流裁判观点。其25问：企业停薪留职人员、未达到法定退休年龄的内退人员、下岗待岗人员以及企业经营性停产放长假人员在退休之前与新用人单位建立用工关系的，如何处理？答：企业停薪留职人员、未达到法定退休年龄的内退人员、下岗待岗人员以及企业经营性停产放长假人员在退休之前与新用人单位建立用工关系，应按劳动关系处理，但对于新用人单位因客观原因不能为其缴纳社会保险费，该劳动者以此为由提出解除劳动合同并要求经济补偿的，不予支持。其 26 问：企业停薪留职人员、未达到法定退休年龄的内退人员、下岗待岗人员以及企业经营性停产放长假人员在退休之前与新用人单位建立用工关系的，其与原用人单位的关系如何认定？答：企业停薪留职人员、未达到法定退休年龄的内退人员、下岗待岗人员以及企业经营性停产放长假人员在退休之前与新用人单位建立用工关系的，一般情况下可以认定原用人单位与其保持劳动关系，相关待遇依双方的约定。双方未约定或约定不明的，考虑国家法律法规和政策、同行业同类型劳动者保护标准，从保护劳动者的基本利益和用人单位现实情况进行综合判断。

第五节　劳动者在职期间可能面临的违约风险及赔偿责任

《劳动合同法》第一条明确该法的“立法宗旨”是完善劳动合同制度，明确劳动合同双方当事人的权利和义务，保护劳动者的合法权益，构建和发展和谐稳定的劳动关系。有的劳动者觉得劳动合同法就是保护劳动者的，所以都规定用人单位的法律责任，劳动者作为打工人，没有什么责任。其实，任何领域内的法规都没有只享受权利不承担责任的情形，在劳动关系项下，劳动者也有承担赔偿责任或违约责任的情形。为了让劳动者认识到可能承担责任的不当行为，帮助劳动者避免因不清楚法律规定而承担赔偿责任或违约责任。本书在“劳动合同的履行”一章的最后一节将常见的可能导致劳动者承担赔偿责任或违约责任的情形进行解读。

一、劳动者因本人重大过失行为导致用人单位损失的赔偿责任

［**相关法条**］

《中华人民共和国劳动合同法》

第九十条：劳动者违反本法规定解除劳动合同，或者违反劳动合同中约定的保密义务或者竞业限制，给用人单位造成损失的，应当承担赔偿责任。

《工资支付暂行规定》

第十六条：因劳动者本人原因给用人单位造成经济损失的，用人单位可按照劳动合同的约定要求其赔偿经济损失。经济损失的赔偿，可从劳动者本人的工资中扣除。但每月扣除的部分不得超过劳动者当月工资的20%。若扣除后的剩余工资部分低于当地月最低工资标准，则按最低工资标准支付。

［**通俗解读**］

劳动者在工作中因本人的过失行为造成用人单位损失的，是否应该承担赔偿责任？这个问题在实务中争议较大。当然，首先要明确的是，如果是劳动者故意造成用人单位的损失，那肯定是要赔偿损失的，甚至可能因为故意行为造成的后果严重而承担刑事责任。所以，这里只讨论劳动者的过失行为（包括一般过失、重大过失）造成用人单位经济损失是否应予赔偿的问题。

第一种意见认为，法律并未规定劳动者在履职行为存在过失造成用人单位损失后应承担赔偿责任，故劳动者即使存在过失行为导致用人单位损失也属于用人单位的经营风险，劳动者不承担赔偿责任。此观点的理由为：

第一，在劳动关系存续期间，用人单位既是企业财产的所有人、管理人，也是企业内部生产经营的管理者、监督者。根据报偿责任理论，劳动者的劳动行为是为了实现用人单位的生产经营利益。因此，劳动者的职务行为造成的损失风险也应当归于利益的享有者，即用人单位来承担。用人单位支付给劳动者的对价，即劳动报酬与劳动者创造的劳动成果具有不对等性，用人单位作为劳动者所提供劳动成果的享有者，理应承担生产经营风险，此种生产经营风险当然包括劳动者履职中出现过失导致经济损失的风险。如果用人单位将劳动者履行劳动行为过程中非故意造成的损失要求劳动者赔偿，无异于单方面加重了劳动者的责任，将企业生产经营的风险转嫁于劳动者，而用人单位只享有劳动者劳动行为带来的利益而不承担相应的风险，显然有失公允。

第二，对于劳动者的行为是否应当承担赔偿责任的认定，应当以法定情形为准。《劳动合同法》第九十条规定，劳动者违反本法规定解除劳动合同，或者违反劳动合同中约定的保密义务或者竞业限制，给用人单位造成损失的，应当承担赔偿责任。上述法律表明，劳动者向用人单位承担损失赔偿责任的范围仅限于“违法解除劳动合同、违反劳动合同中约定的保密义务或竞业限制”三种情形，而劳动者因为履职过失行为导致的损失不属于前述三种情形，故不应承担赔偿责任。

第三，《劳动合同法》第三十九条规定：“劳动者有下列情形之一的，用人单位可以解除劳动合同：……（三）严重失职，营私舞弊，给用人单位造成重大损害的。……”从该法条规定可见，劳动者即使于履行职务行为时存在严重失职行为给单位造成重大损失的，用人单位可依法行使的权利也只是用人单位可以单方面解除劳动合同，并未规定用人单位还可以因劳动者的过失行为要求赔偿损失，故劳动者不应该因过失行为承担损失赔偿责任。

这种裁判标准在实践中面临的问题是容易纵容劳动者在遵章守纪方面、敬业履职方面不断放松，甚至是无所顾忌。比如，笔者见到的案例：某外卖配送公司多次培训教育员工在骑电动车进行外卖配送时要遵守交通规则，绝对不能出现闯红灯、逆行这种严重违法行为。但其中一个员工根本不遵守交规，将电动车骑到行人步道上逆行，撞伤一小女孩，外卖配送公司承担了对小女孩的赔偿责任，公司对外支付的赔偿款项实际就是公司的损失。这种重大过失行为造成公司的损失，该不该让过失员工承担一定的赔偿责任？如果完全免除赔偿责任，其他员工之后是否会对违法过失行为完全无所顾忌？

第二种意见认为，即使劳动者存在过失行为，用人单位只有在双方签订的劳动合同中有明确约定或用人单位合法有效的规章制度有明确规定的情况下，用人单位才可以要求劳动者按约定承担赔偿责任。否则，劳动者不因其过失行为承担赔偿责任。

此观点的理由为：《工资支付暂行规定》第十六条明确规定，因劳动者本人原因给用人单位造成经济损失的，用人单位可按照劳动合同的约定要求其赔偿经济损失。该部门规章至今仍有效，可以作为裁判观点的参考。且双方于劳动合同中有关过失赔偿的约定，该约定并不违反法律或行政法规的强制性规定，应属有效。如果劳动者出现了约定中应赔偿损失的过失行为，用人单位按双方的约定要求劳动者赔偿有何不可？这种裁判标准在实践中也面临“过于机械”的问题。只要有约定，哪怕劳动者只是一般过失造成损失，用人单位都可以要求其赔偿损失。如果没有约定，劳动者存在重大过失造成更大的损失，用人单位也不能要求劳动者承担赔偿责任。

第三种意见认为，劳动者因过失行为导致用人单位损失的，要结合劳动者的工作职责、用人单位的管理程度，区分劳动者是一般过失行为还是严重过失行为。如果是一般过失行为，劳动者不承担损失赔偿责任。如果是严重过失行为，则酌情裁判劳动者承担一定比例的赔偿责任。

这种裁判观点越来越成为主流的裁判标准，即无论双方劳动合同中是否存在关于员工过失行为造成损失的赔偿约定，都要结合劳动者的过失程度来判断劳动者是否承担赔偿责任。

以最常见的劳动者过失情形为例，即用人单位的财务人员遭受网络诈骗，骗子通过盗取公司老板的 QQ 号，在 QQ 群内以老板的名义安排财务人员将公司账户的资金转出到骗子提供的账户，造成公司资金损失。事后发现被诈骗，财务人员是否承担赔偿责任以及承担多少赔偿责任的问题。

按上述第三种意见，首先判断该财务人员存在的过失属于一般过失还是重大过失。笔者一般从以下三个方面来认定过失程度。

一看该公司之前是否严格执行财务制度，公司的高管之前是否存在通过微信、QQ 的方式安排财务人员转款的行为。如果公司高管之前安排转账、收款也是通过微信、QQ，而不是严格执行预防风险的财务制度，那说明公司之前就这样处理财务问题，必然导致员工也陷入可以通过网络方式接受转账事务的认知。可见公司在财务制度的执行上也存在一定的管理问题。这是考量此类案件过失程度的重要方面。

二看诈骗分子进入 QQ 工作群的方式是盗用了公司老板的 QQ 号还是模仿了公司老板的 QQ 号。如果是盗用，则公司管理人员也明显存在过失，对自己的网络账号保管不善才导致财务人员被骗。这是考量此类案件过失程度的次要方面。

三看财务人员的职位是一般的普通财务人员还是拿高薪的财务主管。工资越高、责任越大，这也是参考此类案件过失程度的次要方面。

此外，还可以查明财务人员在遭受网络诈骗前是否还向其上级主管请示过、询问过？公司是否存在安排会计与出纳由同一人担任的问题？在公司 QQ 工作群的其他人员是否也陷入被骗的情况。这些事实查明也能辅助仲裁庭或法庭对劳动者的过失程度作出正确判断。结合对劳动者的过失程度判断，酌情裁判严重过失的员工承担一定比例的赔偿责任。

二、劳动者因违法解除劳动合同造成用人单位损失的赔偿责任

[**相关法条**]

《中华人民共和国劳动合同法》

第三十七条：劳动者提前三十日以书面形式通知用人单位，可以解除劳动合同。劳动者在试用期内提前三日通知用人单位，可以解除劳动合同。

第九十条：劳动者违反本法规定解除劳动合同，或者违反劳动合同中约定的保密义务或者竞业限制，给用人单位造成损失的，应当承担赔偿责任。

［**通俗解读**］

按照《劳动合同法》第三十七条之规定，劳动者在劳动合同期限内要解除劳动合同，需要提前通知用人单位，主要是给用人单位安排岗位顶替人员或安排工作衔接事宜一定的缓冲时间。所以劳动者要切记，除非用人单位有《劳动合同法》第三十八条所规定的情形，否则劳动者一定要依法提前通知用人单位才能离职。已转正的劳动者在用人单位没有过错的情况下，因个人原因离职而未提前三十天通知，用人单位可以向劳动者要求赔偿损失。损失一般包括临时招聘员工顶替岗位的支出、让外包员工紧急兼职你的岗位而多支出的报酬等。总之，劳动者要注意解除劳动合同提前通知的要求。

三、劳动者因拒绝办理工作交接造成用人单位损失的赔偿责任

［**相关法条**］

《中华人民共和国劳动合同法》

第五十条第二款第一句：劳动者应当按照双方约定，办理工作交接。

第九十条：劳动者违反本法规定解除劳动合同，或者违反劳动合同中约定的保密义务或者竞业限制，给用人单位造成损失的，应当承担赔偿责任。

［**通俗解读**］

工作交接，是解除或终止劳动合同事宜中劳动者一方的附随义务。在解除劳动合同时，用人单位应向劳动者出具解除或终止劳动合同的证明，为劳动者办理社会保险的转移手续。同样，劳动者也负有完成离职工作交接的义务。当然，实践中，笔者也见过劳动者愿意配合工作交接，但用人单位反而故意拖延工作交接，或者以工作交接为名，让离职员工反复回公司工作，折腾离职员工。这种情况下，员工要积极收集并保管好证据，证明你是主动配合工作交接的，用人单位一方拖延工作交接或不配合工作交接，即证明未完成工作交接的过错在用人单位一方。

劳动者还要注意的是，有的劳动者因与用人单位存在争执，不仅不配合工作交接，甚至在冲动之下将手中的工作成果删除或销毁，想以此报复用人单位。这种行为极不可取，赔偿风险也极大。离职有争议不可怕，依法维权即可，万不可以违法行为对抗违法行为，然后要求用人单位赔偿的同时自己也要承担赔偿责任，这样做得不偿失，可谓是“冲动的惩罚”。

四、劳动者违反保密义务造成用人单位损失的赔偿责任

［**相关法条**］

《中华人民共和国劳动合同法》

第二十三条第一款：用人单位与劳动者可以在劳动合同中约定保守用人单位的商业秘密和与知识产权相关的保密事项。

第九十条：劳动者违反本法规定解除劳动合同，或者违反劳动合同中约定的保密义务或者竞业限制，给用人单位造成损失的，应当承担赔偿责任。

［**法条比对**］

《中华人民共和国劳动法》

第一百零二条：劳动者违反本法规定的条件解除劳动合同或者违反劳动合同中约定的保密事项，对用人单位造成经济损失的，应当依法承担赔偿责任。

［**通俗解读**］

商业秘密，是指不为公众所知悉、能为权利人带来经济利益、具有实用性并经权利人采取保密措施的技术信息和经营信息。

保密义务与竞业限制时常同时出现在劳动合同中，或是一起出现在《保密与竞业限制协议》中。但保密义务与竞业限制也是相互独立的，换言之，用人单位可以只与劳动者约定保密义务，也可以只与劳动者约定竞业限制，还可以与劳动者同时约定保密义务与竞业限制。

双方如果于劳动合同中约定了保密义务，劳动者还是要注意遵守，违反保密义务造成用人单位损失，也是要承担赔偿责任的。最常见的情况是，劳动者在职期间将用人单位的重要客户信息出卖给其他用人单位。比如，其中介公司的经纪人将公司新上的房源信息及房东底价信息泄露给第三方公司，导致公司损失重要客户等。

五、劳动者违反竞业限制义务、培训服务期约定应承担违约责任

［**通俗解读**］

在实践中，劳动者最容易承担违约责任的情形就是违反竞业限制义务的培训服务期约定。由于下一章节会对竞业限制义务、培训服务期的问题展开论述，相关问题见下一章。

第六章 竞业限制与培训服务期

第一节 竞业限制，一把双刃剑

［**相关法条**］

《中华人民共和国劳动合同法》

第二十三条：用人单位与劳动者可以在劳动合同中约定保守用人单位的商业秘密和与知识产权相关的保密事项。

对负有保密义务的劳动者，用人单位可以在劳动合同或者保密协议中与劳动者约定竞业限制条款，并约定在解除或者终止劳动合同后，在竞业限制期限内按月给予劳动者经济补偿。劳动者违反竞业限制约定的，应当按照约定向用人单位支付违约金。

第二十四条：竞业限制的人员限于用人单位的高级管理人员、高级技术人员和其他负有保密义务的人员。竞业限制的范围、地域、期限由用人单位与劳动者约定，竞业限制的约定不得违反法律、法规的规定。

在解除或者终止劳动合同后，前款规定的人员到与本单位生产或者经营同类产品、从事同类业务的有竞争关系的其他用人单位，或者自己开业生产或者经营同类产品、从事同类业务的竞业限制期限，不得超过二年。

第九十条：劳动者违反本法规定解除劳动合同，或者违反劳动合同中约定的保密义务或者竞业限制，给用人单位造成损失的，应当承担赔偿责任。

《最高人民法院关于审理劳动争议案件适用法律问题的解释（一）》

第三十六条：当事人在劳动合同或者保密协议中约定了竞业限制，但未约定解除或者终止劳动合同后给予劳动者经济补偿，劳动者履行了竞业限制义务，要求用人单位按照劳动者在劳动合同解除或者终止前十二个月平均工资的30%按月支付经济补偿的，人民法院应予支持。

前款规定的月平均工资的30%低于劳动合同履行地最低工资标准的，按照劳动合同履行地最低工资标准支付。

第三十七条：当事人在劳动合同或者保密协议中约定了竞业限制和经济补偿，当事人解除劳动合同时，除另有约定外，用人单位要求劳动者履行竞业限制义务，或者劳动者履行了竞业限制义务后要求用人单位支付经济补偿的，人民法院应予支持。

第三十八条：当事人在劳动合同或者保密协议中约定了竞业限制和经济补偿，劳动合同解除或者终止后，因用人单位的原因导致三个月未支付经济补偿，劳动者请求解除竞业限制约定的，人民法院应予支持。

第三十九条：在竞业限制期限内，用人单位请求解除竞业限制协议的，人民法院应予支持。

在解除竞业限制协议时，劳动者请求用人单位额外支付劳动者三个月的竞业限制经济补偿的，人民法院应予支持。

第四十条：劳动者违反竞业限制约定，向用人单位支付违约金后，用人单位要求劳动者按照约定继续履行竞业限制义务的，人民法院应予支持。

《人力资源社会保障部、最高人民法院关于劳动人事争议仲裁与诉讼衔接有关问题的意见（一）》

二十一、当事人在劳动合同或者保密协议中约定了竞业限制和经济补偿，劳动合同解除或者终止后，因用人单位的原因导致三个月未支付经济补偿，劳动者请求解除竞业限制约定的，劳动人事争议仲裁委员会、人民法院应予支持。

［**通俗解读**］

竞业限制，直白的理解就是由用人单位按月给离职员工一些费用作为补偿，让离职员工在离职后的一定期限内不要到与自己存在竞争关系的用人单位工作，也不要自己生产经营与原用人单位同类的产品或业务。换言之，在一定期限内给离职员工一些补偿，离职员工也不要来抢原用人单位的生意或业务。劳动者需要掌握以下关于竞业限制的要点。

一、竞业限制的适用人员

法律明文规定，竞业限制的人员限于用人单位的高级管理人员、高级技术人员和其他负有保密义务的人员。换言之，竞业限制的实施范围是有明确限制的。但近年来，实务中开始出现竞业限制约定滥用的现象。一些用人单位，将一般管理人员、一线员工都纳入竞业限制的范围中。很多用人单位往往扩大对“其他负有保密义务人员”的解释，将一些根本不可能掌握用人单位核心秘密的劳动者也列入竞业限制的范围，有的用人单位使用的劳动合同模板中就有竞业限制条款，造成全公司上下人人都要签订竞业限制条款。

最近在网络上就曝出，一个负责长期制作拍黄瓜的厨师也约定了竞业限制，离职后还遭原用人单位以违反了竞业限制索赔10万元，还好法院驳回了用人单位的诉讼主张。拍黄瓜涉及了多大个秘密，是多放醋还是多放鸡精？笔者还见过保洁人员的劳动合同中都有竞业限制条款，难道是用人单位怕保洁离职后去别的公司扫地会影响自己公司的地板干净程度？这些可笑的竞业限制案例越来越多，也体现了当前竞业限制滥用的现状。

二、竞业限制的约定方式

约定竞业限制义务的方式多种多样，可以在劳动合同中约定竞业限制条款。用人单位与劳动者双方也可以专门签订一份《保密协议》或《竞业限制协议》来约定关于竞业限制的权利义务。双方甚至可以在办理离职时签订的离职协议中约定竞业限制条款。换言之，只有双方能就竞业限制问题达成一致，有多种方式可以完成协议的签署。

三、竞业限制的约定内容

双方应就竞业限制的范围、地域、期限进行约定。但期限最长不得超过两年。双方于竞业限制协议中还应约定用人单位按月支付劳动者经济补偿的金额，约定劳动者违反竞业限制约定后应承担什么样的违约责任。

四、违反竞业限制约定的后果

1. 用人单位未在竞业限制协议中约定经济补偿的后果

用人单位未约定解除或者终止劳动合同后给予劳动者经济补偿，劳动者履行了竞业限制义务，可以要求用人单位按照其解除或者终止劳动关系前12个月平均工资的30%按月支付经济补偿，且该月平均工资的30%低于当地最低工资标准的，按当地最低工资标准支付。换言之，用人单位仅约定离职员工违反竞业限制的违约责任，不约定自己支付竞业限制经济补偿的义务，那就给用人单位规定一个法定的竞业补偿金标准。

2. 用人单位未依约支付竞业限制补偿的后果

因用人单位的原因导致3个月未支付竞业限制经济补偿的，劳动者就可以要求解除竞业限制约定，从此不再负有遵守竞业限制的义务。所谓因用人单位原因，直白说就是用人单位不给你发竞业限制补偿金，而不是劳动者拒收竞业限制补偿金。如果劳动者拒收经济补偿，之后又以用人单位3个月未支付经济补偿要求解除竞业限制协议，那是不行的。

劳动者要注意，如果用人单位有3个月未支付竞业限制的经济补偿了，你此时有两个选择：一是继续履行竞业限制，然后起诉用人单位支付欠付的经济补偿。二是通知用人单位解除竞业限制协议。如何通知？如果公司已经有3个月未支付竞业限制补偿了，离职员工可以通过邮寄、电子邮件、微信等可以取证的通知方式向公司提交解除竞业限制协议的通知。自通知送达用人单位起，双方的竞业限制协议解除，从此离职员工可以自由找工作了，不再受竞业限制义务的约束。

这种权利对劳动者来说，简直是“丰俭由人”。实践中，劳动者离职后，想休息一段时间或是去旅行一段时间，再或是确实工作难找，那竞业限制协议对劳动者来说简直是福利。反正工作难找，找不到工作其实就是被动履行竞业限制协议。离职了还有原用人单位按月发一笔钱，多好。如之前所述，有的用人单位在劳动合同模板中加入竞业限制条款，造成全公司人人都约定有竞业限制。条款也是简单直白，连经济补偿也没约定清楚。劳动者离职了，一年半载没找到合适工作，还在领失业保险金呢。一翻原来的劳动合同，发现原公司还给我约定了竞业限制，我这哪儿是找不到工作，我这是在认真履行竞业限制协议，都履行了一年了，公司居然还没给我补偿金，找公司要竞业限制补偿金去，不给就申请劳动仲裁。这也是为什么笔者认为竞业限制本质上是把“双刃剑”，而且这把“双刃剑”面向用人单位那面更锋利。

3. 用人单位在竞业限制期限内单方面要求解除竞业限制协议的后果

当然，如前例，用人单位发现怎么会给你约定了竞业限制协议，还导致你找不到工作回来要补偿金。那我通知你立即解除竞业限制协议不就行了吗？是的，用人单位是有权在竞业限制期限内单方面解除竞业限制协议的。但用人单位这种解除通知到达离职员工时，离职员工才能去找工作，本来人家从离职开始就可以找工作的，为了用人单位的竞业限制，履行到现在才收到用人单位的解除竞业限制通知，也就是说离职员工现在才可以找工作，那用人单位得支付一定的补偿。所以，如用人单位在竞业限制期限内单方面要求解除竞业限制协议的，劳动者可以要求用人单位额外支付 3 个月的竞业限制补偿金。

举例说明：张三于2023年12月31日离职，双方约定了一年的竞业限制。张三离职后也未另找工作，而是每天沉迷钓鱼。公司向张三支付了2024年1月的竞业限制补偿金，自2024年2月起未再支付。张三到了2024年6月30日一查转账记录，发现公司已经有5个月（2024年2月至6月）未发放竞业限制补偿金了。这时，张三可以发一份通知，要求解除双方的竞业限制协议并要求公司支付其2024年2月至6月已履行的竞业限制期间的5个月补偿金。张三也可以只要求公司支付2024年2月至6月已履行竞业限制期间的5个月补偿金，反正也不急着去找工作，那就继续履行竞业限制，以后继续要求公司支付补偿金。公司一想，公司资金链紧张，那就于2024年7月1日通知张三之后不用履行竞业限制义务了。这种情况下，张三自2024年7月1日起就可以去自由找工作了，不受竞业限制约束了。但公司还是要向张三额外支付3个月（2024年7月至9月）的竞业限制补偿金，加起来就是公司要向张三支付“已履行的5个月竞业限制补偿金” + “额外支付3个月限制补偿金”。

4. 劳动者违反竞业限制义务的后果

劳动者违反竞业限制约定，应向用人单位支付违约金，且支付违约金之后，竞业限制约定的期限还未到期的，劳动者还应按照约定继续履行竞业限制义务。而且如果双方签订的竞业限制协议中约定了劳动者违反竞业限制约定还要返还违反竞业限制期间已支付的竞业限制补偿金，用人单位还可以要求劳动者返还已领取的竞业限制补偿金。劳动者要注意的是，在实践中，有的用人单位约定的竞业限制补偿金金额很低，但约定的违约金很高。如果劳动者觉得违约金过高，可以请求劳动仲裁机构或人民法院予以调低。

在实践中，劳动者还要注意的竞业限制纠纷中常见的几点争议：

（一）劳动者违反竞业限制已支付了违约金是否还要退还已领取的补偿金？

这个问题一直存在争议。

一种观点认为，《劳动合同法》第二十三条规定的是“劳动者违反竞业限制约定的，应当按照约定向用人单位支付违约金”。该法条规定劳动者违反竞业限制约定的后果就是按约定支付违约金，并没有规定还要退还用人单位已发放的竞业限制补偿金。正因为用人单位支付了竞业限制补偿金，劳动者才负有竞业限制义务，劳动者违反了竞业限制义务才需要支付违约金。况且，一般而言，双方约定的违约金数额会远远大于补偿金金额，所以劳动者承担支付违约金的责任可以覆盖用人单位支付补偿金的费用。

另一种观点认为，劳动者一旦违反竞业限制义务，承担违约责任与退还用人单位已支付的补偿金并不矛盾。劳动者违约后，不再享有占有竞业限制经济补偿金的权利，如同合同纠纷中的根本违约，既要退还已支付的合同款也要承担违约责任。

2023 年 12 月 12 日发布的《最高人民法院关于审理劳动争议案件适用法律问题的解释（二）（征求意见稿）》第十九条规定，竞业限制条款约定的竞业限制范围、地域、期限等内容应当与劳动者知悉、接触的商业秘密和与知识产权相关的保密事项、具有的商业价值和形成的竞争优势相适应。劳动者违反竞业限制约定，用人单位按照约定依法要求劳动者返还违反竞业限制约定期间已经支付的经济补偿、支付违约金的，人民法院应予支持。

前述劳动争议司法解释二征求意见稿体现了最高人民法院在这个问题上的裁判观点，即劳动者违反竞业限制约定，除支付违约金外，如果双方约定了劳动者应退还违反竞业限制约定期间已经支付的经济补偿，用人单位也可以要求劳动者退还补偿金。换言之，劳动者违反了竞业限制义务，法定的支付违约金的责任肯定是要承担的。至于是否还要退还用人单位已支付的补偿金，看你们双方的约定，如果双方的竞业限制协议中约定了劳动者违反竞业限制义务不仅要支付违约金，还要退还用人单位已支付的竞业限制经济补偿的，劳动者也要退还。

可以预见，如果这个司法解释最终通过并发布，大量用人单位的竞业限制协议或竞业限制条款都会更改，约定劳动者违反竞业限制的，除要支付违约金之外，还要退还用人单位已支付的补偿金。劳动者也要注意，即使违反了竞业限制，用人单位要求退还已支付的补偿金有二个条件：一是要有约定，即双方签署的竞业限制条款或协议中约定了在劳动者违反竞业限制约定的情况下要退还用人单位已支付的补偿金。毕竟退还已支付的补偿金不是劳动合同法规定的劳动者违反竞业限制约定后的法定义务，即劳动者退还已收到的补偿金并非法定义务，只能通过约定义务的方式来实现。二是仅返还违反竞业限制约定期间对应的补偿金。

比如，张三于2024年1月1日从公司离职，双方签订了一年期的竞业限制协议，公司每月支付张三竞业限制补偿金3000元。张三从离职起一直遵守竞业限制至2024年5月，后因好友邀请于2024年6月1日加入与原公司有竞争关系的公司，后于2024年7月中旬被原公司发现，经原公司警告，张三于2024年7月底从新公司离职，继续履行竞业限制义务。后原公司申请仲裁要求张三承担违约责任并退还公司已向张三支付的2024年1月至2024年8月期间的竞业限制补偿金。这种情况下，张三于2024年1月至5月是履行了竞业限制义务的，2024年6月至7月违反了竞业限制义务，之后月份又继续履行了竞业限制义务，那么张三只应向公司退还违反竞业限制约定期间（2024年6月至7月期间）已经支付的经济补偿6000元。

（二）因履行竞业限制发生争议进行仲裁和诉讼的期间是否计入竞业限制期限？

［**权威案例**］

最高人民法院指导案例184号：马某楠诉北京搜狐新动力信息技术有限公司竞业限制纠纷案

裁判要点：用人单位与劳动者在竞业限制条款中约定，因履行竞业限制条款发生争议申请仲裁和提起诉讼的期间不计入竞业限制期限的，属于《劳动合同法》第二十六条第一款第二项规定的“用人单位免除自己的法定责任、排除劳动者权利”的情形，应当认定为无效。

基本案情：马某楠于2005年9月28日入职北京搜狐新动力信息技术有限公司（以下简称搜狐新动力公司），双方最后一份劳动合同期限自2014年2月1日起至2017年2月28日止，马某楠担任高级总监。2014年2月1日，搜狐新动力公司（甲方）与马某楠（乙方）签订《不竞争协议》，其中第3.3款约定：“……竞业限制期限从乙方离职之日开始计算，最长不超过12个月，具体的月数根据甲方向乙方实际支付的竞业限制补偿费计算得出。但如因履行本协议发生争议而提起仲裁或诉讼时，则上述竞业限制期限应将仲裁和诉讼的审理期限扣除；即乙方应履行竞业限制义务的期限，在扣除仲裁和诉讼审理的期限后，不应短于上述约定的竞业限制月数。”2017 年 2 月 28 日劳动合同到期，双方劳动关系终止。2017 年 3 月 24 日，搜狐新动力公司向马某楠发出《关于要求履行竞业限制义务和领取竞业限制经济补偿费的告知函》，要求其遵守《不竞争协议》，全面并适当履行竞业限制义务。马某楠自搜狐新动力公司离职后，于 2017 年 3 月中旬与优酷公司开展合作关系，后于 2017 年 4 月底离开优酷公司，违反了《不竞争协议》。搜狐新动力公司以要求确认马某楠违反竞业限制义务并双倍返还竞业限制补偿金、继续履行竞业限制义务、赔偿损失并支付律师费为由向北京市劳动人事争议仲裁委员会申请仲裁，仲裁委员会作出京劳人仲字〔2017〕第 339 号裁决：（1）马某楠一次性双倍返还搜狐新动力公司 2017 年 3 月、4 月竞业限制补偿金共计 177900 元；（2）马某楠继续履行对搜狐新动力公司的竞业限制义务；（3）驳回搜狐新动力公司的其他仲裁请求。马某楠不服，于法定期限内向北京市海淀区人民法院起诉。

裁判结果：北京市海淀区人民法院于 2018 年 3 月 15 日作出（2017）京 0108 民初 45728 号民事判决：（1）马某楠于判决生效之日起 7 日内向搜狐新动力公司双倍返还 2017 年 3 月、4 月竞业限制补偿金共计 177892 元；（2）确认马某楠无须继续履行对搜狐新动力公司的竞业限制义务。搜狐新动力公司不服一审判决，提起上诉。北京市第一中级人民法院于 2018 年 8 月 22 日作出（2018）京 01 民终 5826 号民事判决：驳回上诉，维持原判。

裁判理由：法院生效裁判认为，本案争议焦点为《不竞争协议》第 3.3 款约定的竞业限制期限的法律适用问题。搜狐新动力公司上诉主张该协议第 3.3 款约定有效，马某楠的竞业限制期限为本案仲裁和诉讼的实际审理期限加上 12 个月，以实际发生时间为准且不超过 2 年，但本院对其该项主张不予采信。

《劳动合同法》明确规定了用人单位与劳动者约定的竞业限制期限不得超过 2 年，但用人单位与劳动者因竞业限制发生纠纷，比如用人单位认为劳动者违反了竞业限制义务而申请仲裁或起诉劳动者支付违约金，由于我国实行“一裁二审”的劳动争议解决程序，导致双方的争议尚未有最终的生效裁判但约定的竞业限制期间已届满。这种情况下，就有用人单位要求在竞业限制协议中约定“双方因履行竞业限制条款发生争议申请仲裁和提起诉讼的期间不计入竞业限制期限”。什么意思呢，比如双方约定了 2 年的竞业限制期限，履行到一年时用人单位申请仲裁，认为离职员工违反了竞业限制义务应支付违约金，然后进行仲裁、一审、二审、再审，历时 3 年，那这 3 年不计入竞业限制期限，劳动者须等待所有仲裁、诉讼程序结束了才重新计算竞业限制期限。这种方式相当于变相地将劳动者应履行的竞业限制期限进行了延长。

以上案例明确了涉及此类约定的裁判规定，即此类约定属于“用人单位免除自己的法定责任、排除劳动者权利”的情形，应当认定为无效。其理由在于：上述约定使得离职员工一旦与原用人单位发生争议，其竞业限制期限将被延长不可预期且相当长的一段期间，甚至超过法定最长 2 年的竞业限制，这实质上造成了劳动者的择业自由权在一定期间内处于待定状态。

（三）劳动者以配偶或亲属的名义持股经营公司是否违反竞业限制义务？

［**权威案例**］

人民法院案例库案例：上海某实业股份有限公司诉韩某某劳动合同纠纷案——**对隐蔽竞业行为的审查认定**

入库编号：2023－07－2－186－012

裁判要旨：审查劳动者配偶持股行为是否构成该劳动者违反竞业限制义务，应综合考虑行为发生时间、业务重合性、夫妻财产独立状况、劳动者本人技术条件等。在原用人单位已提供初步证据使法官产生劳动者存在隐蔽竞业行为的合理怀疑时，可根据具体案情将举证责任适当分配给劳动者。**若配偶行为与劳动者存在实质牵连关系，行为间接与劳动者自身技术有关，在无其他相反证据的情况下，可认定劳动者违反竞业限制协议。**劳动者主张违约金过高的，可综合考察违反竞业限制的行为与用人单位损失的关联度等因素予以合理调整。

裁判理由：法院生效裁判认为，实业公司与韩某某对继续履行约定竞业限制义务未持异议，故对韩某某继续履行竞业限制义务至2021年9月30日之诉请予以支持。

其一，韩某某是否属于竞业限制适用人员。韩某某在实业公司处从事旋盘技术岗位，接受实业公司培训，工作中有接触技术秘密或经营秘密的便利，且基于其核心业务（技术）人员身份获得股份，故系竞业限制适用人员。

其二，韩某某是否违反竞业限制义务。本案涉及韩某某近亲属行为是否可认定韩某某存在违反竞业限制的行为。根据实业公司提供的石英公司工商登记所载经营范围，两公司存在同业竞争关系。首先，石英公司设立时股东之一为韩某某前妻王某，韩某某不可能对大额家庭投资毫不知情，韩某某亦无证据证明该期间夫妻财产各自独立。在无证据证明其不知情的情况下，可认定系夫妻共同行为。其次，王某作为配偶，对签订竞业限制合同及保密合同事实应当明确知晓。二人于 2019 年 9 月及 10 月底相继从实业公司离职，石英公司成立于次年 1 月，故实业公司有理由相信韩某某离职是为了创立石英公司。最后，王某并不知晓石英加工技术，虽其认缴出资额 250 万元，但未有实际出资，且其以 0 元价格转让其股份，故基于韩某某技术入股的可能性较高。实业公司已提供初步证据证明韩某某存在隐蔽竞业行为。对于韩某某是否直接参与公司设立及生产经营等确有取证难度，而韩某某未有合理解释并提供证据予以证明，故综合认定韩某某存在竞业行为。

其三，竞业限制违约金金额。韩某某主张，约定的违约金过高。法院结合其原职务、收入情况及过错程度、未履约期限不长、石英公司成立时间较短对实业公司造成损失不大、实业公司支付韩某某的补偿金标准仅为最低工资，且实业公司并未就违约金约定数额合理性及特定商业秘密的经济价值进行充分举证等情况，酌情调整竞业限制义务违约金为 120000 元。

该案例明确了离职员工安排配偶持有与原公司存在竞业关系的公司股权的，仍可以认定为违反了竞业限制。

竞业限制纠纷一直是劳动争议案件中的疑难案件，体现了劳资双方的斗智斗勇。如果说其他的劳动争议事项是一部宫斗剧，竞业限制纠纷则是一部谍战剧。

笔者有幸，在办过的竞业限制纠纷案件中看过好几部大型谍战剧。

有劳动者为了规避竞业限制义务，先安排朋友开的与原公司无竞争关系的公司为其缴纳社会保险，制造明面上的劳动关系。然后悄悄到与原公司有竞争关系的公司工作，该公司不为其缴纳社保，工资也打到该劳动者的配偶卡上，反正找不到与原公司有竞争关系的公司为其缴纳社保或发工资的记录。此为“明修栈道、暗度陈仓”之法。

还有劳动者先入职一家外地的与原公司无竞争关系的公司工作，然后再由这家公司外包与原公司有竞争关系的公司的业务，然后由非竞业公司以履行外包业务为由，将该劳动者作为非竞业公司员工派出到竞业公司从事明面上的外包工作，实际上从事技术工作。此为“隔山打牛、虚实相合”之法。

还有就是案例中这类，劳动者在离职后经营与原公司存在竞业的新公司，然后将股权登记在自己配偶或亲属名下，自己暗中经营，但从工商登记中查不出违反了竞业限制。当然，实践中还有一些方法，不便再介绍。笔者认为，以后可能还有更新的规避方法出现。

离职员工即使有如此高明的规避办法，那用人单位如何发现离职员工违反了竞业限制义务？其实，用人单位无非三个办法：

一是查询法。通过查竞业公司的工商登记，查对手公司的官方网站，看离职员工是否有经营竞业公司、入股或入职竞业公司的行为。此种方法只能发现一些明目张胆违反竞业限制约定的员工。

二是跟踪法。用人单位先是通过同行业的打听，发现了离职员工违反竞业限制约定而加入竞争对手公司。然后派出法务部、行政人事部的员工伪装成路人，在离职员工到竞争对手公司上班和必经之路口、电梯间、竞业公司门口等点位进行跟踪拍照。然后以该离职员工每天到竞争对手公司上下班，并拥有竞争对手公司的门禁权限等证据，印证离职员工违反了竞业限制义务。

三是卧底法。用人单位也是先打听到离职员工加入了哪家竞争对手公司。然后派出一个新员工（与离职员工无交集的员工）去入职竞争对手公司“卧底”一二个月，取得离职员工违反竞业限制在竞争对手公司工作的证据即离职回公司复命。

所以，劳动者要注意，竞业限制协议你可以不签署，但签署了还是要本着诚信的原则去遵守。如果用人单位不计成本，非要追查你违反竞业限制义务的行为，还是有办法的。下决心要追究你违反竞业限制约定的责任，你也会面临高额的违约金。

有时候，笔者感叹，作为劳动争议的仲裁员或法官，职业生涯中不识破几件用人单位挖空心思“免费”辞退员工的手段，不看破离职员工如何绞尽脑汁规避竞业限制约定的方法，不足以进阶成为劳动争议裁判界的“元婴期”。

（四）劳动者在职期间是否负有竞业限制义务？

2023 年 12 月 12 日发布的《最高人民法院关于审理劳动争议案件适用法律问题的解释（二）（征求意见稿）》第十八条规定，用人单位与高级管理人员、高级技术人员和其他负有保密义务的人员约定在职期间竞业限制条款，劳动者以在职期间不得约定竞业限制、未支付经济补偿为由请求确认竞业限制条款无效的，人民法院不予支持。

由于目前对于竞业限制理论的研究大多集中于对离职后竞业限制制度的探讨，对于劳动者在职期间的竞业限制义务关注较少。在之前的关于劳动者在职期间是否负有竞业限制义务存在较大的争议。

支持者认为，劳动者对用人单位负有基本的忠实义务，在职期间不去与用人单位有竞争关系的企业任职，不自营与用人单位存在竞争的业务是应有之义，不用约定也应该遵守。

反对者认为，毕竟《劳动合同法》规定的竞业限制是在“解除或者终止劳动合同后”，在职期间的忠实义务与离职之后的竞业限制是两码事。在职期间违反忠实义务，按《劳动合同法》第三十九条之规定，用人单位有权单方面解除双方的劳动合同，但没有规定要支付违约金。

笔者认为，劳动者在职期间负有忠实义务，所以双方于在职期间约定竞业限制义务有其合理性。直白点说，劳动者拿着用人单位的工资，最基本的要求是不能“吃里扒外”。试想，这个公司为张三发工资、缴社保，张三却跑到跟本公司相竞争的其他公司去工作。从起码的认知来看，张三这事做得过分了。所以，在职期间约定竞业限制义务是可以的。最高人民法院的司法解释征求意见稿也体现了这样的裁判观点。

（五）竞业限制的补偿金是否必须在离职后按月支付？

在实践中，用人单位与劳动者约定竞业限制经济补偿的支付方式一般有三种：

一是劳动者离职后在竞业限制期限内按月支付。

二是在劳动者离职时一次性支付。

三是在劳动关系存续期间与工资一并支付（工资中的一部分约定为竞业限制补偿金，笔者认为其实相当于没有支付）。

《劳动合同法》第二十三条第二款明确规定，离职后竞业限制的经济补偿应在竞业限制期限内按月支付。以上第一种支付方式与《劳动合同法》第二十三条规定一致，自然没有问题。那么第二、三种支付方式是否可以？

笔者认为，第三种支付方式，即约定"竞业限制补偿金包含在在职期间的工资内，在劳动关系存续期间与工资一并支付"的支付方式是无效的。其理由在于：一方面，如果允许双方约定将竞业限制补偿金包含在用人单位于劳动者在职期间向劳动者支付的劳动报酬中，就可能给用人单位可乘之机，用人单位可以凭借其强势地位在签订劳动合同时将原本就属于劳动报酬的款项单独列一部分出来作为"竞业限制补偿金"。这相当于变相降低了劳动者的工资收入，或者免除了用人单位支付竞业限制补偿金的法定义务，横竖都对劳动者不利。另一方面，竞业限制经济补偿制度的目的就是弥补劳动者在离职后因履行竞业限制义务而导致的收入减少，如果于劳动者在职期间就支付竞业限制经济补偿，就无法达到弥补劳动者离职后收入损失的立法目的。所以，离职竞业限制补偿金约定在在职期间的工资内，在工资中发放的方式是不行的，应认定为无效。

对于双方约定在劳动者离职时一次性支付竞业限制补偿金是否有效。笔者认为，一方面，这种支付方式其实对劳动者也是有利的，一次性付清避免了之后劳动者履行了竞业限制义务而用人单位拖欠竞业限制补偿金的纠纷。另一方面，这种支付方式对于用人单位也是有利的，可以避免万一因各种原因出现超过 3 个月未支付而导致劳动者解除竞业限制义务。所以笔者认可这种支付方式。但这种方式会引发劳动者一方的担心，担心离职时一次性支付会不会减少。比如，公司与张三约定离职后的竞业限制是一年，竞业限制补偿金是 3000 元/月，那要是一次性支付就是 36000 元。要是公司只约定离职后一次性支付竞业限制补偿金 5000 元，然后还要离职员工履行一年的竞业限制呢？其实这很简单，约定竞业限制补偿金是 3000 元/月，那竞业限制期限为一年的一次性支付就是 36000 元，竞业限制期限为二年的一次性支付 72000 元。如果用人单位一次性支付 5000 元，那平摊到一年的竞业限制期限其补偿金就约为 416.67 元/月，平摊到二年的竞业限制期限其补偿金就约为 208.33 元/月。如此低的竞业限制补偿金你可拒绝签订竞业限制协议，即使签署了竞业限制协议，用人单位支付竞业限制补偿金数额是与违约金数额挂钩的。如果竞业限制补偿金很低，那离职员工即使违反了竞业限制协议，其应承担的违约金也不高。试想，如果允许用人单位约定很低的竞业限制补偿金，然后约定很高的违约金还能得到仲裁机构或法院的支持。相信很快就会有竞业限制协议约定每月给 50 元的竞业限制补偿金（笔者所办理的案件中真见过这种金额的补偿金），然后劳动者违反了竞业限制义务的，支付 5000000 元违约金。50 元/月的竞业限制补偿金，离职员工天天吃馒头都不一定够，离职员工不去另找工作就得上街乞讨，违反竞业限制还要支付天价违约金。如果可以这样，有些公司的主营业务怕是要改成专门追讨离职员工的违约金了。所以，在实践中，裁判劳动者应支付的违约金金额是要重点考量用人单位所支付的补偿金金额的。如果劳动者发现用人单位支付的补偿金金额很低但要求的违约金金额很高，在用人单位要求离职员工支付违约金时，离职员工可以向仲裁庭或法庭请求调低违约金的金额。

（六）用人单位未向离职员工支付竞业限制补偿金，劳动者是否还要承担竞业限制义务？

［**权威案例**］

《人力资源社会保障部　最高人民法院关于联合发布第一批劳动人事争议典型案例的通知》

案例十二：用人单位未支付竞业限制经济补偿，劳动者是否需承担竞业限制违约责任

基本案情：2013 年 7 月，乐某入职某银行，在贸易金融事业部担任客户经理。该银行与乐某签订了为期 8 年的劳动合同，明确其年薪为 100 万元。该劳动合同约定了保密与竞业限制条款，约定乐某须遵守竞业限制协议约定，即离职后不能在诸如银行、保险、证券等金融行业从事相关工作，竞业限制期限为两年。同时，双方还约定了乐某如违反竞业限制义务应赔偿银行违约金 200 万元。2018 年 3 月 1 日，银行因乐某严重违反规章制度而与乐某解除了劳动合同，但一直未支付乐某竞业限制经济补偿金。2019 年 2 月，乐某入职当地另一家银行依旧从事客户经理工作。2019 年 9 月，银行向仲裁委员会申请仲裁。

申请人请求：裁决乐某支付违反竞业限制义务违约金 200 万元并继续履行竞业限制协议。

处理结果：仲裁委员会裁决驳回银行的仲裁请求。

案例分析：本案的争议焦点是银行未支付竞业限制经济补偿金，乐某是否需承担竞业限制违约责任。依据《劳动合同法》第二十三条第二款规定："对负有保密义务的劳动者，用人单位可以在劳动合同或者保密协议中与劳动者约定竞业限制条款，并约定在解除或者终止劳动合同后，在竞业限制期限内按月给予劳

动者经济补偿。劳动者违反竞业限制约定的，应当按照约定向用人单位支付违约金。”由此，竞业限制义务，是关于劳动者在劳动合同解除或终止后应履行的义务。本案中，双方当事人在劳动合同中约定了竞业限制条款，劳动合同解除后，竞业限制约定对于双方当事人发挥约束力。《劳动合同法》第二十九条规定：“用人单位与劳动者应当按照劳动合同的约定，全面履行各自的义务。”《最高人民法院关于审理劳动争议案件适用法律若干问题的解释（四）》第八条规定：“当事人在劳动合同或者保密协议中约定了竞业限制和经济补偿，劳动合同解除或者终止后，因用人单位的原因导致三个月未支付经济补偿，劳动者请求解除竞业限制约定的，人民法院应予支持。”用人单位未履行竞业限制期间经济补偿支付义务并不意味着劳动者可以“有约不守”，但**劳动者的竞业限制义务与用人单位的经济补偿义务是对等给付关系，用人单位未按约定支付经济补偿已构成违反其在竞业限制约定中承诺的主要义务**。具体到本案中，银行在竞业限制协议履行期间长达11个月未向乐某支付经济补偿，造成乐某遵守竞业限制约定却得不到相应补偿的后果。根据公平原则，**劳动合同解除或终止后，因用人单位原因未支付经济补偿达3个月，劳动者此后实施了竞业限制行为，应视为劳动者以其行为提出解除竞业限制约定，用人单位要求劳动者承担违反竞业限制违约责任的不予支持，故依法驳回银行的仲裁请求。**

典型意义：随着新兴行业迅猛发展，越来越多的用人单位增强了知识产权和核心技术的保密意识，强化了其高级管理人员、高级技术人员及负有保密义务的其他人员的竞业限制约束力。用人单位应当严格按照劳动合同的约定向劳动者履行竞业限制期间的经济补偿支付义务，劳动者亦应秉持诚实守信原则履行竞业限制义务。同时，仲裁与司法实务中应始终关注劳动关系的实质不平等性，避免用人单位免除自己的法定责任，而排除劳动者的合法权益的情形，依法公正地维护双方的合法权益。

在实践中，用人单位因其自身原因导致未向离职员工支付竞业限制补偿金的，并不直接导致双方的竞业限制协议无效，这已经是主流裁判观点。存在争议的是用人单位因其自身原因导致未向离职员工支付补偿金超过 3 个月的，劳动者“请求解除竞业限制约定”是否一定需要书面通知或是以其他方式作出明确的意思表示。如果面对用人单位因自身原因超过 3 个月未支付竞业限制补偿金，劳动者没有通知用人单位解除竞业限制协议，劳动者是否还要继续履行竞业限制约定的义务。

笔者见过不少判例，在用人单位超过 3 个月未支付竞业限制补偿金的情况下，离职员工也没有通知解除竞业限制协议就违反了竞业限制义务，被裁判向用人单位支付违约金。这类裁判的理由大多是，用人单位虽然存在未支付竞业限制补偿金的违约行为，但法律赋予了劳动者解除竞业限制协议的权利，但这种解除权利应该参照一般合同的解除方式，即解除的意思表示要通知到对方。如果没有通知解除，双方的竞业限制协议就未解除，在竞业限制协议未解除的情况下，劳动者仍应履行竞业限制义务，如有违反仍应承担违约责任。当然，对于用人单位欠付的竞业限制补偿金，劳动者一直履行了竞业限制义务的，可以通过申请仲裁或诉讼的方式要求用人单位支付。

上述案例的精要之处在于，明确了“因用人单位原因未支付竞业限制经济补偿达三个月，劳动者此后实施了违反竞业限制义务的行为，应视为劳动者以其行为提出解除竞业限制约定，用人单位要求劳动者承担违反竞业限制违约责任的不予支持”。换言之，用人单位3个月未支付竞业限制补偿金，离职员工虽然没有书面通知你解除竞业限制协议，但离职员工违反竞业限制的行为就视为提出了解除竞业限制约定。因此，超过3个月不支付竞业限制补偿金而违约在先的用人单位不能再要求违反竞业限制义务在后的离职员工承担违约责任。当然，笔者建议，负有竞业限制义务的离职劳动者，如果遇到用人单位3个月未支付竞业限制补偿金的情形，还是可以作好两方面的选择，如果想找工作不想要补偿金了，还是通过微信、电子邮件或EMS向原用人单位送达一份解除竞业限制约定的通知。如果想继续休息一段时间，继续领取竞业限制补偿金，那就继续履行竞业限制协议，之后找原用人单位支付欠付的竞业限制补偿金。

第二节　培训服务期，人才的苦恼

［**相关法条**］

《中华人民共和国劳动合同法》

第二十二条：用人单位为劳动者提供专项培训费用，对其进行专业技术培训的，可以与该劳动者订立协议，约定服务期。

劳动者违反服务期约定的，应当按照约定向用人单位支付违约金。违约金的数额不得超过用人单位提供的培训费用。用人单位要求劳动者支付的违约金不得超过服务期尚未履行部分所应分摊的培训费用。

用人单位与劳动者约定服务期的，不影响按照正常的工资调整机制提高劳动者在服务期期间的劳动报酬。

《中华人民共和国劳动合同法实施条例》

第十六条：劳动合同法第二十二条第二款规定的培训费用，包括用人单位为了对劳动者进行专业技术培训而支付的有凭证的培训费用、培训期间的差旅费用以及因培训产生的用于该劳动者的其他直接费用。

第十七条：劳动合同期满，但是用人单位与劳动者依照劳动合同法第二十二条的规定约定的服务期尚未到期的，劳动合同应当续延至服务期满；双方另有约定的，从其约定。

第二十六条：用人单位与劳动者约定了服务期，劳动者依照劳动合同法第三十八条的规定解除劳动合同的，不属于违反服务期的约定，用人单位不得要求劳动者支付违约金。

有下列情形之一，用人单位与劳动者解除约定服务期的劳动合同的，劳动者应当按照劳动合同的约定向用人单位支付违约金：

（一）劳动者严重违反用人单位的规章制度的；

（二）劳动者严重失职，营私舞弊，给用人单位造成重大损害的；

（三）劳动者同时与其他用人单位建立劳动关系，对完成本单位的工作任务造成严重影响，或者经用人单位提出，拒不改正的；

（四）劳动者以欺诈、胁迫的手段或者乘人之危，使用人单位在违背真实意思的情况下订立或者变更劳动合同的；

（五）劳动者被依法追究刑事责任的。

［**通俗解读**］

一、用人单位与劳动者约定培训服务期的条件

1. 用人单位对劳动者进行了专业技术培训。

对劳动者的培训分为两种，一种是“职业技能培训”，另一种是“专业技术培训”。

《劳动法》第三条明确了劳动者有接受“职业技能培训”的权利。在实践中，职业技能培训的特点是企业自行组织的，面向大多数员工甚至是全体员工的培训。此类培训一般时间较短、费用不高。比如，酒店组织服务人员进行礼仪的培训，销售公司组织销售经验的培训，医院组织护工进行卫生护理方面的培训等。此类培训是为了让各种岗位的员工提高工作技能或服务标准，既是用人单位提高工作标准与工作效率的方法，也是劳动者依法享受的权利。用人单位在组织此类职业技能培训时，是不可以约定“培训服务期”的。笔者曾遇到一起案件，企业对新入职的员工进行了为期一周的诸如公司制度、工作流程等方面的入职培训，竟然在入职培训后要求员工每人签订一份“服务期协议”，约定员工干满3年方可离职，否则应支付违约金。后员工工作不到一年离职后，用人单位申请仲裁要求员工支付违约金，劳动仲裁驳回企业的仲裁请求。企业起诉至人民法院，法院也驳回了企业的请求。此种情形就是企业管理人员错把“职业技能培训”当成了“专业技术培训”。

《劳动合同法》第二十二条规定用人单位提供“专项培训费用”对劳动者进行“专业技术培训”的，可以与劳动者订立《专业技术培训服务期协议》，要求劳动者在接受了专业技术培训之

后，在用人单位干满一定时间，否则应向用人单位支付违约金。“专业技术培训”重点在于“专业技术”四字，相较于职业技能培训，专业技术培训一般面向个别专业技术员工，具有培训费用更高，培训时间较长，培训完成后可能有相应的专业技术证书等特点。比如，县医院出资安排本院的麻醉医生到省城一流医院进行麻醉技术的培训，使该医生的技术等级进一步提升。再比如，建设工程类公司出资安排员工进行建设工程类培训，员工参与培训后取得了相应的专业技术证书。换言之，用人单位出资安排了员工进行专业技术培训的，才能与员工签订培训服务期协议，约定一定期限的服务期。

2. 用人单位为员工的专业技术培训提供了培训费用。

直白地说，用人单位光是安排了员工进行专业技术培训还不行，还得提供了培训费用。如果员工是自费进行专业技术培训，那用人单位也不能与员工约定培训服务期。

3. 双方签订了培训服务期协议。

注意，满足了前述两点，并不是劳动者就一定要履行服务期了。前述条件也只是用人单位达到可以与劳动者签订培训服务期协议的条件。只有双方签订了相应的培训服务期协议，才能要求劳动者履行培训服务期。在实践中，用人单位一般不会在出资完成员工的专业技术培训后才与员工签订培训服务期协议。而是先与员工签订好培训服务期协议后，再出资安排员工进行专业技术培训。

二、劳动者违反培训服务期的责任承担规则

1. 劳动者违反服务期约定的，应向用人单位支付违约金。

劳动者要注意的是，劳动者支付违约金的数额不得超过用人

单位提供的培训费用总额。如果劳动者已履行了部分服务期，则向用人单位支付的违约金不得超过服务期尚未履行部分所应分摊的培训费用。

比如，张三于2023年1月1日与公司签订了培训服务期协议，约定由公司出资3万元安排张三进行网络安全工程师培训，自培训完毕之日起，张三承诺在公司干满3年，即3年内不得离职，否则应支付违约金10万元。之后，张三于2023年2月28日完成专业技术培训，并取得了网络安全工程师的证书。到了2024年2月28日，张三坚持从公司离职，公司要求张三支付违约金10万元。此种情况下，张三应承担的违约金应为2万元。其理由在于：用人单位支出3万元安排张三进行专业技术培训，约定张三应履行3年服务期，培训费用分摊至服务期，相当于1年1万。张三离职时已履行了1年服务期（自培训完毕之日已在公司干满了1年），剩余2年服务期未履行，故其“服务期尚未履行部分”对应的“应分摊的培训费用”为2万元，故张三最多向公司支付2万元的违约金。

由此可见，即使有培训服务期，劳动者也可以解除劳动关系，只是要支付违约金，但违约金的金额不是用人单位想约定多少就是多少，而是与用人单位实际支出的培训费用以及劳动者剩余未履行的服务期期限挂钩。

2. 即使劳动者签订了培训服务期协议，但劳动者依照《劳动合同法》第三十八条的规定（因用人单位出现欠薪、不缴纳社保等过错行为）解除劳动合同的，不属于违反服务期的约定，用人单位不得要求劳动者支付违约金。

这条好理解，虽然劳动者负有履行服务期的义务，但用人单位也不能出现《劳动合同法》第三十八条规定的违法行为，如果用人单位出现前述违法行为，那劳动者也不用再受服务期的约束，有权以用人单位的违法行为为由而被迫提出解除劳动合同。试想一下，如果不这样规定，你作为劳动者与公司签订了3年期的培训服务期协议，公司一看，反正你在3年内不能提出解除劳动合同，否则就要支付违约金。那你就好拿捏了，现在公司资金紧张，先停发你的工资再说，反正你也不能离职。如果可以这样，那劳动者签的就不是培训服务期协议了，而是“卖身契”了。所以，一旦用人单位出现了《劳动合同法》第三十八条规定的违法行为，签订了培训服务期协议的劳动者也是可以以此为由解除劳动合同，不用承担违反服务期的责任。

3. 签订了培训服务期协议的劳动者虽未提出离职，但用人单位因劳动者存在“严重违反用人单位的规章制度的、严重失职，营私舞弊，给用人单位造成重大损害、同时与其他用人单位建立劳动关系且对完成本单位的工作任务造成严重影响或经用人单位提出拒不改正、以欺诈胁迫的手段或者乘人之危使用人单位在违背真实意思的情况下订立或者变更劳动合同、被依法追究刑事责任”等与劳动者解除劳动合同的，劳动者也应向用人单位支付违约金。

与上述理由一样，劳动者存在违法行为或严重过错行为的，用人单位单方面解除劳动合同的，劳动者也要承担违反服务期的违约责任。试想，如果不这样规定，劳动者想，反正我签订了服务期协议，我又不能主动提出解除劳动合同，一旦在服务期内离职，还得支付违约金。那我可以“逼”用人单位辞退我，那就不是劳动者一方违反服务期了。所以，劳动者开始天天迟到、旷工，逼着用人单位以严重违反规章制度为由辞退劳动者。其实，这种情况下，因劳动者的过错导致双方约定的服务期未能履行完毕的，劳动者仍要承担支付违约金的责任。

三、培训服务期争议中的注意事项

1. 相当于违约金总额的“培训费用”，包括三类费用：

（1）用人单位为了对劳动者进行专业技术培训而支付的有凭证的培训费用；

（2）培训期间的差旅费用；

（3）因培训产生的用于该劳动者的其他直接费用。

前述第一项好理解，比如用人单位安排你去北京某机构培训某项专业技术，用人单位支付给培训机构的培训费用。第二项也好理解，用人单位安排你去北京培训，为你报销了你去北京培训期间产生的差旅费用。第三项比较宽泛，主要突出一个直接费用，比如为了你的培训，用人单位出钱给你购买教材、模拟器，在差旅费之外为你支付食宿费用等。但注意一点，你培训期间用人单位正常发放的工资一般不计入这个“培训费用”的范围。

2. 培训服务期并无期限限制。

有的劳动者在审理中提出，用人单位与其约定的培训服务期超过了 2 年，属于违法约定，超出 2 年的部分无效，这是典型的将竞业限制期限的上限混淆成了培训服务期的上限。劳动者要注意，《劳动合同法》规定了竞业限制期限不超过 2 年，没有规定培训服务期不超过 2 年。其实，法律并未明确规定培训服务期可以约定的上限。劳动者接受了专业技术培训后，应该履行多长期限的服务期，系由双方签订培训服务期协议进行约定。那劳动者会问，那用人单位约定服务期为 30 年也行吗？行倒是行，就看劳动者愿不愿意签？签了能有多大用？

那为什么法律不规定培训服务期的上限呢？因为没有必要！一方面，劳动者要谨记，培训服务期义务是要双方先签订培训服务期协议来约定的，如果用人单位约定的服务期离谱，你作为劳动者完全可以不签。另一方面，谁说签了 30 年的服务期就要干满 30 年？你即使违反了服务期约定，也只是赔偿相当于用人单位实际支出的培训费用的违约金而已。相当于自费对自己进行了专业技术培训，劳动者也没有吃什么大亏。因为违反服务期的违约金上限已固定为实际支出的培训费用，所以用人单位约定再长的服务期无实际意义，反而约定的服务期越短，对应应分摊的培训费用越高，对劳动者的约束力越强。

第七章　非常规用工情况

第一节　即将毕业的大学生的用工

［**相关法条**］

原劳动部《关于贯彻执行〈中华人民共和国劳动法〉若干问题的意见》

第十二条：在校生利用业余时间勤工助学，不视为就业，未建立劳动关系，可以不签订劳动合同。

［**权威案例**］

最高人民法院公报案例：郭某诉江苏益丰大药房连锁公司劳动争议案

裁判要旨：即将毕业的大专院校在校学生以就业为目的与用人单位签订劳动合同，且接受用人单位管理，按合同约定付出劳动；用人单位在明知求职者系在校学生的情况下，仍与之订立劳动合同并向其发放劳动报酬的，该劳动合同合法有效，应当认定双方之间形成劳动合同关系。

判决摘要：南京市白下区人民法院生效判决认为：原告与被告益丰公司签订劳动合同时已年满19周岁，符合《劳动法》规定的就业年龄，具备与用工单位建立劳动关系的行为能力和责任能力。原劳动部《关于贯彻执行〈中华人民共和国劳动法〉若干问题的意见》第四条仅规定了公务员和比照实行公务员制度的事业组织和社会团体的工作人员，以及农村劳动者（乡镇企业职工和进城务工、经商的农民除外）、现役军人和家庭保姆不适用劳动法，并未将在校学生排除在外，学生身份并不当然限制郭某作为普通劳动者加入劳动力群体。该意见第十二条规定："在校生利用业余时间勤工助学，不视为就业，未建立劳动关系，可以不签订劳动合同。"该条规定仅适用于在校生勤工助学的行为，并不能由此否定在校生的劳动权利，推定出在校生不具备劳动关系的主体资格。综上，法律并无明文规定在校生不具备劳动关系的主体资格，故原告能够成为劳动关系的主体。原告郭某于被告益丰公司处劳动的行为不属于该意见第十二条规定的情形。该条规定针对的是学生仍以在校学习为主，不以就业为目的，利用业余时间在单位进行社会实践打工补贴学费、生活费的情形。勤工助学和实习时，学生与单位未建立劳动关系，可以不签订劳动合同，不需要明确岗位、报酬、福利待遇等。本案中，郭某的情形显然不属于勤工助学或实习。郭某在登记求职时，已完成了全部学习任务，明确向益丰公司表达了求职就业愿望，双方签订了劳动合同书。郭某在与益丰公司签订劳动合同后，亦按照规定内容为益丰公司付出劳动，益丰公司向郭某支付劳动报酬，并对其进行管理，这完全符合劳动关系的本质特征。故益丰公司辩称双方系实习关系的理由不能成立。原告郭某签约时虽不具备被告益丰公司要求的录用条件，但郭某在填写益丰公司求职人员登记表时，明确告知了益丰公司其系2008届毕业生，2007年是学校规定的实习年，自己可以正常上班，但尚未毕业。益丰公司对此情形完全知晓，双方在此基础上就应聘、录用达成一致意见，签订劳动合同。综上，原告郭某与被告益丰公司存在劳动关系，双方签订的劳动合同合法、有效，对双方均具有法律约束力。

最高人民法院司法案例研究院于2023年9月11日发布的《劳动争议案件疑难问题解析》中载明：即将毕业的大中专院校学生能否与用人单位建立劳动关系？

即将毕业的大中专院校在校学生**以就业为目的与用人单位签订劳动合同**，且接受用人单位管理，按合同约定为用人单位提供劳动，用人单位在明知求职者系在校学生的情况下，仍与之签订劳动合同并支付劳动报酬的，**该劳动合同有效，应当认定双方之间形成劳动关系**。

根据原劳动部《关于贯彻执行〈中华人民共和国劳动法〉若干问题的意见》第十二条的规定，在校生利用业余时间勤工助学，不视为就业，未建立劳动关系，可以不签订劳动合同。但是，**我国法律并没有对即将毕业的大中专院校学生成为劳动关系主体进行禁止性规定**。在一定条件下，即将毕业的大中专院校学生也可以与用人单位成立劳动关系：一是双方以建立长期、稳定的劳动关系为目的，劳动者接受管理，遵守规章制度，从事工作，有明确的工作岗位，用人单位支付劳动报酬。如果仅是短期、不定期提供劳务，或者仅仅是参与社会实践，没有工资报酬的实习，就不是劳动关系。二是劳动者应聘时如实陈述了自己的情况，用人单位自愿接受劳动者，与之建立劳动关系，没有欺诈行为影响合同效力。三是不存在附生效条件劳动合同条件未成就的情况（比如约定获得毕业证后成立劳动关系，学生已取得相应毕业文凭）。四是符合法律规定的其他条件，如属于合法用工、双方主体资格符合法律规定等。

［**通俗解读**］

尚未取得毕业证的大学生在即将毕业时到用人单位工作，双方发生劳动争议后，用人单位一方经常以大学生尚未取得毕业证，属于“在校生”，不能与用人单位建立劳动关系为由，否认双方存在劳动关系。其实，这是一个普遍性的误解。

我国的劳动法规并没有禁止即将毕业的大中专院校学生成为劳动关系主体，对劳动关系主体的学历也没有要求。未取得毕业证的大学生可以成为劳动者，没上过大学的年满 16 周岁的公民，也有建立劳动关系的主体资格。所以，未取得毕业证的在校生入职用人单位是可以建立劳动关系的。

原劳动部《关于贯彻执行〈中华人民共和国劳动法〉若干问题的意见》第十二条明确规定，**在校生利用<u>业余</u>时间<u>勤工助学</u>**的情况不视为就业，不认定为建立劳动关系，可以不签订劳动合同。用人单位只看见“在校生”三个字，对“**利用业余时间勤工助学**”几个字视而不见。这是典型的“只看半句”，只看对自己规避劳动关系有利的那“半句”。其实，条文规定很明确，只有“**在校生**”利用“**业余**”时间“**勤工助学**”时才不认定为劳动关系。而其中业余时间一般是指在校大学生<u>课外时间</u>以及<u>周末、节假日、寒暑假期间</u>，并非指<u>当年即将毕业的学生完成校内课程后，出来找工作的期间</u>。换言之，在校大学生只有在利用业余时间勤工助学时才不认定为劳动关系，如果<u>以就业为目的</u>入职用人单位，应认定为双方建立了劳动关系。

在实践中，如何识别以就业为目的。比如，即将毕业的在校学生与用人单位签订了劳动合同或相当于劳动合同的协议，在用人单位系全日制工作，在用人单位的工作期间较长（远超过寒暑假期间等业余时间的范围）以及用人单位向即将毕业的在校生按月发放劳动报酬等情形，都是识别以就业为目的建立劳动关系的情形。

所以，如果你系即将毕业的大中专院校学生或是读研即将毕业的研究生，你到用人单位应聘入职后，系建立劳动关系。你有权要求用人单位与你签订劳动合同，有权享受劳动法规定的加班工资、年休假等各项劳动权益。如用人单位不签订书面劳动合同，将可能面临支付二倍工资的责任。

第二节　劳务派遣用工

［**相关法条**］

《中华人民共和国劳动合同法》

第五十八条：**劳务派遣单位是本法所称用人单位，应当履行用人单位对劳动者的义务。劳务派遣单位与被派遣劳动者**订立的**劳动合同，除应当载明本法第十七条规定的事项外，还应当载明**被派遣劳动者的用工单位以及**派遣期限**、工作岗位等情况。

劳务派遣单位应当与被派遣劳动者订立二年**以上的固定期限**劳动合同，**按月支付劳动报酬**；被派遣劳动者在**无工作期间**，劳务派遣单位应当按照所在地人民政府规定的**最低工资标准，向其**

按月支付报酬。

第五十九条：劳务派遣单位派遣劳动者应当与接受以劳务派遣形式用工的单位（以下称用工单位）订立劳务派遣协议。劳务派遣协议应当约定派遣岗位和人员数量、派遣期限、劳动报酬和社会保险费的数额与支付方式以及违反协议的责任。

用工单位应当根据工作岗位的实际需要与劳务派遣单位确定派遣期限，不得将连续用工期限分割订立数个短期劳务派遣协议。

第六十一条：劳务派遣单位跨地区派遣劳动者的，被派遣劳动者享有的劳动报酬和劳动条件，按照用工单位所在地的标准执行。

第六十二条：用工单位应当履行下列义务：

（一）执行国家劳动标准，提供相应的劳动条件和劳动保护；

（二）告知被派遣劳动者的工作要求和劳动报酬；

（三）支付加班费、绩效奖金，提供与工作岗位相关的福利待遇；

（四）对在岗被派遣劳动者进行工作岗位所必需的培训；

（五）连续用工的，实行正常的工资调整机制。

用工单位不得将被派遣劳动者再派遣到其他用人单位。

第六十六条：劳动合同用工是我国的企业基本用工形式。劳务派遣用工是补充形式，只能在临时性、辅助性或者替代性的工作岗位上实施。

前款规定的临时性工作岗位是指存续时间不超过六个月的岗位；辅助性工作岗位是指为主营业务岗位提供服务的非主营业务

岗位；替代性工作岗位是指用工单位的劳动者因脱产学习、休假等原因无法工作的一定期间内，可以由其他劳动者替代工作的岗位。

用工单位应当严格控制劳务派遣用工数量，不得超过其用工总量的一定比例，具体比例由国务院劳动行政部门规定。

第六十七条：用人单位不得设立劳务派遣单位向本单位或者所属单位派遣劳动者。

第九十二条第二款：劳务派遣单位、用工单位违反本法有关劳务派遣规定的，由劳动行政部门责令限期改正；逾期不改正的，以每人五千元以上一万元以下的标准处以罚款，对劳务派遣单位，吊销其劳务派遣业务经营许可证。用工单位给被派遣劳动者造成损害的，劳务派遣单位与用工单位承担连带赔偿责任。

《劳务派遣暂行规定》

第十二条：有下列情形之一的，用工单位可以将被派遣劳动者退回劳务派遣单位：

（一）用工单位有劳动合同法第四十条第三项、第四十一条规定情形的；

（二）用工单位被依法宣告破产、吊销营业执照、责令关闭、撤销、决定提前解散或者经营期限届满不再继续经营的；

（三）劳务派遣协议期满终止的。

被派遣劳动者退回后在无工作期间，劳务派遣单位应当按照不低于所在地人民政府规定的最低工资标准，向其按月支付报酬。

第十四条：被派遣劳动者提前30日以书面形式通知劳务派遣单位，可以解除劳动合同。被派遣劳动者在试用期内提前3日通知劳务派遣单位，可以解除劳动合同。劳务派遣单位应当将被派遣劳动者通知解除劳动合同的情况及时告知用工单位。

第十五条：被派遣劳动者因本规定第十二条规定被用工单位退回，劳务派遣单位重新派遣时维持或者提高劳动合同约定条件，被派遣劳动者不同意的，劳务派遣单位可以解除劳动合同。

被派遣劳动者因本规定第十二条规定被用工单位退回，劳务派遣单位重新派遣时降低劳动合同约定条件，被派遣劳动者不同意的，劳务派遣单位不得解除劳动合同。但被派遣劳动者提出解除劳动合同的除外。

第十七条：劳务派遣单位因劳动合同法第四十六条或者本规定第十五条、第十六条规定的情形，与被派遣劳动者解除或者终止劳动合同的，应当依法向被派遣劳动者支付经济补偿。

[**通俗解读**]

劳务派遣，是指用工单位因临时性、辅助性或者替代性岗位的用工需要，与劳务派遣公司签订协议，由劳务派遣公司将其公司员工派遣到用工单位工作。这种用工模式下，劳动者的劳动关系建立在劳务派遣公司，劳动者的社会保险由劳务派遣公司缴纳，劳动报酬由劳务派遣公司支付。

一、劳务派遣的合规标准

1. 劳务派遣一般在临时性、辅助性或者替代性的工作岗位上实施。

临时性工作岗位，是指存续时间不超过 6 个月的岗位。

这一岗位概念很好理解，即用工单位使用劳务派遣工的岗位不能是长期需要的岗位，而是为了临时处理某一事务短期设置的工作岗位。换言之，此类岗位不是常设的岗位，是真正的“临时工”。

辅助性工作岗位，是指为主营业务岗位提供服务的非主营业务岗位。

实践中，对辅助性岗位的理解存在争议。用工单位倾向于扩大对辅助性岗位的理解，认为只要不属于用工单位主营业务岗位，就都属于辅助性工作岗位。比如，一个制造仪器的公司，主营业务是仪器制造，所以公司认为行政类岗位都是辅助性岗位。还有些用工单位认为，只要工作岗位技术性含量较低，对劳动者专业素质要求较低，则属于辅助性工作岗位。比如，医院认为医生是主营业务岗位，护士是辅助性工作岗位，所以将护士岗位实行劳务派遣。其实，前述理解都不太正确。某一工作岗位的工作虽然简单，但却属于该单位的整体主营业务的一部分，那该岗位不能认定为辅助性工作岗位。最常见的是医院护士，护理工作其实也是医疗工作的一部分，不应定义为辅助性工作岗位。

替代性工作岗位，是指用工单位的劳动者因脱产学习、休假等原因无法工作的一定期间内，可以由其他劳动者替代工作的岗位。

这个岗位概念也没有什么争议。比如，公司行政人员休产假去了，公司找劳务派遣公司安排一个行政人员来替代一下行政岗位的工作。

2. 用人单位不得设立劳务派遣公司向本单位或者所属单位派遣劳动者。

因为劳务派遣制度实质上降低了用工单位的用工风险，让用工单位不再承担用人单位的责任，故用人单位都有使用劳务派遣工的冲动。所以，法律禁止用人单位自设劳务派遣公司向自己公司或自己公司的下属分公司、子公司派遣劳动者。

3. 用工单位应当严格控制劳务派遣用工数量，不得超过其用工总量的一定比例，具体比例由国务院劳动行政部门规定。

二、劳务派遣公司的法律责任

1. 劳务派遣公司作为劳务派遣员工的用人单位，应当与被派遣劳动者订立劳动合同，且双方的劳动合同除应当载明《劳动合同法》第十七条规定的事项外，还应当载明被派遣劳动者的用工单位以及派遣期限、工作岗位等情况。换言之，劳务派遣公司与劳动者签订的劳动合同要向劳动者明确该劳动者被派遣到何公司的什么工作岗位工作？派遣时间是多久？

2. 劳务派遣单位应当与被派遣劳动者订立二年以上的固定期限劳动合同，按月支付劳动报酬。

3. 被派遣劳动者被用工单位退回后的无工作期间，劳务派遣单位应当按照不低于所在地人民政府规定的最低工资标准向劳动者按月支付报酬。换言之，用人单位停工停产期间，即使劳动者无工作，也得按标准支付停工停产期间的生活费。同理，被派遣的劳动者被用工单位退回后导致其无工作期间，劳务派遣公司也得按不低于当地最低工资的标准向劳动者支付劳动报酬。

4. 被派遣劳动者因用工单位的原因被退回的，劳务派遣单位应重新派遣。若重新派遣时维持或者提高劳动合同约定条件而被派遣劳动者不同意的，劳务派遣单位可以解除劳动合同，但要支付经济补偿金。若重新派遣时降低劳动合同约定条件但被派遣劳动者不同意的，劳务派遣单位不得解除劳动合同，如果劳务派遣公司强行解除劳动合同，则属于违法解除劳动合同，应支付赔偿金。在这种情况下，被派遣劳动者可以提出解除劳动合同并要求劳务派遣公司支付经济补偿金。

其实从前述劳务派遣公司的义务来看，被派遣劳动者的整体劳动权益受到的保护并不少于与用人单位直接建立劳动关系的劳动者。但在实践中，被派遣劳动者面临最大的问题是劳务派遣公司在面临承担责任时的支付能力问题。虽然劳务派遣公司的支付义务一般会通过合同转嫁到用工单位，但有些小型劳务派遣公司所签约的用工单位在经营困难时的支付能力都成问题，也导致了部分被派遣劳动者维权的困难。这种情况下，有些用人单位要求自己的员工转签劳务派遣公司，都会受到员工的抵制。当然，如果用工单位是大型国企，或者劳务派遣单位是国内知名的人力资源公司，则一般不会有前述问题。

三、用工单位的法定义务

1. 执行国家劳动标准，提供相应的劳动条件和劳动保护。

2. 告知被派遣劳动者的工作要求和劳动报酬。

3. 支付加班费、绩效奖金，提供与工作岗位相关的福利待遇。

4. 对在岗被派遣劳动者进行工作岗位所必需的培训。

5. 连续用工的，实行正常的工资调整机制。

6. 用工单位不得将被派遣劳动者再派遣到其他用人单位。

作为被派遣的劳动者，以上用工单位的义务中需要注意的是，如果用工单位安排你加班的，应由用工单位发放加班费，而非劳务派遣公司。

四、作为派遣员工的注意事项

1. 被派遣劳动者要解除劳动关系应向派遣公司提出，而非向用工单位提出。

《劳务派遣暂行规定》第十四条明确规定了，被派遣劳动者提前30日（试用期内为提前3日）以书面形式通知劳务派遣单位，可以解除劳动合同。换言之，劳务派遣公司才是与被派遣劳动者建立劳动关系的用人单位，劳动者要解除劳动合同，自然应当向劳务派遣公司提出，而非向用工单位提出。劳务派遣单位收到你的解除通知后，再将解除劳动合同的情况告知用工单位。在实践中，有的劳动者想离职，却只向用工单位提出，这是错误的。而且这种情况下，劳务派遣公司会提出你没有向其通知过解除劳动合同就不到岗工作，属于旷工行为。

2. 被派遣劳动者因劳务派遣事宜发生争议申请仲裁或起诉的，应将派遣公司与用工单位作为共同被告。

《劳动争议调解仲裁法》第二十二条第二款规定，劳务派遣单位或者用工单位与劳动者发生劳动争议的，劳务派遣单位和用工单位为共同当事人。所以，被派遣的劳动者无论是因加班费、绩效奖金起诉用工单位，还是因工资、经济补偿金、赔偿金等劳动争议事项起诉劳务派遣单位，都要将劳务派遣单位与用工单位一并起诉。否则，是遗漏当事人的情形，后续要进行追加也比较麻烦。

第三节　非全日制用工

[**相关法条**]

《中华人民共和国劳动合同法》

第六十八条：非全日制用工，是指以小时计酬为主，劳动者在同一用人单位一般平均每日工作时间不超过四小时，每周工作时间累计不超过二十四小时的用工形式。

第六十九条：非全日制用工双方当事人可以订立口头协议。

从事非全日制用工的劳动者可以与一个或者一个以上用人单位订立劳动合同；但是，后订立的劳动合同不得影响先订立的劳动合同的履行。

第七十条：非全日制用工双方当事人不得约定试用期。

第七十一条：非全日制用工双方当事人任何一方都可以随时通知对方终止用工。终止用工，用人单位不向劳动者支付经济补偿。

第七十二条：非全日制用工小时计酬标准不得低于用人单位所在地人民政府规定的最低小时工资标准。

非全日制用工劳动报酬结算支付周期最长不得超过十五日。

[**通俗解读**]

一、非全日制用工是灵活就业的一种重要形式

《劳动合同法》第十条规定，建立劳动关系，应当订立书面劳动合同。已建立劳动关系，未同时订立书面劳动合同的，应当

自用工之日起一个月内订立书面劳动合同。非全日制用工是否也应当这样执行呢?《劳动合同法》第六十九条规定，非全日制用工双方当事人可以订立口头协议。从事非全日制用工的劳动者可以与一个或者一个以上用人单位订立劳动合同;但是，后订立的劳动合同不得影响先订立的劳动合同的履行。换言之，为了更好地保持非全日制用工形式的灵活性以促进就业，《劳动合同法》对非全日制用工方式作了非常宽松的规定，规定了非全日制用工双方当事人可以订立口头协议，当然，也可以采用书面形式，不管采用口头形式还是书面形式，都是合法行为。

《劳动合同法》第七十一条规定，非全日制用工双方当事人任何一方都可以随时通知对方终止用工。而且终止用工时用人单位不用向非全日制劳动者支付经济补偿。这里的“随时通知”法律并未规定是书面形式还是口头形式，从举证角度出发，建议采用书面形式。本条针对非全日制劳动关系的解除和终止作出了突破性的规定。因为非全日制用工的突出特点就是它的灵活性，规定过多会限制这一用工形式的发展，所以在解除非全日制劳动关系的要求和程序方面也是相当宽松。

既然非全日制用工这么宽松，用人单位可以随时通知终止非全日制劳动关系还不用支付经济补偿，也不用签订书面劳动合同，这简直是用人单位老板梦想中的劳动关系，那用人单位还不大量的用起来?其实，非全日制劳动关系虽然在劳动关系建立、解除等方面很宽松，但非全日制关系有其独有的特征和认定标准。不是想用就能用，不是用人单位说是非全日制就是非全日制。在实践中，有些用人单位为了规避法定责任，在员工申请仲裁要求用人单位支付未签订劳动合同的二倍工资、经济补偿金、赔偿金时，一本正经地坚称该员工是非全日制用工。但仲裁庭或法庭一审查，发现根本不是非全日制用工，所以不会采信用人单位关于该员工是非全日制用工的理由。那么，非全日制用工有哪些认定要求，导致用人单位虽“垂涎三尺”却难以适用？

二、非全日制用工有其独有的特征

1. 非全日制用工不得约定试用期。《劳动合同法》第十九条规定，劳动合同期限3个月以上不满1年的，试用期不得超过1个月；劳动合同期限1年以上不满3年的，试用期不得超过2个月；3年以上固定期限和无固定期限的劳动合同，试用期不得超过6个月。2003年5月30日颁发的《劳动和社会保障部关于非全日制用工若干问题的意见》明确规定非全日制劳动合同不得约定试用期。《劳动合同法》第七十条也作出了同样的规定，非全日制用工不得约定试用期。以法律的形式首次明确提出非全日制用工不得约定试用期，在非全日制用工的试用期问题上最大限度地维护了劳动者的合法权益。

2. 非全日制用工平均每日工作时间不超过4小时且每周工作时间累计不超过24小时。这就是非全日制员工很明显的特征。换言之，用人单位的非全日制员工每日最多在该用人单位工作半天，可能另外半天还要在其他用人单位工作。而那些“朝九晚五”的全日制工作员工，在工作时间上看就不符合非全日制用工的认定标准。

3. 非全日制用工的劳动报酬结算支付周期最长不得超过15日。非全日制用工是以小时计酬，所以一般是日结工资或周结工资。法定标准最长的结算工资周期不得超过15日。所以，那些按月发放工资的员工，从发放工资的结算周期上看就不符合非全日制用工的认定标准。

4. 虽然是非全日制用工，也要遵守最低工资标准。与全日制用工不同，非全日制用工按小时计酬，所以其小时计酬标准不得低于用人单位所在地人民政府规定的最低小时工资标准。

所以，如果你明明是全日制员工，用人单位为了规避责任，主张你是非全日制员工，你可以向仲裁庭或法庭提出的反驳理由是：我是每天工作 8 小时以上的全日制员工，有考勤记录为证，并不符合非全日制用工每日工作时间不超过 4 小时的要求。我的工资是按月结算、按月发放，有发放工资的转账记录为证，并不符合非全日制用工应按小时计薪且工资结算周期不得超过 15 天的要求。用人单位所称本人系非全日制员工并无事实依据，实为规避法律责任。因此，请仲裁庭或法庭查明事实，驳回用人单位的该主张。

第八章 发生工伤后的应对

[**相关法条**]

《中华人民共和国社会保险法》

第三十八条：因工伤发生的下列费用，按照国家规定从工伤保险基金中支付：

（一）治疗工伤的医疗费用和康复费用；

（二）住院伙食补助费；

（三）到统筹地区以外就医的交通食宿费；

（四）安装配置伤残辅助器具所需费用；

（五）生活不能自理的，经劳动能力鉴定委员会确认的生活护理费；

（六）一次性伤残补助金和一至四级伤残职工按月领取的伤残津贴；

（七）终止或者解除劳动合同时，应当享受的一次性医疗补助金；

（八）因工死亡的，其遗属领取的丧葬补助金、供养亲属抚恤金和因工死亡补助金；

（九）劳动能力鉴定费。

第三十九条：因工伤发生的下列费用，按照国家规定由用人单位支付：

（一）治疗工伤期间的工资福利；

（二）五级、六级伤残职工按月领取的伤残津贴；

（三）终止或者解除劳动合同时，应当享受的一次性伤残就业补助金。

第四十一条：职工所在用人单位未依法缴纳工伤保险费，发生工伤事故的，由用人单位支付工伤保险待遇。用人单位不支付的，从工伤保险基金中先行支付。从工伤保险基金中先行支付的工伤保险待遇应当由用人单位偿还。用人单位不偿还的，社会保险经办机构可以依照本法第六十三条的规定追偿。

《最高人民法院关于审理工伤保险行政案件若干问题的规定》

第八条：职工因第三人的原因受到伤害，社会保险行政部门以职工或者其近亲属已经对第三人提起民事诉讼或者获得民事赔偿为由，作出不予受理工伤认定申请或者不予认定工伤决定的，人民法院不予支持。

职工因第三人的原因受到伤害，社会保险行政部门已经作出工伤认定，职工或者其近亲属未对第三人提起民事诉讼或者尚未获得民事赔偿，起诉要求社会保险经办机构支付工伤保险待遇的，人民法院应予支持。

职工因第三人的原因导致工伤，社会保险经办机构以职工或者其近亲属已经对第三人提起民事诉讼为由，拒绝支付工伤保险待遇的，人民法院不予支持，但第三人已经支付的医疗费用除外。

《工伤保险条例》

第十七条：职工发生事故伤害或者按照职业病防治法规定被诊断、鉴定为职业病，所在单位应当自事故伤害发生之日或者被诊断、鉴定为职业病之日起30日内，向统筹地区社会保险行政部门提出工伤认定申请。遇有特殊情况，经报社会保险行政部门同意，申请时限可以适当延长。

用人单位未按前款规定提出工伤认定申请的，工伤职工或者其近亲属、工会组织在事故伤害发生之日或者被诊断、鉴定为职业病之日起1年内，可以直接向用人单位所在地统筹地区社会保险行政部门提出工伤认定申请。

……

用人单位未在本条第一款规定的时限内提交工伤认定申请，在此期间发生符合本条例规定的工伤待遇等有关费用由该用人单位负担。

第三十条：职工因工作遭受事故伤害或者患职业病进行治疗，享受工伤医疗待遇。

职工治疗工伤应当在签订服务协议的医疗机构就医，情况紧急时可以先到就近的医疗机构急救。

治疗工伤所需费用符合工伤保险诊疗项目目录、工伤保险药品目录、工伤保险住院服务标准的，从工伤保险基金支付。……

职工住院治疗工伤的伙食补助费，以及经医疗机构出具证明，报经办机构同意，工伤职工到统筹地区以外就医所需的交通、食宿费用从工伤保险基金支付，基金支付的具体标准由统筹地区人民政府规定。

工伤职工治疗非工伤引发的疾病，不享受工伤医疗待遇，按照基本医疗保险办法处理。

工伤职工到签订服务协议的医疗机构进行工伤康复的费用，符合规定的，从工伤保险基金支付。

第三十三条：职工因工作遭受事故伤害或者患职业病需要暂停工作接受工伤医疗的，在停工留薪期内，原工资福利待遇不变，由所在单位按月支付。

停工留薪期一般不超过 12 个月。伤情严重或者情况特殊，经设区的市级劳动能力鉴定委员会确认，可以适当延长，但延长不得超过 12 个月。工伤职工评定伤残等级后，停发原待遇，按照本章的有关规定享受伤残待遇。工伤职工在停工留薪期满后仍需治疗的，继续享受工伤医疗待遇。

生活不能自理的工伤职工在停工留薪期需要护理的，由所在单位负责。

第三十七条：职工因工致残被鉴定为七级至十级伤残的，享受以下待遇：

（一）从工伤保险基金按伤残等级支付一次性伤残补助金，标准为：七级伤残为 13 个月的本人工资，八级伤残为 11 个月的本人工资，九级伤残为 9 个月的本人工资，十级伤残为 7 个月的本人工资；

（二）劳动、聘用合同期满终止，或者职工本人提出解除劳动、聘用合同的，由工伤保险基金支付一次性工伤医疗补助金，由用人单位支付一次性伤残就业补助金。一次性工伤医疗补助金和一次性伤残就业补助金的具体标准由省、自治区、直辖市人民政府规定。

第六十四条：本条例所称工资总额，是指用人单位直接支付给本单位全部职工的劳动报酬总额。本条例所称本人工资，是指工伤职工因工作遭受事故伤害或者患职业病前12个月平均月缴费工资。本人工资高于统筹地区职工平均工资300%的，按照统筹地区职工平均工资的300%计算；本人工资低于统筹地区职工平均工资60%的，按照统筹地区职工平均工资的60%计算。

［**通俗解读**］

工伤待遇赔偿案件，也属于劳动案件的范围。但工伤与一般的劳动争议纠纷又存在明显的区别。工伤还涉及行政部门的工伤认定、劳动能力鉴定程序，在完成前述程序的基础上，才开始工伤待遇的仲裁、诉讼。可以说，工伤待遇如果完全通过法定流程处理，耗时非常长。所以，在实践中，涉及工伤赔偿的案件调解率较高，而没有调解成功的往往是由于用人单位通过程序拖延时间。

由于劳动者遭受工伤的比例不高，笔者一直在纠结是否将劳动者遭受工伤后的维权实务写入本书。

觉得不该写入本书的理由在于：一方面，工伤涉及的法规相对独立、繁杂，如果要全面讲解工伤的实务问题，完全值得另写一本书。另一方面，工伤的赔偿标准地方性太强，部分工伤赔偿项目是全国统一标准，部分工伤赔偿项目是由各省、直辖市、自治区来规定，所以难以完整介绍赔偿标准。

觉得该写入本书的理由在于：在实践中，劳动者遭受工伤后，连工伤纠纷起码的维权流程与赔偿项目都不清楚。且实践中大多数工伤并不重，伤残等级并不高，劳动者在掌握了工伤维权程序的工伤赔偿项目的情况下，也可以自行维权。所以，笔者还是决定于本书中就劳动者发生工伤后的应对进行讲解。

由于章节篇幅有限，且在实践中的工伤大多为 7—10 级工伤，故本节主要就劳动者发生 7—10 级工伤后的应对流程进行介绍。

第一节 职工发生工伤后的应对流程

1. 迅速整理你与用人单位存在劳动关系以及你因工受伤的证据。

虽然在特殊情况下，工伤案件不以工伤职工与用人单位建立劳动关系为前提，但一般情况下，认定工伤时要查明双方是否存在劳动关系。为了防止用人单位在你发生工伤后否定与你存在劳动关系，或否定你的受伤属于工伤，劳动者要注意保存好能够证明双方劳动关系和因工受伤的证据。

依据《工伤保险条例》第十四条，以下情形属于工伤：

（1）在工作时间和工作场所内，因工作原因受到事故伤害的。这是标准的工伤情形，即符合工作时间、工作场所、工作原因这“三工”的标准。这类工伤发生后，一般双方都对工伤没有异议。

（2）工作时间前后在工作场所内，从事与工作有关的预备性或者收尾性工作受到事故伤害的。这种在认定工伤时会有一定的争议，主要是对预备性工作或收尾性工作的认定。比如，修车工人完成工作后，在整理维修工具时因气瓶爆炸而受伤，而整理工具的行为就属于收尾性工作。

（3）在工作时间和工作场所内，因履行工作职责受到暴力等意外伤害的。比如，保安在工作中被醉酒的业主打伤。

（4）患职业病的。

（5）因工外出期间，由于工作原因受到伤害或者发生事故下落不明的。

（6）在上下班途中，受到非本人主要责任的交通事故或者城市轨道交通、客运轮渡、火车事故伤害的。这条体现了工伤制度对劳动者的强力保护，即劳动者上下班途中遭受了交通事故，只要本人不是承担主要责任，都认定为工伤。换言之，只要劳动者在上下班途中且在遵守交通规则的情况下因交通事故受伤了，劳动者不仅可以获得交通肇事方的赔偿，还能得到工伤的赔偿。

（7）法律、行政法规规定应当认定为工伤的其他情形。这条是对工伤认定范围的扩展性规定。比如，劳务公司承包工程的劳务项目，后劳务项目又违法分包给不具备用工主体资格的个人（俗称包工头），那么该包工头招用的农民工虽然与劳务公司不存在劳动关系，但该农民工因工发生伤害后，应定为工伤，由违法分包的劳务公司承担工伤赔偿责任。

依据《工伤保险条例》第十五条之规定，以下情形**视同工伤：**

（1）在工作时间和工作岗位，突发疾病死亡或者在48小时之内经抢救无效死亡的。突发疾病48小时内死亡的前提是在工作时间和工作岗位上发病。一般而言，如果是回家发病，则不能视为工伤。这条饱受质疑的是“48小时内死亡”这一标准。劳动者在工作时间、工作岗位上突发疾病死亡认定为工伤的，家属至少将获得 100 多万元的工亡赔偿，而未认定为工伤则不能获得工亡赔偿，两者之间差距巨大。而能否认定为工伤取决于劳动者在工作岗位上突发疾病后是否在“48 小时内死亡”。如果抢救得力，超过了 48 小时才死亡，虽然最终也死亡了，但无法认定为工亡。所以，质疑者的疑问是，即使是在工作岗位上突发疾病而死亡，为什么要将视为工伤的前置条件限定为 48 小时内死亡？为什么不是 36 小时，为什么不是 72 小时？设定 48 小时的依据在何处？质疑归质疑，法条即使规定了，还是要以规定的为准。

（2）在抢险救灾等维护国家利益、公共利益活动中受到伤害的。

（3）职工原在军队服役，因战、因公负伤致残，已取得革命伤残军人证，到用人单位后旧伤复发的。

劳动者掌握以上应认定为工伤的情形，发生工伤后，先要保存好能够印证工伤的证据。如果用人单位认可是工伤，主动向当地社会保险行政部门申请了工伤认定最好。如果用人单位逃避工伤赔偿责任，否认劳动关系或工伤，则劳动者在自行申请工伤认定时用得着这些证据。

2. 要求并督促用人单位在工伤事故发生之日起 30 日内向当地社会保险行政部门申请工伤认定。

依据《工伤保险条例》第十七条的规定，职工发生事故伤害后，用人单位应自事故伤害发生之日起 30 日内，向统筹地区社会保险行政部门提出工伤认定申请。一般而言，用人单位如果缴纳了工伤保险，还是会主动提出工伤认定申请的。但有些用人单位，特别是未缴纳工伤保险的用人单位，想着自己要全额承担工伤赔偿费用，便想方设法否认劳动关系，否认劳动关系不成便否认工伤，也不主动为遭受工伤的职工申请工伤认定。

3. 若用人单位未在30日内申请工伤认定，工伤职工本人或其近亲属应在事故伤害发生之日1年内提出工伤认定申请。

这一步好理解，用人单位不申请，劳动者自己申请。如果劳动者行动不便，也可以由劳动者的近亲属申请工伤认定。受理工伤认定的部门为社会保险行政部门，如果不清楚，可以咨询当地的人力资源和社会保障局。也可以打当地的市长热线咨询工伤认定的部门或所需材料。

4. 收到工伤认定书后，向当地劳动能力鉴定部门申请劳动能力鉴定。

劳动者收到工伤认定书后，如工伤伤情已治疗完毕出院了，伤情稳定了，就应该申请劳动能力鉴定了。劳动能力鉴定部门会作出该工伤伤残等级的鉴定结论。申请劳动能力鉴定的部门或要求，可以在领取工伤认定决定书时咨询当地的工伤认定部门。

5. 劳动者收到劳动能力鉴定结论书后，如果还在职，可以要求用人单位支付工伤职工在职期间的工伤赔偿项目；如果已离职，可以要求用人单位支付全部工伤赔偿项目。若用人单位不支付，则可以申请劳动仲裁，要求裁决用人单位支付工伤赔偿项目。

第二节　工伤赔偿项目的计算

之所以工伤赔偿案件的律师代理率高，是因为大多数工伤职工不清楚遭受工伤后，用人单位应该赔偿自己哪些项目，这些项目应该如何计算。有时候，有些没有代理过工伤案件的律师都会把工伤赔偿的项目与人身侵权的赔偿项目相混淆。

为了便于劳动者理解，笔者按工伤实务中最常见的7—10级工伤应赔偿的项目分类介绍如下。

（一）伤残等级确定后于在职期间就产生的工伤赔偿项目

1. 工伤医疗费。依据《工伤保险条例》第三十条之规定："职工因工作遭受事故伤害或者患职业病进行治疗，享受工伤医疗待遇。职工治疗工伤应当在签订服务协议的医疗机构就医，情况紧急时可以先到就近的医疗机构急救。治疗工伤所需费用符合工伤保险诊疗项目目录、工伤保险药品目录、工伤保险住院服务标准的，从工伤保险基金支付。……"从前述法条可见，劳动者遭受工伤后，用人单位应将劳动者送至"签订服务协议的医疗机构"就医。如果用人单位缴纳了工伤保险，则治疗工伤所需费用符合工伤保险诊疗项目目录、工伤保险药品目录、工伤保险住院服务标准的（以下简称三个目录），由工伤保险基金支付。

那么问题来了，员工遭受工伤进行住院治疗后，用人单位与员工向工伤保险基金申报工伤待遇时，经常会遇到工伤保险基金报销的工伤医疗费用少于实际产生的医疗费用。因为工伤保险基金只报销符合其制定的"三个目录"内的诊疗费用，目录外的费用，不予报销。那超出工伤治疗"三个目录"外的医疗费是谁出呢？

用人单位认为：《社会保险法》第三十八条明确规定，治疗工伤的医疗费用和康复费用，按照国家规定从工伤保险基金中支付。所以在公司缴纳了工伤保险的情况下，工伤医疗费用依法应由工伤保险基金支付，不应由用人单位支付。

员工认为：我受的是工伤，工伤是无过错责任，对工伤保险基金不能报销的医疗费用，如果公司不支付，难道要我自己承担？我给老板打工，受工伤了还要自己出钱医自己？

这在实践中有一定争议。但主流裁判观点认为，应当由用人单位支付。其理由在于：工伤保险实行无责任补偿原则及补偿直接经济损失原则，工伤职工住院期间的医疗费用支出属于直接损失，故医疗费用中不符合工伤保险基金支付标准的费用，应由用人单位承担。当然，也有小部分观点认为，应由工伤职工自行承担。

对此笔者认为，除前述以工伤保险实行“无责任补偿原则”及“补偿直接经济损失”原则判定由用人单位承担超出工伤医疗“三个目录”的费用外，还有其他原因导致用人单位支付。

其实，各地都对发生工伤的医疗结算问题出台过相应的规定，一般而言，均是要求发生工伤后，用人单位应将工伤职工送至签订了工伤协议的医疗机构就医。且在就医时，用人单位应书面告知工伤协议医疗机构是因工伤送医。此时，工伤协议医疗机构会严格按工伤医疗“三个目录”内的药品、诊疗项目和服务设施进行医疗，若需要使用超出“三个目录”的医疗项目，医疗机构会书面告知自负价格，经用人单位与工伤职工（或家属）共同签字确认后才使用。如工伤协议医疗机构未经用人单位和工伤职工（或家属）同意擅自使用超出“三个目录”范围所产生的医疗费用，由工伤协议医疗机构承担。

换言之，只要用人单位在发生工伤后按规定及时将工伤职工送至当地的工伤协议医疗机构就医，并书面告知工伤协议医疗机构这是工伤送医，请按工伤医疗“三个目录”的范围进行治疗。

这种情况下，工伤协议医疗机构应当按“三个目录”范围的医疗项目进行医治，这样产生的医疗费用都是可以由工伤保险基金进行报销的。但在实践中，有几个用人单位做到上述的合规流程处理了？所以，用人单位没有按前述标准流程进行处理，产生了“三个目录”外的医疗费用，自然要由用人单位承担。以四川省发布的细则为例：

四川省工伤保险就医及医疗费用结算管理办法（试行）

第五条　职工发生工伤后，应当在工伤保险协议医疗机构进行治疗。情况紧急时可以先到就近的医疗机构急救，伤（病）情相对稳定后，应当及时转入工伤保险协议医疗机构继续治疗。

在省外遭受事故伤害的，应当优先选择事故发生地工伤保险协议医疗机构治疗，伤（病）情相对稳定后，及时转回省内的工伤保险协议医疗机构继续治疗。

第二十三条　工伤保险协议医疗机构和工伤康复协议机构对于超出工伤保险诊疗项目目录、工伤保险药品目录、工伤保险住院服务标准等不在工伤保险基金支付范围的费用，应当提前书面告知用人单位、工伤职工或其近亲属，并由用人单位、工伤职工或其近亲属签字确认。

当然，各地都有关于工伤保险就医的细则，具体流程按当地细则为准。劳动者要知晓的就是，当前的主流意见是不让工伤职工自己承担医疗费，超出工伤治疗“三个目录”不能报销的医疗费由用人单位承担。

2. 护理费或生活护理费。依据《工伤保险条例》第三十三条第三款之规定，生活不能自理的工伤职工在停工留薪期需要护理的，由所在单位负责。该费用的计算方法：住院天数或经鉴定生活不能自理需要护理的天数 × 每日护理费。对于 7—10 级的工伤职工，由于受伤并不算重，所以此处的护理费一般是指住院期间的护理费，即按住院天数 × 每日护理费得出的住院期间护理费。

3. 住院伙食补助费。依据《工伤保险条例》第三十条第四款之规定，职工住院治疗工伤的伙食补助费，以及经医疗机构出具证明，报经办机构同意，工伤职工到统筹地区以外就医所需的交通、食宿费用从工伤保险基金支付，基金支付的具体标准由统筹地区人民政府规定。该费用的计算方法：住院天数 × 当地规定的每日伙食补助费。

4. 停工留薪期工资。依据《工伤保险条例》第三十三条第一款之规定，职工因工作遭受事故伤害或者患职业病需要暂停工作接受工伤医疗的，在停工留薪期内，原工资福利待遇不变，由所在单位按月支付。该费用的计算方法：工伤职工的月工资标准 × 停工留薪期期间。停工留薪期的期间，一般参照住院天数 + 医疗机构出具的出院证中载明的全休时间为准。如住院 22 天，出院医嘱载明出院后须全休 3 个月，则其停工留薪期的期间为自住院起 3 个月零 22 天。当然，还有些地区实行以工伤部位和伤情对应当地人社部门发布的《工伤职工停工留薪期分类目录》规定的停工留薪期为准，这种标准往往比住院天数 + 医嘱的全休时间更长，对工伤职工更有利。

5. 一次性伤残补助金。依据《工伤保险条例》第三十七条之规定："职工因工致残被鉴定为七级至十级伤残的，享受以下待遇：（一）从工伤保险基金按伤残等级支付一次性伤残补助金，标准为：七级伤残为 13 个月的本人工资，八级伤残为 11 个月的本人工资，九级伤残为 9 个月的本人工资，十级伤残为 7 个月的本人工资；……"第六十四条规定，本人工资高于统筹地区职工平均工资300%的，按照统筹地区职工平均工资的300%计算；本人工资低于统筹地区职工平均工资60%的，按照统筹地区职工平均工资的60%计算。

该费用的计算方法一：如果劳动者工资标准不低于统筹地区职工月平均工资60%，也不高于统筹地区职工月平均工资300%，按其本人月工资标准×伤残等级对应的月数。

该费用的计算方法二：如果劳动者工资标准低于统筹地区职工月平均工资60%，则按统筹地区职工月平均工资60%×伤残等级对应的月数；如果劳动者工资标准高于统筹地区职工月平均工资300%，则按统筹地区职工月平均工资300%×伤残等级对应的月数。换言之，该赔偿项目体现了一个“托底限高”的态度。

6. 劳动能力鉴定检查费。这个费用据实报销，劳动者在进行劳动能力鉴定时垫付了鉴定费以及因鉴定需要而产生的检查费用，缴纳了工伤保险的，由工伤保险基金报销。未缴纳工伤保险的，由用人单位承担。

以上项目，在发生工伤后，劳动者在职期间就可以要求用人单位支付。还有一部分项目，是在劳动者从用人单位离职后才支付。

（二）工伤职工离职后才产生的工伤赔偿项目

一次性工伤医疗补助金和一次性伤残就业补助金。《工伤保险条例》第三十七条规定：“职工因工致残被鉴定为七级至十级伤残的，享受以下待遇：……（二）劳动、聘用合同期满终止，或者职工本人提出解除劳动、聘用合同的，由工伤保险基金支付一次性工伤医疗补助金，由用人单位支付一次性伤残就业补助金。一次性工伤医疗补助金和一次性伤残就业补助金的具体标准由省、自治区、直辖市人民政府规定。”前述法条表明三个方面：

第一，伤残等级为7—10级的劳动者，其一次性工伤医疗补助金和一次性伤残就业补助金均是在双方解除或终止劳动关系时获得。

第二，在缴纳了工伤保险的情况下，由工伤保险基金支付一次性工伤医疗补助金，由用人单位支付一次性伤残就业补助金。

第三，一次性工伤医疗补助金和一次性伤残就业补助金的具体计算标准由各省、自治区、直辖市人民政府规定。

正因为具体标准由各省、自治区、直辖市人民政府规定，所以该部分项目的计算标准各省份不一，劳动者计算此类项目时，需要到各省人社厅官方网站上查找各省份规定一次性工伤医疗补助金和一次性伤残就业补助金计算方法的文件。此类文件的名称一般为《××省工伤保险条例》《××省工伤保险条例实施办法》等。笔者按四川省的标准进行举例：

《〈四川省工伤保险条例〉实施办法》第五条规定，……一次性工伤医疗补助金以解除或者终止劳动人事关系时上年度全省城镇全部单位就业人员月平均工资（以下简称全省月平均工资）为基数计算：五级伤残14个月，六级伤残12个月，七级伤残10个月，八级伤残8个月，九级伤残6个月，十级伤残4个月；其中患职业病的五级、六级工伤职工，在上述标准基础上增加6个月。一次性伤残就业补助金以解除或者终止劳动人事关系时上年度全省月平均工资为基数计算：五级伤残60个月，六级伤残48个月，七级伤残26个月，八级伤残18个月，九级伤残10个月，十级伤残6个月。当地上年度月平均工资高于全省上年度月平均工资的市（州），在全省上年度月平均工资达到或超过该市（州）2019 年月平均工资前的年度，以该市（州）2019 年月平均工资为基数，计发一次性工伤医疗补助金和一次性伤残就业补助金。

参照四川省人民政府规定的标准，一次性工伤医疗补助金、一次性伤残就业补助金的计算方法为：工伤劳动者与用人单位解除或终止劳动关系的上一年度全省城镇全部单位就业人员月平均工资×伤残等级对应的月数。

值得一提的是，一次性工伤医疗补助金、一次性伤残就业补助金的计算方式各省差异挺大。比如，前述四川省的规定是将工伤职工与用人单位解除或终止劳动关系的上一年度全省城镇全部单位就业人员月平均工资作为计算基数，即不管你工资多高，该两项赔偿都按统一的标准来计算。主打一个“一碗水端平”。

《广东省工伤保险条例》第三十二条第二款规定：“七级至十级伤残职工劳动、聘用合同终止或者依法与用人单位解除劳动关系的，除享受基本养老保险待遇或者死亡情形之外，由工伤保险基金支付一次性工伤医疗补助金，由用人单位支付一次性伤残就业补助金，终结工伤保险关系。补助金标准如下：（一）一次性工伤医疗补助金：七级伤残为六个月的本人工资，八级伤残为四个月的本人工资，九级伤残为二个月的本人工资，十级伤残为一个月的本人工资。（二）一次性伤残就业补助金：七级伤残为二十五个月的本人工资，八级伤残为十五个月的本人工资，九级伤残为八个月的本人工资，十级伤残为四个月的本人工资。”也即，广东省则是以本人工资作为计算基数来计算一次性工伤医疗补助金和一次性伤残就业补助金。工伤职工本人工资越高，此两项赔偿的金额越高，主打一个“水涨船高”。所以，工伤职工一定要关注本省关于这两项工伤赔偿项目的规定。

（三）工伤赔偿中不常见的赔偿项目

1. 交通食宿费。《工伤保险条例》第三十条第四款规定，……以及经医疗机构出具证明，报经办机构同意，工伤职工到统筹地区以外就医所需的交通、食宿费用从工伤保险基金支付，基金支付的具体标准由统筹地区人民政府规定。从该法条来看，工伤职工主张的交通费的前提是其到统筹地区以外就医。比如，四川省的工伤保险是全省统筹，也就是说，遭受工伤的员工到四川省外就医的，可以报销交通费。但一般而言，很少有工伤职工需要到外地治疗，省内的医疗资源基本可以满足治疗工伤所需。所以，此工伤赔偿项目很少产生。有些劳动者的误区是认为在当地为了完成工伤认定、劳动能力鉴定产生的打车费等费用，就是应主张的交通费，其实工伤赔偿项目中的交通费是指到统筹地区以外就医的交通费。

2. 伤残辅助器具费。《工伤保险条例》第三十二条规定，工伤职工因日常生活或者就业需要，经劳动能力鉴定委员会确认，可以安装假肢、矫形器、假眼、假牙和配置轮椅等辅助器具，所需费用按照国家规定的标准从工伤保险基金支付。该项费用需要由劳动能力鉴定委员会确认需要使用才可能产生。

第三节　工伤维权中的常见争议事项

一、用人单位未缴纳工伤保险怎么办

《社会保险法》第三十八条规定："因工伤发生的下列费用，按照国家规定从工伤保险基金中支付：（一）治疗工伤的医疗费用和康复费用；（二）住院伙食补助费；（三）到统筹地区以外就医的交通食宿费；（四）安装配置伤残辅助器具所需费用；（五）生活不能自理的，经劳动能力鉴定委员会确认的生活护理费；（六）一次性伤残补助金和一至四级伤残职工按月领取的伤残津贴；（七）终止或者解除劳动合同时，应当享受的一次性医疗补助金；（八）因工死亡的，其遗属领取的丧葬补助金、供养亲属抚恤金和因工死亡补助金；（九）劳动能力鉴定费。"第三十九条规定："因工伤发生的下列费用，按照国家规定由用人单位支付：（一）治疗工伤期间的工资福利；（二）五级、六级伤残职工按月领取的伤残津贴；（三）终止或者解除劳动合同时，应当享受的一次性伤残就业补助金。"从上述法条可见，在缴纳了工伤保险的情况下，符合工伤保险诊疗项目目录和工伤保险药品目录范围内治疗工伤的医疗费用和康复费用、住院伙食补助费、到统筹地区以外就医的交通食宿费、伤残辅助器具费、生活不能自理的生活护理费、一次性伤残补助金、一次性医疗补助金、劳动能力鉴定费等费用均应从工伤保险基金中支付。住院护理费、停工留薪期工资待遇、一次性伤残就业补助金则由用人单位支付。

那么没有缴纳工伤保险的情况下呢。依据《工伤保险条例》第六十二条第二款之规定：“依照本条例规定应当参加工伤保险而未参加工伤保险的用人单位职工发生工伤的，由该用人单位按照本条例规定的工伤保险待遇项目和标准支付费用。”换言之，如果用人单位未依法为劳动者办理工伤保险，则应当由用人单位按照《工伤保险条例》规定的工伤保险待遇项目和标准向劳动者支付赔偿费用。如果用人单位未为劳动者缴纳工伤保险，则劳动者遭受工伤后所产生的医疗费用、住院伙食补助费、护理费、一次性伤残补助金、一次性医疗补助金和一次性伤残就业补助金、劳动能力鉴定费、停工留薪期工资全部由用人单位承担。

在实践中，出现一个怪现象：如果用人单位没有为劳动者缴纳工伤保险，且用人单位又具备赔偿能力的，那么劳动者维权更快，得到的赔偿更多。为什么呢？一方面，如果用人单位没有缴纳工伤保险，则工伤职工的一次性伤残补助金会按其本人工资计算并直接裁判由用人单位支付。因为较多用人单位没有足额缴纳工伤保险，即没有按劳动者真实的本人工资金额缴纳工伤保险，而工伤保险基金审核赔付一次性伤残补助金时是按该员工的工伤保险缴纳基数进行计算，必然导致拨付的一次性伤残补助金金额少于按本人月工资标准计算的金额。另一方面，如果用人单位缴纳了工伤保险，工伤职工应得的赔偿项目由工伤保险基金与用人单位分别支付。而没有缴纳工伤保险，则劳动者可以直接向用人单位全部主张。

二、用人单位在工伤认定中不认可劳动关系怎么办

有些用人单位在员工申请工伤认定时，否认双方存在劳动关

系。而工伤认定部门出于规避风险，就说你们双方就劳动关系存在争议，要求劳动者先去通过劳动仲裁或诉讼确认劳动关系，等确认了劳动关系再来申请工伤认定。其实，工伤认定部门要求劳动者先确认劳动关系再认定工伤的做法并无必要，这也是工伤职工维权程序烦琐、维权时间太长的主要原因之一。按当前的规定，工伤认定部门在工伤认定程序中，是有职权认定双方是否存在劳动关系的。《最高人民法院行政审判庭关于劳动行政部门在工伤认定程序中是否具有劳动关系确认权请示的答复》载明："根据《劳动法》第九条和《工伤保险条例》第五条、第十八条的规定，劳动行政部门在工伤认定程序中，具有认定受到伤害的职工与企业之间是否存在劳动关系的职权。"但现实就是，用人单位一句简单的不认可劳动关系，有的工伤认定部门就让劳动者通过劳动仲裁或诉讼先确认劳动关系，"一裁二审"走下来，一两年时间过去了，相当于两年前发生的工伤才进入工伤认定程序，造成工伤职工维权的流程相当漫长。

所以，劳动者如果遇到这种情况，应积极向工伤认定部门提交可以印证双方存在劳动关系的证据。如果工伤认定部门坚持要求你通过劳动仲裁、诉讼确认劳动关系后再来认定工伤，那就告知工伤认定部门前述文件规定，告知工伤认定部门其具有认定劳动关系的职权，要求工伤认定部门依法作出是否认定为工伤的决定。工伤认定部门仍不依法认定，劳动者可以投诉或提起行政诉讼。因为明明可以在工伤认定过程中一并确认劳动关系，非要劳动者另行通过劳动仲裁或诉讼确认劳动关系，一旦进入劳动仲裁程序，用人单位如果要通过"一裁二审"程序拖延时间，两年时间又耽误了。

也许有人提出，如果工伤认定部门作出了工伤认定，用人单位不服可以提出行政复议或行政诉讼。其实，等劳动者花了两年的时间与精力确认劳动关系后，工伤认定部门作出工伤认定后，用人单位要拖延时间的，仍会提出行政诉讼。所以，工伤维权在实践中本就艰难，在维权时间上，能为劳动者省一年是一年；在维权程序上，能为劳动者省一步是一步。

为什么用人单位会拖延工伤赔偿？因为从经济成本上算，用人单位在工伤赔偿争议中拖延时间是稳赚不赔的。一般而言，工伤职工是在解除劳动关系后向用人单位主张工伤赔偿，而工伤赔偿项目的计算标准基本上是以**双方解除劳动关系的上一年度工资标准**来计算。比如，双方于 2018 年解除劳动关系，那么该员工的工伤赔偿项目大多以 2017 年度的当地社会平均工资或本人工资作为计算基数，用人单位通过在工伤认定、劳动能力鉴定阶段进行拖延，让判决工伤赔偿的判决书于 2022 年才生效，而此时用人单位支付的工伤赔偿还是按 2017 年的标准计算。但基于通胀因素，用人单位支付的钱其实是减少了。换言之，用人单位于工伤赔偿案件拖得越久，赔得越少。但在交通事故等人身侵权案件中，为什么侵权方不会拖延，因为侵权案件的赔偿项目是以<u>法庭辩论终结时的上一年度数据</u>进行计算，你拖得越久，拖到新的更高的数据出来了，赔得更多。换言之，人身侵权案件拖延越久，赔得越多。

实践中，不少用人单位通过拖延法，逼迫工伤职工对赔偿金额进行让步调解。代理工伤职工的律师出于让工伤职工能尽快得到赔偿的目的，也会建议工伤职工进行调解。所以，工伤职工在离职时，尽量与用人单位就工伤赔付问题协商达成一致。如果要通过劳动仲裁或诉讼维权，一定要先申请财产保全，避免因用人单位拖延时间造成损失。

笔者也希望，有关部门能关注到工伤职工维权难的问题，从顶层设计上简化工伤维权步骤，或增加用人单位拖延工伤赔付的成本。

三、工伤职工的侵权赔偿与工伤赔偿能否“双赔”

《最高人民法院关于审理工伤保险行政案件若干问题的规定》第八条第三款规定：“职工因第三人的原因导致工伤，社会保险经办机构以职工或者其近亲属已经对第三人提起民事诉讼为由，拒绝支付工伤保险待遇的，人民法院不予支持，但第三人已经支付的医疗费用除外。”依据前述规定，主流裁判观点认为，人身侵权赔偿与工伤赔偿可以双赔。比如，劳动者上班途中发生非本人主要原因的交通事故而受伤。肇事方向劳动者赔偿了人身损害赔偿的金额，劳动者依然可以在认定工伤后获得工伤赔偿，但其中的医疗费不能双赔。

四、用人单位未足额缴纳工伤保险，导致工伤职工得到的工伤赔偿减少，工伤职工是否可以要求用人单位补足差额

［**权威案例**］

人民法院案例库案例：冯某诉大连某公司北京研发中心劳动争议案——用人单位未按规定足额缴纳社会保险致使劳动者工伤保险待遇降低的赔偿责任

入库编号：2023－16－2－490－007

裁判要旨：用人单位未按照相关规定为劳动者足额缴纳社会

保险，其向有关部门补缴应当缴纳的工伤保险费、滞纳金后，工伤保险基金按照规定向劳动者支付相应费用，**其有证据证明工伤保险待遇仍然降低，劳动者要求用人单位承担差额损失赔偿责任的，人民法院应予支持。**

基本案情：原告冯某诉称，其于2012年7月26日入职大连某公司北京研发中心，2015年3月17日发生工伤并鉴定为八级伤残。因大连某公司北京研发中心长达16个月不协助其报销医疗费、未发病假工资，未支付工伤保险待遇，冯某诉至法院，北京市朝阳区人民法院作出（2017）京0105民初28978号判决，判令大连某公司北京研发中心支付病假工资、解除劳动关系经济补偿金、一次性伤残就业补助金。但仍有以下问题没有解决：（1）因工伤产生的医疗费共计15854.60元，医保核准报销3172.94元，余下12681.66元应由大连某公司北京研发中心承担；（2）上述判决书认定冯某发生工伤前12个月的月缴费基数为12500元，而大连某公司北京研发中心按3878元缴费，致使一次性伤残补助金产生94842元［（12500元－3878元）×11个月］的差额，根据《北京市实施〈工伤保险条例〉若干规定》第二十七条，此差额应由大连某公司北京研发中心承担；（3）发生工伤后，大连某公司北京研发中心委派冯某母亲在半年停工留薪期间进行护理，并承诺每月支付6000元，合计36000元。请求：判令大连某公司北京研发中心支付2015年3月17日至2016年7月11日期间的医药费12681.66元；一次性伤残补助金差额94842元［（12500元－3878元）×11个月］；2015年3月18日至2015年9月17日期间的护理费36000元。被告大连某公司北京研发中心辩称，本案系重复诉讼，且冯某诉请的各项费用均无事实和法律依据，不应由其承担。

法院经审理查明：冯某于2012年7月26日入职大连某公司北京研发中心，双方签订《劳动合同》，合同约定双方按照国家和北京市的规定参加社会保险，办理有关社会保险手续等内容。2013年3月17日，冯某在工作中受伤，经鉴定已达到职工工伤与职业病致残等级标准八级。后冯某申请仲裁，要求大连某公司北京研发中心支付病假工资、医疗费、一次性伤残补助金差额等。仲裁裁决作出后，冯某不服诉至法院。北京市朝阳区人民法院经审理作出（2017）京0105民初28978号民事判决，认定冯某月工资标准为12500元，并判令大连某公司北京研发中心支付冯某2015年10月1日至2016年3月24日期间病假工资21462.99元、解除劳动关系经济补偿金50000元、一次性伤残就业补助金63774元。双方均未上诉，该判决已生效。

2018年3月26日，北京市朝阳区社会保险基金管理中心（以下简称社保管理中心）出具《北京市一至十级工伤职工待遇核准表》载明，冯某受伤前12个月平均月缴费工资：3878元，……伤残程度鉴定等级：伤残八级，一次性伤残补助金：3878元×11个月=42658元，一次性工伤医疗补助金：7086元×9个月=63774元等内容。2019年5月7日，大连某公司北京研发中心与冯某共同完成社会保险费稽核补缴372660元。本案二审期间，冯某请求社保管理中心补发单位补缴社保后一次性伤残补助金差额。朝阳社保管理中心明确回复，用人单位进行补缴后，新发生的费用不包含一次性伤残补助金。

北京市朝阳区人民法院于2019年2月20日作出（2018）京0105民初47689号民事判决：驳回冯某的全部诉讼请求。冯某不服提起上诉。北京市第三中级人民法院于 2019 年 6 月 28 日作出（2019）京 03 民终 6229 号民事判决：驳回上诉，维持原判。冯某不服，申请再审。北京市高级人民法院裁定提审本案，并于 2020 年 8 月 25 日作出（2020）京民再 84 号民事判决：撤销北京市第三中级人民法院（2019）京 03 民终 6229 号民事判决和北京市朝阳区人民法院（2018）京 0105 民初 47689 号民事判决；大连某公司北京研发中心于本判决生效后 7 日内支付冯某一次性伤残补助金差额 94842 元；驳回冯某其他诉讼请求。

裁判理由：法院生效裁判认为，冯某主张应由大连某公司北京研发中心支付医疗费以及停工留薪期护理费，因大连某公司北京研发中心为冯某缴纳了工伤保险，医疗费和护理费属于按照国家规定从工伤保险基金中支付的项目，且已经社保机构核准、处理，故原审法院对其诉讼请求未予支持，并无不当。有关一次性伤残补助金差额问题，朝阳社保管理中心 2017 年 12 月 11 日核付冯某一次性伤残补助金为 42658 元，是依据大连某公司北京研发中心每月缴纳社会保险费 3878 元的基数计算的。经生效判决确认冯某月工资标准为 12500 元，冯某请求大连某公司北京研发中心补缴社会保险，并要求朝阳社保管理中心补发一次性伤残补助金差额。朝阳社保管理中心明确回复，用人单位进行补缴后，新发生的费用不包含一次性伤残补助金。据此，因大连某公司北京研发中心未足额缴纳工伤保险费用，事实上导致冯某工伤保险待遇降低，且无法通过行政途径予以救济，原审法院对此项诉讼请求未予支持欠妥，冯某主张由大连某公司北京研发中心承担其一次性伤残补助金差额 94842 元，应予支持。

前述案例明确，如果用人单位未按照相关规定为劳动者足额缴纳社会保险，导致劳动者遭受工伤后领取的工伤保险待遇降低的，用人单位应承担差额损失赔偿责任。且该差额损失是按劳动者本人月工资与用人单位未足额缴纳工伤保险情况下的缴费工资之间的差额来计算。一般而言，这种差额主要体现在“一次性伤残补助金”上。实践中，工伤职工通过劳动仲裁和诉讼要求“补差”的工伤赔偿项目就是“一次性伤残补助金”。

当然，有些地区不支持这样的工伤“补差”请求，但现在最高人民法院的人民法院案例库最新入库了前述案例后，对于用人单位未足额缴纳工伤保险是否应该“补差”有了可参照的案例，相信裁判可以补差的地区会越来越多。